Natur im Sinn – Beiträge zur Geschichte des Naturschutzes – Band 2

Klartext

Veröffentlichungen der Stiftung Naturschutzgeschichte
Bd. 2

Stiftung Naturschutzgeschichte (Hg.)

Natur im Sinn

Beiträge zur Geschichte
des Naturschutzes

CIP-Einheitsaufnahme – Die Deutsche Bibliothek

Natur im Sinn : Beiträge zur Geschichte des Naturschutzes / Stiftung Naturschutzgeschichte (Hg.). –1. Aufl. – Essen : Klartext-Verl., 2001
    (Veröffentlichungen der Stiftung Naturschutzgeschichte ; Bd. 2)
    ISBN 3-89861-076-4

Die Verantwortung für die Artikel insbesondere in Bezug auf Urheber- und Persönlichkeitsrechte liegt bei den jeweiligen Autoren. Ein Anschriftenverzeichnis der Autoren befinden sich am Schluss dieses Bandes.

Titelbild: „Mischwald", Martin Becker

1. Auflage Dezember 2001
Satz und Gestaltung: Klartext Verlag
Druck: Krips BV, Meppel, NL
© Klartext Verlag, Essen 2001
ISBN 3-89861-076-4
Alle Rechte vorbehalten

Inhalt

Hans-Joachim Dietz
Vorwort 7

Sandra Schulze Hannöver, Martin Becker
Natur im Sinn 9

Edda Müller
Die Beziehung von Umwelt- und Naturschutz in den 1970er Jahren 31

Ludwig Bauer
Naturschutzarbeit der 1950er und 1960er Jahre in der ehemaligen DDR 47

Georg Sperber
Entstehungsgeschichte eines ersten deutschen Nationalparks
im Bayerischen Wald 63

Berndt Heydemann
Die Rolle von Rationalität, Emotionalität und Ästhetik im Naturschutz –
im Lichte von Persönlichkeiten 117

Hermann Josef Roth
Der Drachenfels: Von der Polizeiverordnung 1836
bis zum Naturpark Siebengebirge 131

Günter W. Zwanzig
Erlebter Naturschutz I (1955–1972/I) 143

Petra Clemens
Der eigenen Geschichte nachgehen 191

Dorothee Wierling
Oral History – Geschichte, Nutzen, Fallen 197

Adressen 203

Hans-Joachim Dietz

Vorwort

Vom 19. bis 21. September 2000 hat der Förderverein Museum zur Geschichte des Naturschutzes mit Unterstützung der Internationalen Naturschutzakademie der Insel Vilm (INA) und mit finanzieller Förderung durch das Bundesministerium für Umwelt, Naturschutz und Reaktorsicherheit (BMU) eine Tagung zum Thema „Zeitzeugenbefragungen zur Geschichte des Naturschutzes" durchgeführt.

Heutzutage wird Naturschutz als ein relativ junger Aufgabenbereich und als angewandte Disziplin zur Bewältigung von Gegenwartsproblemen angesehen. Dieses öffentliche Bild täuscht aber über die Tatsache hinweg, dass Naturschutz ebenso alt ist wie die Industriemoderne selbst. Die historische Betrachtung und damit die Wertung des Naturschutzes als gesellschaftlich relevante Bewegung kommt dabei zu kurz. Mit der Tagung sollten Wege aufgezeigt werden, dieses Defizit auszugleichen.

Wir kennen zwar die Ergebnisse naturschützerischer Bemühungen, die sich in Institutionen, Gesetzen und Verordnungen niedergeschlagen haben, jedoch über deren Entwicklung, über die „Geschichte des Naturschutzes", über das Entstehen von Verbandsstrukturen, Verwaltungsorganisationen und gesetzlichen Grundlagen sind kaum Unterlagen erhalten. Und wo keine historischen Quellen vorhanden sind, so die offensichtliche Logik, gibt es auch keine historische Bewertung.

Aber wenn bislang keine historischen Quellen erkannt wurden, heißt das nicht zwingend, dass es sie nicht gibt. Im Gegenteil! Es existiert ein nahezu unerschöpflicher Fundus an Informationen, ein riesengroßes Wissen über die Auseinandersetzungen zwischen Fortschritt und Beständigkeit, nur schlummert dieses Wissen nicht zwischen staubigen Aktendeckeln in den Archiven, sondern befindet sich in den Gedächtnissen der beteiligten Personen, der zahlreichen Naturschützer und Naturschützerinnen.

Allerdings hat der Mensch als historische Quelle so seine Tücken. Zum einen haben Zeitzeugen ihren besonderen Blickwinkel, ihre persönlichen Vorlieben und Abneigungen, die die HistorikerInnen erkennen und verstehen müssen, um die Aussagen bewerten zu können. Zum anderen ist aber auch die Forscherseele nicht frei von Wahrnehmungsbeschränkungen, Projektionen oder Übertragungen, die eine Interpretation der Aussagen verfälschen oder zumindest einfärben können. Auch die Verallgemeinerung individueller Erfahrungen ist jenseits statistisch repräsentativer Mengen zwar möglich, aber schwierig. All diese Probleme zeigen, wie wichtig eine saubere, fachlich fundierte Interviewführung und -auswertung ist, um nicht die Einseitigkeit, die wir auf der einen Seite korrigieren wollen, auf der anderen Seite selber aufzubauen.

Um dieses methodische Wissen über Zeitzeugenbefragungen zu erwerben und über Möglichkeiten von Zeitzeugenbefragungen im Naturschutz zu diskutieren, wurde die o.g. Tagung auf der Insel Vilm durchgeführt. Dort wurden mit Experten der „oral-history-Methode", die sich mit mündlicher Überlieferung befasst, mögliche Verfahren untersucht und erste Arbeitsschritte entworfen, um ein fest umrissenes Forschungsvorhaben auf den Weg zu bringen.

Mit diesem Band halten Sie ein erstes Arbeitsergebnis dieser Tagung in den Händen. Ein zweites Ergebnis wird die Aufarbeitung der Naturschutzgeschichte von Nordrhein-Westfalen und eine Zeitzeugenbefragung umfassen, die vom Ministerium für Umwelt und Naturschutz, Landwirtschaft und Verbraucherschutz NRW finanziell gefördert und vom Institut für Geschichte und Biographie der Fern-Universität Hagen durchgeführt werden.

Leider konnten nicht alle Tagungsbeiträge in diesen Band erscheinen, dafür hat Herr Dr. Günter W. Zwanzig, der nicht an der Tagung teilnehmen konnte, seinen Beitrag für diese Publikation zur Verfügung gestellt. Ich danke allen, die an der Veranstaltung mitgewirkt und zu ihrem Erfolg beigetragen haben. Besonderer Dank geht an die Vortragenden der Tagung und Autoren dieser Veröffentlichung sowie an Dr. Reinhard Piechocki, Sandra Schulze Hannöver, Martin Becker, an alle Teilnehmer, an die INA auf der Insel Vilm, deren einmalige Atmosphäre großen Anteil am Gelingen der Tagung gehabt hat, und natürlich an den Geldgeber, das BMU.

Sandra Schulze Hannöver, Martin Becker

Natur im Sinn

Sonne, Wind und Wolken. Menschenleerer Strand, über den uralte Eichen mächtige Äste zum Meer hin ausstrecken. Segelboote, die sich langsam auf der dünnen, geraden Linie zwischen Himmel und Meer bewegen. Möwen und Seeschwalben, die mit eifrigem Ornament diese von Wolken und Wellen zerteilte Linie immer wieder neu zusammennähen. Runde Felsen im Sand, von einer fürsorglichen Natur als bequeme Nackenstütze gestaltet: Die kleine Insel Vilm südöstlich von Rügen besitzt die besten Voraussetzungen für eine glänzende Karriere als Urlaubsort.

Das ist sie auch. Aber nicht für Menschen.

Seit 1527 wurde kein Baum mehr auf der Insel gefällt, die unter dem persönlichen Schutz der Fürsten von Putbus stand, 1936 wurde die Insel Vilm Naturschutzgebiet und seit Oktober 1990 gehört sie zur Kernzone des Biosphärenreservats Südost-Rügen.[1] Mit diesen Entscheidungen wurden für Menschen auf dieser Insel sehr, sehr enge Grenzen gesetzt und ein Freiraum geschaffen, in dem sich eine von Menschenhand nahezu unberührte Natur frei entwickeln kann. Von dieser Entwicklung profitiert nicht nur die ansässige Tier- und Pflanzenwelt, sondern vor allem durchreisende Wasservögel, die im Frühjahr und Herbst zu Tausenden auf den Gewässern rund um die Insel Schutz finden.

Im Anblick dieser wilden und (weitgehend) unberührten Natur wird der seltene und auf die wenigen Wege verbannte Besucher von unterschiedlichen Gefühlen berührt: Ehrfurcht und Erstaunen begleiten ihn angesichts uralter Wälder, längst verschollene Erinnerungen aus vergangenen Zeiten wagen sich aus verschlossen geglaubten Hirnkammern hervor, und eine dumpfe Ahnung von der Begrenztheit menschlichen Handelns nistet sich ins überraschte Bewusstsein ein.

Mit diesen Gefühlen steht der beeindruckte Besucher nicht allein, Generationen von Menschen sind von dieser kleinen Insel tief geprägt worden. Vilm beherbergt(e) seit dem 18. Jh. eine Vielzahl von Künstlern, die beseelt von dem Wunsch, einen adäquaten Ausdruck für ihre Ergriffenheit zu finden, ihrerseits ihre Werkzeuge ergriffen und neben einer Fülle von Inkunabeln der Kunstgeschichte die Gattung der romantischen Landschaftsmalerei schufen.[2] Damals wie heute herrscht(e) allgemeiner Konsens über den geschützten Status dieser Insel.

---

1 Vgl. R. Piechocki: Der Vilm. Insel der Maler, Mönche und Mächtigen. Putbus auf Rügen 1998.

2 Vgl. R. Rosenblum: Die moderne Malerei und die Tradition der Romantik. Von C. D. Friedrich zu Mark Rothko. München 1981.

Könnte man mit einem ähnlichen Konsens rechnen, wollte man keine idyllische Insel, sondern beispielsweise eine Mülldeponie unter Naturschutz stellen? Wohl kaum, allein diese Vorstellung erscheint absolut abwegig, handelt es sich doch bei einer Deponie um ein Produkt der Zivilisation und nicht eigentlich um Natur, noch viel weniger um bedrohte, schutzwürdige Natur. Die Unterschutzstellung einer Müllkippe hätte nicht annähernd die Chance, unter Naturschützern ernsthaft diskutiert zu werden.

Aber wenn es sich bei einer Mülldeponie nicht zumindest teilweise um Natur handelt, worum dann? Wissenschaftlich gesehen gäbe es tatsächlich einige gute Gründe, die für eine Beschäftigung der Biologie bzw. der Ökologie mit diesem Thema sprächen: Auch eine Mülldeponie stellt ein Biotop mit komplexen, weitgehend unerforschten biotischen und abiotischen Prozessen dar; die stofflichen Vorgänge, die Zersetzungs- und Verwertungsprozesse innerhalb unseres Zivilisationsmülls sind für eine Menschheit, die bestrebt ist, möglichst außerhalb dieser rasant anwachsenden Mengen ungeliebter und problematischer Hinterlassenschaften zu bleiben, von immer größer werdender Bedeutung. Die Verantwortung für künftige Generationen, die im Grundgesetz §20a ausdrücklich als Grundlage staatlicher Interventionen zum Schutz der Natur definiert wird, würde auch hier, bzw. sie würde *gerade* hier greifen.[3] Aber nicht nur für die Mikrobiologie gäbe es genügend Aufgabenfelder. Seitdem beispielsweise das spanische Abfallbeseitigungssystem auf zentrale Mülldeponien umgestellt worden ist, haben sich Störche diese stinkenden Halden als Nahrungs- und Brutgebiete erobert,[4] und: ob Hyänen, Füchse, Wölfe, Waschbären, Wildkatzen oder Bären – nahezu überall auf der Erde haben wild lebende oder in ihrem Bestand bedrohte Tiere das üppige Nahrungsangebot in und um den Siedlungsabfall für sich entdeckt. Und nicht zuletzt für (zukünftige) Erforscher der Umweltgeschichte sind Fäkalien- und Sickergruben von größtem Interesse, lassen doch die darin gefunden Rückstände Rückschlüsse auf vergangene Zustände zu.[5]

---

3 §20a GG: „Der Staat schützt auch in Verantwortung für die künftigen Generationen die natürlichen Lebensgrundlagen im Rahmen der verfassungsmäßigen Ordnung durch die Gesetzgebung und nach Maßgabe von Gesetz und Recht durch die vollziehende Gewalt und die Rechtsprechung." (1994)
Vgl. auch K. E. Heinz: Staatsziel Umweltschutz in rechtstheoretischer und verfassungstheoretischer Sicht, in: Natur und Recht 1994 (Heft 1), S. 1–8. D. Murswiek: Staatsziel Umweltschutz, in: Neue Zeitschrift für Verwaltungsrecht. 1996 (Heft 3), S. 222–230. A. Uhle: Das Staatsziel „Umweltschutz" und das Bundesverwaltungsgericht, in: Umwelt und Planungsrecht 1996 (Heft 2), S. 55–57.
4 U. Willmann: Tierische Ignoranten, in: Die Zeit Nr. 44, Oktober 2001, S. 33.
5 Vgl. G. Bayerl, N. Fuchsloch und T. Meyer: Umweltgeschichte – Methoden, Themen, Potentiale. Tagung des Hamburger Arbeitskreises für Umweltgeschichte (Cottbuser Studien zur Geschichte von Technik, Arbeit und Umwelt, Band 1), Münster 1996.

Doch offensichtlich reicht die Kombination von naturwissenschaftlicher Bedeutung, staatlicher Besorgnis und umweltgeschichtlichem Interesse nicht immer aus, um ein Gebiet unter Schutz zu stellen. Und auch die Ökologie als „moderne Leitwissenschaft des Naturschutzes"[6] scheint zumindest im Beispiel Mülldeponie Führungsschwächen zu zeigen.[7]

Aber wir haben dieses (zugegeben recht drastische) Eingangsbeispiel nicht ausgewählt, um Mängel und Schwächen des Naturschutzes anzuprangern, sondern um deutlich zu machen, dass es außerhalb der Ökologie weitere, verborgene, aber anscheinend sehr machtvolle Faktoren gibt, die in der Lage sind, die Unterschutzstellung eines Gebietes entweder herbeizuführen oder zu hemmen. Diesen unbekannten Faktoren wollen wir in der Hoffnung nachspüren, mit der Kenntnis dieser Faktoren auch zu einem besseren Verständnis von Naturschutzmaßnahmen bzw. der Kritik an ihnen beitragen zu können. Dieses bessere Verständnis erscheint nicht nur uns notwendig, sondern wird zur Zeit von einem großen Teil der fachlichen Diskussionen innerhalb der Disziplin gefordert.[8]

Naturschutz ist in die Bredouille geraten. Nachdem sich die in den 1960er und 1970er Jahren prognostizierten Schreckensmeldungen nicht bewahrheitet haben („erst sterben die Bäume, dann der Mensch") und es den Menschen trotz des Waldsterbens anscheinend so gut geht wie nie zuvor, plagen den Naturschutz arge Akzeptanzprobleme in der Bevölkerung. Hinzu kommt, dass sich die bisherigen Schutzstrategien nicht immer als erfolgreich erwiesen haben: In den Großstädten und auf Industriebrachen (bislang Quell allen Übels aus Sicht des Naturschutzes) findet man

---

6 Erich Gnaiger. Vgl. auch L.Trepl: Geschichte der Ökologie. Vom 17. Jahrhundert bis zur Gegenwart. Weinheim ²1994, S. 226ff.

7 „Ökologie, so hat sich längst gezeigt, ist so wenig wertfrei wie jedes Gebiet, in dem sich Interessen überschneiden ..." Martin Kagel: Widersacher des Fortschritts. Zu Ludwig Klages' ökologischem Manifest „Mensch und Erde", in: Jost Hermand (Hg): Mit den Bäumen sterben die Menschen. Zur Kulturgeschichte der Ökologie (Literatur – Kultur – Geschlecht, Studien zur Literatur- und Kulturgeschichte, Band 6). Köln/Weimar/Wien 1993, S. 199–219, hier S. 199.

8 Z.B. benennt Karsten Runge als Motiv für seine Arbeit die „in den letzten Jahren zunehmende Orientierungslosigkeit" in Naturschutz und Landespflege. K. Runge: Entwicklungstendenzen der Landschaftsplanung. Vom frühen Naturschutz bis zur ökologisch nachhaltigen Flächennutzung. Berlin/Heidelberg 1998 (Vorwort). Ähnlich argumentiert Joachim Radkau: Zwanzigstes Jahrhundert – ein Jahrhundert des Naturschutzes? Historische Reflexionen zu hundert Jahren Naturschutz, in: BBN (Hg): Grenzenloser Naturschutz – Herausforderung für Europa (Jb. Naturschutz und Landschaftspflege). Bonn 2001, S. 287–301. Vgl. auch: BfN/ K.-H. Erdmann, J. Küchler-Krischun, C. Schell: Darstellung des Naturschutzes in der Öffentlichkeit. Erfahrungen, Analysen, Empfehlungen (BfN-Skripten 20). Bonn-Bad Godesberg 2000. Bitte nicht berühren! Ist der Naturschutz museumsreif? Politische Ökologie 13 (Themenheft), 1995.

immer mehr seltene Pflanzen und Tiere, obwohl sie dort nicht geschützt werden, während in Gebieten, in denen mit mehr oder weniger großem Aufwand gerade diese Arten gehegt und gepflegt (und in denen die Rechte der Menschen aus diesem Grund mehr oder weniger stark eingeschränkt) werden, deren Anzahl teilweise sogar zurückgeht.[9]

Es gibt zwei Möglichkeiten darauf zu reagieren ohne den Anspruch, Natur zu schützen, aufzugeben: Erstens kann man die bestehenden Strategien beibehalten und lediglich eine bessere Verständigung mit Nicht-Naturschützern anstreben – die Problematik wird somit zu einem Vermittlungsproblem, dem man mit einer verbesserten Umweltbildung beizukommen versucht –, oder man hinterfragt die gegenwärtige vorwiegend naturwissenschaftlich-ökologische Ausrichtung des Naturschutzes und erwägt eine Kurskorrektur. Versuche, die Krise im ersteren Sinne zu überwinden, hat es bereits gegeben, eine signifikante Verbesserung der Situation nicht.[10] Dies verwundert auch nicht, denn den umweltpädagogischen Ansätzen haftet bei dieser Aufgabe eine gewisse Hilflosigkeit an, mit ihren Bemühungen lediglich an den Symptomen zu kurieren und die wirklichen Ursachen unberücksichtigt zu lassen. Die Inflation angeblicher Schlüsselbegriffe (Nachhaltigkeit, Zukunftsfähigkeit, Biodiversität, Scientific Literacy etc.) verheißt in diesem Zusammenhang nichts Gutes.[11] In der Tat, so wichtig eine gute Vermittlungsarbeit auch ist, so ist sie in diesem Fall doch überfordert, denn die Problematik scheint „tiefer" zu liegen.

---

9 Z.B. die Untersuchung von David Kleijn, Frank Berendse, Rubin Smit und Niels Gilissen: Agri- environment schemes do not effectively protect biodiversity in Dutch agricultural landscapes. In: Nature 413, 18. Oktober 2001, S. 723–725.

10 Als Versuch, über Kommunikation, Information und Bildung die Akzeptanz des Naturschutzes zu verbessern, vgl. z.B. Niklas Luhmann: Ökologische Kommunikation. Opladen 1986. Cornelia Karger: Naturschutz in der Kommunikationskrise: Strategien einer verbesserten Kommunikation im Naturschutz. München 1996. Zu mangelnden Ergebnissen bisheriger Versuche vgl. G. de Haan: Exposé zur umweltpädagogisch-didaktischen Konzeption für die Errichtung eines Archivs, Forums und Museums zur Geschichte des Naturschutzes in Deutschland auf der Vorburg zum Schloß Drachenburg. Berlin-Dahlem 1997. United Nations Development Programme: Consumption patterns and their Implications for Human Development (Human Development Report 1998). New York, Oxford University Press 1998, deutsche Ausgabe: Bonn, UNO-Verlag GmbH 1998. P. Preisendörfer: Umweltbewußtsein in Deutschland. Ergebnisse einer repräsentativen Bevölkerungsumfrage. Hrsg. vom Bundesministerium für Umwelt, Naturschutz und Reaktorsicherheit. Berlin 1996. U. Meyer-Timpe, F. Vorholz: Die letzte Lüge, in: Die Zeit Nr. 38, 10. September 1998, S. 23f.

11 Vgl. W. Haber: Von der ökologischen Theorie zur Umweltplanung, in: GAIA 1993 (2), S. 96–106. K. Ott: Eine Theorie ‚starker' Nachhaltigkeit, in: Natur und Kultur. Transdisziplinäre Zeitschrift für ökologische Nachhaltigkeit. Gesellschaft für Ökologisch-Nachhaltige Entwicklung (Hg). Bad Mitterndorf, Österreich 2001, 2. Jg. (Heft 1), S. 55–75.

Ausgangspunkt unserer Suche ist die These, dass es Motive naturschützerischen Handelns gibt, die jenseits von objektivierbaren wissenschaftlichen Kriterien in persönlichen und gesellschaftlichen Vorprägungen begründet liegen; dass Naturschutz eine Disziplin ist, die im kulturellen Bereich der Wertvorstellungen und Leitbilder agiert und deshalb seinerseits von Vorstellungen und Bildern abhängig ist. Und weil es um Natur geht, handelt es sich dabei um Naturvorstellungen und Naturbilder, um „Wald im Kopf" (Hans Magnus Enzensberger).[12]

Naturschutz ist in erster Linie eine angewandte Disziplin. Das bedeutet, dass sein zentrales Anliegen nicht in wissenschaftlicher Forschung und Erkenntnis, sondern in deren Anwendung liegt.[13] Aufgabe von Naturschutz ist es, über menschliche Aktivitäten zum Schutz oder Nicht-Schutz von Natur zu entscheiden. Um aber überhaupt Entscheidungen treffen zu können, was und wie etwas geschützt werden soll, müssen die vorerst „wertneutralen"[14] Erkenntnisse der Wissenschaften in ein Entscheidungs- und Wertesystem eingeordnet werden. So definieren die (Natur-)Wissenschaften beispielsweise einen bestimmten räumlichen Ausschnitt der Welt als „Biotop" und machen Aussagen über bestimmte Prozesse und Abläufe innerhalb dieses Bereichs. Der Naturschutz entscheidet, ob diese Prozesse als „gut" oder „schlecht" zu bewerten sind und ob sie erhalten oder verändert werden sollen oder dürfen; d. h. der Naturschutz *bewertet* diesen Zustand. In das dazu benötigte Wertesystem fließen sowohl

---

12 Hans Magnus Enzensberger: Der Wald im Kopf, in: ders.: Mittelmaß und Wahn. Gesammelte Zerstreuungen. Frankfurt a. M. 1991, S. 187–194.
13 Makabres Beispiel zur Verdeutlichung dieses Unterschieds ist die Tötung der letzten 48 Exemplare des Riesenalks zu Forschungszwecken oder der Abschuss der letzten Kupferspechte 1904 auf Guadalupe und deren Verkauf an Museen. Wolfgang Erz bezeichnet Ökologie als Erfahrungswissenschaft und Naturschutz als gesellschaftliches Handlungsfeld, und mahnt, beide nicht gleichzusetzen, in: W. Erz: Berichte der Bayrischen Akademie für Naturschutz und Landespflege. 1986, Heft 10, S. 11–17. Zur Definition von Naturschutz auch in Abgrenzung zum Umweltschutz M. Raffelsiefer: Naturwahrnehmung, Naturbewertung und Naturverständnis im deutschen Naturschutz. Eine wahrnehmungsgeographische Studie unter besonderer Berücksichtigung des Fallbeispiels Ohligser Heide. Dissertation an der Gerhard-Mercator-Universität Duisburg 1999, S. 8.
14 Die „Wertfreiheit" der Biologie als Naturwissenschaft wurde u.a. von Max Weber 1917 definiert, blieb aber umstritten und wurde beispielsweise von L. Fleck 1935, von T. S. Kühn 1976 kritisiert.
M. Weber: Der Sinn der „Wertfreiheit" der soziologischen und ökonomischen Wissenschaften, in: M. Weber: Gesammelte Aufsätze zur Wissenschaftslehre. Hg. von J. Winckelmann. Tübingen 1917, S. 489–540. L. Fleck: Über die wissenschaftliche Beobachtung und die Beobachtung im Allgemeinen, in: Ludwig Fleck: Erfahrung und Tatsache. Gesammelte Aufsätze. Hg. von L. Schäfer/ T. Schnelle. Frankfurt a. M. 1983. T. S. Kühn: Die Struktur wissenschaftlicher Revolutionen. Frankfurt a. M. 1976. Zum Problem der „wertneutralen" Naturwissenschaften vgl. unten, S. 15 ff.

gesellschaftliche als auch individuelle Wertanschauungen sowie ethische, emotionale und ästhetische Präferenzen ein. Erst diese Verbindung von „sachlichen" Informationen und „individuellen" Wertesystemen erlaubt persönliches bzw. – kulturell kanalisiert – gesellschaftliches Handeln.[15] So können Naturschutzmaßnahmen und Kritik an ihnen gleichermaßen auf der Basis ein und derselben Information entstehen. Marion Raffelsiefer bringt dies auf den Punkt: „Die Frage, was im Naturschutz erhalten werden soll, hängt somit nicht von ‚objektiven' Erkenntnissen, sondern von dem subjektiven *Naturverständnis* des Menschen ab. Aufgrund seiner spezifischen Vorstellungen und seiner Wahrnehmung von ‚Natur' oder ‚Landschaft' konstruiert der Mensch Leitbilder und bewertet davon abhängig, welche Gebiete er für schützenswert [oder auch nicht schützenswert] hält."[16]

Doch dagegen meldet sich aus den Reihen heutiger Planer und Naturschützer heftiger Widerspruch: Vielleicht habe es in früheren Zeiten, als Naturschutz noch Heimatschutz hieß, einen subjektiv geprägten „Naturbildschutz" gegeben, aber heute würde man so weit wie möglich nach mess- und objektivierbaren, außerindividuellen sowie naturwissenschaftlichen Kriterien vorgehen.[17] Aufwendige Untersuchungen, Inventarisierungen und unterschiedliche Anforderungs- und Modellvorstellungen sowie die Beteiligung aller Betroffenen in formalisierten Verfahren garantierten eine größtmögliche Unabhängigkeit von persönlichen und gesellschaftlichen Wert- und Naturvorstellungen. Ein zeitgemäßes Naturparkmanagement beispielsweise könne

---

15 Vgl. z.B. Jürgen Habermas, der zweckrationales Handeln in „instrumentelles Handeln" (im Sinne technischer Anwendung) und in „strategisches Handeln" (als Ableitungen von Wertesystemen) aufteilt. J. Habermas: Technik und Wissenschaft als „Ideologie". Frankfurt a. M. 1968, S. 62.

16 Raffelsiefer 1999 (wie Anm. 13), S. 4. Vgl. auch H. Plachter: Naturschutz in der Bundesrepublik Deutschland. Versuch einer Bilanz, in: NNA (Hg): Ziele des Naturschutzes. Veränderte Rahmenbedingungen erfordern weiterführende Konzepte (NNA Berichte Band 5). Schneverdingen 1992, S. 67–75. Plachter sieht die Beurteilung und Einordnung der erforschten Sachverhalte in ein Wertesystem als wesentliches Merkmal des Naturschutzes an: „Die Bewertung von Zuständen der Natur mit Hilfe fachspezifischer Bewertungsmethoden ist also eine zentrale und eigenständige Aufgabe des Naturschutzes, durch die er sich grundlegend von den meisten Naturwissenschaften unterscheidet."

17 Zur ästhetischen „Kulturbewegung" vgl. z.B. K. Heyer: Denkmalpflege und Heimatschutz im Deutschen Reich. Berlin 1912. W. Rollins: Bund Heimatschutz. Zur Integration von Ästhetik und Politik, in: J. Hermand (Hg): Mit den Bäumen sterben die Menschen. Zur Kulturgeschichte der Ökologie (Literatur – Kultur – Geschlecht, Band 6). Köln 1993, S. 149–182. Zum modernen Naturschutz vgl. z. B. G. Wiegleb: Naturschutzfachliche Bewertung im Rahmen der Leitbildmethode. Mit 48 Tabellen. Heidelberg (u.a.O.) 1999. Christian L. Krause: Das Ausbildungsziel ökologischer Städtebau im Wandel der Zeit, in: Stiftung Naturschutzgeschichte (Hg): Wegmarken. Beiträge zur Geschichte des Naturschutzes (Veröffentlichungen der Stiftung Naturschutzgeschichte, Band 1). Essen 2000.

es sich überhaupt nicht erlauben, unwissenschaftlich zu sein.[18] Letztlich müsse sich der Naturschutz schon wegen seiner politisch-rechtlichen Auswirkungen den allgemeinen demokratischen Spielregeln fügen, und die würden Maßnahmen, die aus individuellen Vorlieben heraus erfolgten, nicht anerkennen. Klassisches Argument zur Sicherung dieses Standpunktes sind Rote Listen. Die darin gesammelten Daten scheinen ganz und gar wertfrei zu sein, beschreiben lediglich den vorgefundenen Zustand, konstatieren eine mehr oder weniger große Bedrohung und veranschaulichen somit den davon abhängigen Handlungsdruck.

Jedoch: Die Vorstellung von bedrohter Natur ist selbst ein Naturbild. Die Frage, ob die Natur bedroht und auf Hilfe des Menschen angewiesen ist, wurde und wird von unterschiedlichen Gesellschaften sehr unterschiedlich beantwortet und hängt nicht zuletzt von ethisch-moralischen Wertvorstellungen ab: Ist Artenvielfalt gut oder schlecht, wichtig oder unwichtig? Ist es ein Problem, wenn Tier- und Pflanzenarten für immer verschwinden? Darf die Natur, darf der Mensch Arten ausrotten? Welche Position nimmt er selber (innerhalb oder außerhalb der Natur) ein? Wie hoch sind die Existenzrechte von Tieren und Pflanzen gegenüber den „Menschenrechten" zu beurteilen? Und *was* wird als bedroht empfunden? Das einzelne Lebewesen? Seine typologische oder biologisch-genealogische Art? Eine bestimmte ortsansässige Population? Ein bestimmter ökologischer Stoffkreislauf? Ein bestimmter Zustand eines lokalen Gebiets? Die allgemeine biologische Artenvielfalt? Die natürlichen Ressourcen und damit unser derzeitiges Wirtschaftssystem? Oder gar die (zukünftige) Existenz des Menschen?

Die „exakten" Naturwissenschaften helfen bei dem Versuch, subjektiven Naturbildern auszuweichen, nur begrenzt weiter, denn leider unterliegen sie selbst sowohl subjektiven als auch normativen Naturbildern.[19] Allein die Frage, *wer* Rote Listen erstellt, entscheidet über die Objektauswahl und somit darüber, auf welche Bestände überhaupt das Licht wissenschaftlicher Erkenntnis fallen wird. In dieser ersten Auswahl liegt aber implizit wiederum eine vom jeweiligen Naturbild der Bearbeiter geprägte Wertung.[20] Die Entscheidung, bestimmte „charismatische" Großtierarten anstatt „ekliger" Sickergrubenbewohner (oder gerade umgekehrt) zu untersuchen, sind der individuellen und soziokulturellen *Wertung* des Menschen überlassen.

Hinzu kommt, dass Rote Listen eng mit dem statischen Naturbild eines ökologischen Gleichgewichts verbunden sind, eine Vorstellung, in der jedes noch so kleine Element Teil einer großen Maschine ist, die ins Trudeln gerät, wenn diese Teilchen

---

18 Vgl. E. Gnaiger: Evolutionärer Naturschutz und Naturbegriff. Nationalparkplanung mit konstruktiven Widersprüchen, in: E. Gnaiger/H. Kautzky (Hg): Umwelt und Tourismus. Umweltforum Innsbruck 1992, S. 67–80.
19 Vgl. Anm. 14.
20 Vgl. Karl Popper: Logik der Forschung. Tübingen 1994.

fehlen oder nicht mehr richtig funktionieren. Natur ist nach dieser Auffassung ein wohl geordneter „Superorganismus",[21] zu dessen Bestehen die harmonische Ausgeglichenheit aller Kräfte gehört. Diese Harmonie wurde lange Zeit als Basis aller Vorgänge angesehen, als „Voraussetzung der Mannigfaltigkeit des Seins, ein logisches Postulat ihres Bestehens, des Soseins der Natur. Bestände nicht die Harmonie, so müßten die Einzelerscheinungen einander zerstören. Sie ist von vorneherein bestehend (prästabiliert) in den Grundeigenschaften der Elemente."[22] Für den Naturschutz folgt daraus der Impuls, das, was der Mensch an Ungleichgewicht in der Natur verursacht hat, wieder auszugleichen.[23] Dieses Denken wurde zur Triebfeder für die Ausgrenzung des Menschen oder die Eliminierung menschlichen Schaffens in Naturschutzkonzepten. Ein großer Teil bisheriger Naturschutzarbeiten war und ist heute noch durch diese ökologische Vorstellung geprägt, in der Naturschutz und Naturvorstellungen Hand in Hand arbeiten und sich gegenseitig legitimieren.

Dieses Bild wurde und wird seit Mitte des 20. Jahrhunderts durch eine andere ökologische Naturauffassung infrage gestellt. Danach wird Natur als dynamischer Prozess verstanden, als „Fluss der Natur" („flux of nature"[24]), in dem die Eigendynamik biologischer Vorgänge, deren Fähigkeit zur Selbstorganisation, Zufälligkeiten, Rückkopplungs- und Aufschaukelungsprozesse dominieren und ein Gleichgewicht eher Ausnahme als Regel ist.[25]

Greifbar wurde der Unterschied beider Auffassungen beispielsweise im Jahr 1988, als im amerikanischen Yellowstone Nationalpark eine Fläche von über 4.000 km² von großen Waldbränden erfasst worden war. Versteht man das „Wesen der Natur" als ein harmonisch aufeinander eingespieltes Gleichgewicht, als ein kunstvoll errichtetes kompliziertes Gebilde, sind Waldbrände eine *Katastrophe* kolossalen

---

21 Vgl. L. Trepl: Geschichte der Ökologie. Vom 17. Jahrhundert bis zur Gegenwart. Weinheim ²1994, S. 145ff.

22 K. Friedrichs: Ökologie als Wissenschaft von der Natur oder biologische Raumforschung. Bios 7, 1937, S. 1–108, hier S. 41. Zitiert nach Kurt Jax: Naturkonzepte der wissenschaftlichen Ökologie, in: Universität Bielefeld/Institut für Wissenschafts- und Technikforschung (IWT-Paper Nr. 23), Tagungsdokumentation „Die *Natur* der Natur". Bielefeld 1999, S. 96–103, hier S. 97.

23 Denkt man diese Konstruktion konsequent zu Ende, hätte ein „Ungleichgewicht" in dieser Auffassung eigentlich überhaupt nicht auftreten können, denn auch die Tätigkeiten des Menschen sind zumindest ursprünglich Bestandteile eines stabilen Gleichgewichts gewesen. Ein stabiles Gleichgewicht aber kann sich nicht von alleine auflösen, dazu bedarf es immer eines Impulses von außen.

24 Steward Peckett.

25 Vgl. K. Thiele: Gestört ist normal, in: Nationalpark 13, 1985, S. 6–9. F. N. Egerton: Changing Concepts of the Balance of Nature, in: The Quarterly Review of Biology 48, 1973, S. 322–350. A. J. Jansen: An analysis of „balance in nature" as an ecological concept, in: Acta biotheoretica 21, 1972, S. 86–114.

Ausmaßes, die dieses fragile Bauwerk wie ein Kartenhaus in sich zusammenfallen lassen. Dagegen wandeln sich dieselben Feuer unter der Annahme, die Stärke der Natur liege gerade in der Veränderung, in der Fähigkeit zur Eroberung, in der Kraft für einen Neuanfang, zu einer riesigen Chance. In einigen Gegenden Amerikas hatte sich gezeigt, dass Waldbrände genauso alt sind wie die Wälder selbst, dass Feuer seit langen Zeiten zur „natürlichen" Entwicklung dieser Wälder gehören und die Unterdrückung von Waldbränden durch ein Naturschutzkonzept mit moderner und effektiver Brandüberwachung diese Entwicklung unterbunden hatte. Einige Arten haben sich sogar so sehr auf diese Situation eingestellt, dass sie die Feuersbrünste für ihre Fortpflanzung benötigen.[26] Auch zeigte sich, dass schon kurze Zeit nachdem die Feuerwalzen durch die Wälder gerollt waren eine vielfältige neue Vegetation entstanden war und sich Pflanzen angesiedelt hatten, die in den vormaligen dunklen (und geschützten) Wäldern nur noch wenig geeignete Standorte gefunden hatten.

In der ökologischen Wissenschaft ist es zu einem Wertewandel gekommen: „das Paradigma ungestörter natürlicher Gleichgewichte wurde aus der Ökologie verdrängt."[27] Stattdessen beherrscht heute das Bild einer dynamischen Natur die wissenschaftlichen Diskussionen. Folgt man dieser Auffassung, sind auch die Menschen und deren Handlungen Bestandteile der natürlichen Entwicklung und müssen in eventuelle Schutzkonzepte einbezogen werden, wobei der Begriff „Schutz" eigentlich fehl am Platze ist, denn es geht weniger um Schutz als um Steuerung, um Ermöglichung vielfältiger, unterschiedlicher, unkontrollierter und teilweise auch unkontrollierbarer Prozesse. Für den Naturschutz, der aus dem statischen Gleichgewichtsbild eine relativ hohe Legitimität und starke Popularität als „Ausgleichseinrichtung" für menschlich verursachte Asymmetrien des Naturhaushalts ziehen konnte, fällt dessen Positionierung im dynamischen Ungleichgewichtsbild ungleich schwerer: Wenn sowieso alle „Störungen" nur zum Besten der Natur dienen, warum sollte der Naturschutz diese unterbinden?

Diese Frage, die unserer Meinung nach einen großen Teil der aktuellen Orientierungslosigkeit im Naturschutz begründet, stellt sich u.a. auch Wolfgang Scherzinger, der dem Arten- und Biotopschutz vorwirft, sich „eine gepflegte, gestaltete, gezähmte und geschönte Natur"[28] geschaffen zu haben, die mit der ursprünglichen, eigentlich

---

26 Z.B. der Mammutbaum (Sequoiadendron giganteum), dessen Höhe und seine dicke, gut gegen hohe Temperaturen isolierende Borke ihm einen Standortvorteil nach einem Feuer verschaffen. Die Zapfen öffnen sich erst nach hohen Temperaturen und entlassen die Samen in eine Umgebung, die von lästigen Konkurrenten durch das Feuer befreit worden ist.

27 E. Gnaiger 1992 (Anm. 18), S. 2.

28 W. Scherzinger: Tun oder unterlassen? Aspekte des Prozessschutzes und Bedeutung des ‚Nichts-Tuns' im Naturschutz, in: Wildnis – ein neues Leitbild? Möglichkeiten und Grenzen ungestörter Naturentwicklung in Mitteleuropa. Bayerische Akademie für Naturschutz und Landespflege in Laufen/Salzach (Laufener Seminarbeiträge Nr. 1), 1997, S. 31–44,

wilden und dynamischen Natur nicht mehr viel gemein habe. Der konventionelle Naturschutz habe ein „märchenhaftes" Naturbild vor Augen, das „in der Erinnerung an ein verlorenes Paradies in erster Linie unsere eigenen Emotionen, Wünsche und Sehnsüchte widerspiegelt."[29] Als Ausweg bietet er die Mosaik-Zyklus-Theorie an,[30] die unserer Meinung nach aber auch keine zufrieden stellende Lösung aus dem Dilemma darstellt, weil auch sie ein ökologisches Gleichgewicht postuliert, dieses allerdings eine Ebene höher ansiedelt: Demnach würden zwar die einzelnen Biotope, also lokal klar begrenzte Gebiete, von kontinuierlichen Störungen und nicht von einem statischen Gleichgewicht dominiert; aus der Summe von Störungen und unterschiedlichen darauf folgenden Reaktionen (Sukzession) würde sich aber auf genügend großer Fläche ein Mosaik aus unterschiedlichen Sukzessionsstufen bilden, die sich gegenseitig stabilisieren. Gerade der kontinuierliche Wechsel von Störung, Neuaufbau und neuerlicher Störung sei Kennzeichen biologischer Systeme. Diese Vorstellung impliziert aber gleichzeitig wieder ein ökologisches Gleichgewicht,[31] gegen das dieses Modell doch ursprünglich aufgestellt worden war. Damit ist diese Vorstellung zwar dynamisch, aber immer noch gleichgewichtsorientiert. Das heißt, sie lässt zwar lokal begrenzten Artenschwund – auch in einem Naturschutzgebiet – zu, fordert aber gleichzeitig, dass genügend intakte Nachbarmosaiken zur Verfügung stehen, von denen aus die gestörte Fläche wieder neu besiedelt werden kann. Das bedeutet für den Naturschutz zwar auf der einen Seite, natürliche Zyklen von Störung und darauf folgender Sukzession zuzulassen, auf der anderen Seite aber auch, zivilisatorisch bedingte Eingriffe, die diesen Zyklus „von außen" stören (z.B. Neophyten[32]) oder ihn gar unterbrechen (globaler Artenschwund), zu unterbinden. Und damit ist Naturschutz auch in der Variante des Prozessschutzes doch wieder eine Ausgleichsinstanz für menschlich verursachte Asymmetrien im Naturhaushalt geblieben.

hier S. 33. Vgl. auch: W. Scherzinger: Das Dynamik-Konzept im flächenhaften Naturschutz. Zieldiskussion am Beispiel der Nationalpark-Idee, in: Natur und Landschaft 1990, 65 (Heft 6), S. 292–298.

29 W. Scherzinger: Blickfang – Mitesser – Störenfriede, in: Nationalpark Nr. 88, 1995, Heft 3, S. 54.

30 Vgl. H. Remmert: Das Mosaik-Zyklus-Konzept und seine Bedeutung für den Naturschutz. Eine Übersicht, in: Bayerische Akademie für Naturschutz und Landschaftspflege. Laufener Seminarbeiträge Nr. 5, Laufen/Salzach 1991, S. 5–15.

31 „Dank dieser zyklischen Abfolge der Entwicklungsphasen kann aber im Gesamtmosaik ein Gleichgewicht der Proportionen erhalten bleiben." W. Scherzinger: Mosaik-Zyklus-Konzept, in: W. Konold/R. Böker/U. Hampicke (Hg.): Handbuch Naturschutz und Landschaftspflege. Kompendium zu Schutz und Entwicklung von Lebensräumen und Landschaften. Landsberg 1999, S. 1–12, hier S. 10.

32 Vgl. U. Eser: Der Naturschutz und das Fremde. Ökologische und normative Grundlagen der Umweltethik. Frankfurt a.M. 1999.

Im Naturschutz tut man sich schwer, der Entwicklung der ökologischen Wissenschaft zu folgen; mit dem Gedanken, die enge Verbindung zur Ökologie zu verlassen, anscheinend noch viel mehr. Woher kommt diese Anhänglichkeit? Wieso versteht sich Naturschutz nicht beispielsweise als *kulturelle* Aufgabe wie der Denkmalschutz? Warum wird Scherzingers Ansatz, dass Naturschutz Emotionen, Wünsche und Sehnsüchte widerspiegele, nicht akzeptiert und konsequent zu Ende gedacht, sondern von ihm selbst abgebrochen und mit einer metabiologischen Theorie überlagert? Der Hinweis der Naturschützer auf Rote Listen und damit auf die Ökologie als Begründung naturschützerischen Handelns mündet in die Vorstellung eines ökologischen Gleichgewichts, sei es statisch oder dynamisch, und damit auf ein stillgelegtes Geleise dieser Wissenschaft. Rote Listen sind *kein* zwangsläufiges Argument für Arten- und Biotopschutz. Und die kräftigste Verbindung zwischen Artenschutz und Ökologie, die Diversitäts-Stabilitäts-Theorie,[33] die besagt, eine große Artenanzahl erhöhe die Differenzierung und damit die Stabilität eines Ökosystems, lässt sich wissenschaftlich nicht aufrechterhalten. Komplexe Systeme mit großer Artenzahl stellen sich als ähnlich anfällig gegenüber Beeinträchtigungen heraus wie ihre kompakteren Gegenstücke.[34] Entgegen dieser Erkenntnis klammert sich der Naturschutz aber weiterhin an seine inzwischen ziemlich brüchig gewordene Wissenschaftsorientierung. Naturschutz und Ökologie, das scheinen fest miteinander verzahnte Systeme, zwei Seiten der gleichen Medaille zu sein.

Wieso eigentlich?

Während das harmonische Gleichgewichtsbild letztlich auf die Darwinsche Evolutionstheorie mit ihrem Ideal der kontinuierlichen Entwicklung zurückzuführen ist, so ist das dynamische Ungleichgewichtsbild Folge unterschiedlicher Theorien der Thermodynamik. Die Quantenphysik räumt mit der klassischen Vorstellung einer unabhängig vom Betrachter existierenden Natur gänzlich auf und spricht nur mehr von Wechselbeziehungen. Die Menschen sind nach Niels Bohr nicht nur Zuschauer, sondern stets auch Mitspielende im Schauspiel des Lebens. Dieser Gedanke hat folgenschwere Folgen für das Naturbild der Naturwissenschaften. „Natur" wandelt sich vom Objekt zum Subjekt, und die vormals genau definierten Rollen von „Opfer" und „Täter" verwischen. Werner Heisenberg erkannte 1965: „Wenn von einem Naturbild der exakten Naturwissenschaft in unserer Zeit gesprochen werden kann, so handelt es

---

33 Vgl. C. S. Elton: The ecology of invasions by animals and plants. London 1958. R. H. McArthur: Fluctuations of animal populations, and a measure of community stability, in: Ecology 36 (1955), S. 533–536.

34 Vgl. z.B. die hohe Anfälligkeit tropischer Regenwälder trotz oder gerade wegen ihrer enormen Artenfülle. Zur Diskussion über diese Theorie vgl. auch Trepl 1994 (Anm. 21). U. Eser: Der Wert der Vielfalt. „Biodiversität" zwischen Wissenschaft, Politik und Ethik, in: M. Bobbert/ M. Düwell/ K. Jax (Hg): Umwelt, Ethik und Recht. Tübingen 2001 (im Druck).

sich also eigentlich nicht mehr um ein Bild der Natur, sondern um ein Bild unserer Beziehungen zur Natur."[35]

Dabei ist diese Trennung zwischen Natur und Mensch, zwischen Experiment und Experimentator, zwischen inbrünstigem Glaube und exakter Wissenschaft noch gar nicht so lange her und erst nach langem und schwierigem Ringen erfolgt. Die mathematisch-geometrische Naturwahrnehmung der frühen Neuzeit erschütterte seit dem 16. Jh. die religiös-symbolische, welche das gesamte Mittelalter wesentlich geprägt hatte und auf die Annahme der Offenbarung Gottes in der Natur zurückgeht. In diesem „hermeneutischen Projekt"[36] waren Natur und ihre Bestandteile Zeichen der Schöpfung und Ergebnis göttlichen Wirkens gewesen, die es religiös zu entschlüsseln galt.

Es waren mächtige Erschütterungen, die das christliche Abendland durchlitt: Die Physik entthronte die Theologie als Leitwissenschaft, und exakte Messungen sowie mathematische Beschreibungen lösten das göttliche Wort als Entscheidungsinstanz ab. Nikolaus Kopernikus (1473–1543), Johannes Kepler (1571–1630) und besonders Galileo Galilei (1564–1642) entwarfen ein Bild von einer mathematisch-geometrischen Natur, deren Bestandteile be- und errechenbar waren und in ihrer Summe sowie in ferner Zukunft – so Francis Bacon[37] – konstruier- und beherrschbar seien würden (das „Projekt Moderne"). Die Lesbarkeit von Natur durch tiefes religiöses Verstehen wurde von dem Versuch ihrer Mechanisierung verdrängt, Grundlage für ihre technische Beherrschung.[38]

Der Plan ging auf, und die technische Beherrschung der Natur gelang tatsächlich. Sie gelang sogar „zu gut": Die fortschreitende Mechanisierung und Industrialisierung führte zu unvorhergesehenen massiven Veränderungen der „Mitwelt", die auf diesem Weg schon längst zu einer „Umwelt" geworden war. Die unbedachten Folgen und die Begrenztheit der natürlichen Ressourcen stellten mehr und mehr eine Bedrohung für den eingeschlagenen Weg dar und das bestehende Handeln infrage. Die Biologie „entdeckte" das ökologische Gleichgewicht und die Industriegesellschaft ihr Herz für Tiere.

Das war die Geburtsstunde des „ökologischen Projekts"; der Anstoß für die leicht verdutzte Erkenntnis am Ende des 19. Jahrhunderts, dass das menschliche Handeln trotz oder gerade *wegen* seiner vielfältigen technologischen Emanzipationen mangelhaft und unvollkommen geblieben ist. Diese Erkenntnis spiegelt sich in der Entste-

---

35 Werner Heisenberg: Das Naturbild der heutigen Physik. Rowohlt, Hamburg 1965. Zitiert nach E. Gnaiger 1992 (Anm. 18).
36 H. Böhme/P. Matussek/L. Müller: Orientierung Kulturwissenschaft. Was sie kann, was sie will. Hamburg 2000.
37 Vgl. Francis Bacon (1561–1626): Nova Atlantis.
38 Vgl. J. Fried: Aufstieg aus dem Untergang. Apokalyptisches Denken und die Entstehung der modernen Naturwissenschaft im Mittelalter. München 2001.

hung und Entwicklung der Natur- und Heimatschutzbewegung und in dem Aufstieg von biologischer Wissenschaft und Ökologie mit ihrem Bild des natürlichen biologischen Gleichgewichts wider, das – weil durch diese menschlichen Emanzipationsversuche gestört – mithilfe eines konservierenden Arten- und Biotopschutzes zumindest rudimentär gesichert werden müsse. Das war „der Beginn einer wunderbaren Freundschaft" zwischen Ökologie und Naturschutz.

Diese Beziehung war aber keine „Liebe auf den ersten Blick". Die Naturschutzbewegung entstand nicht als *Öko-*, sondern als *Kultur*bewegung, die sich gegen die Zerstörung der traditionellen Kulturlandschaft während der Industrialisierung wandte und somit sowohl Natur als auch Kultur in ihre Bemühungen einschloss. Julius Langbehn war einer der ersten, der das Gegenmodell zur kritisierten Industriegesellschaft „Heimat" nannte und damit an einen verklärten Heimatbegriff aus der Romantik anknüpfte.[39]

Damit wurde ein schillernder und schwer zu fassender Begriff eingesetzt, um eine bessere Welt, eine glückliche Vision einer erhabenen Gegenwelt zu der als profan empfundenen Gegenwart zu bezeichnen. Der Begriff „Heimat" erfuhr dabei eine starke Erweiterung. Ursprünglich lediglich als Bezeichnung für Haus und Hof gebräuchlich,[40] erweiterte sich „die Heimat" um die regionale Landschaft, um kulturelle und nationale Identität. Der Begriff wurde emotional positiv belegt, mit nahezu transzendentalen Weihen verbunden und erhielt eine quasireligiöse Konnotation. Diese Entwicklung war möglich, gleichzeitig aber auch nötig geworden, um sich der Moderne, der großen Maschine zur „Entzauberung der Welt"[41] entgegenstemmen zu können. „Heimat wird zur Zuflucht"[42], zu einem Gebiet, in dem Industrialisierungs- und Zivilisationsprozesse auf eine dem Menschen (und der Natur) verträgliche Art und Weise erfolgten. Um zumindest ein wenig von dem „Zauber" der vorindustriellen Landschaft, um das „Malerische und die Poesie" darin zu erhalten, sprach Ernst Rudorff 1886 erstmals die Idee eines „Vereins zum Schutz der Natur, des Charakte-

---

39 „,Künstler, Bauer, König' stehen und fallen miteinander; sie stehen und fallen mit dem, was der Mensch ‚Heimat' nennt; und was ihm das Teuerste auf der Welt ist. Die Heimat ist das nächste Ideal; in diesem Sinne ist der Deutsche eine vorzugsweise ideale Natur. Bauerngeist ist Heimatgeist." J. Langbehn, zit. nach A. Knaut: Zurück zur Natur! Die Wurzeln der Ökologiebewegung. Arbeitsgemeinschaft beruflicher und ehrenamtlicher Naturschutz e.V. (Hg.), Supplement 1 zum Jahrbuch für Naturschutz und Landschaftspflege. Bonn/Greven 1993, S. 18.
40 „Das neue Heimat kostet wohl 10.000 Gulden". J. Gotthelf: Erlebnisse eines Schuldenbauers. Berlin 1854. Zit. nach C. Graf von Krockow: Heimat – eine Einführung in das Thema, in: Bundeszentrale für politische Bildung: Heimat, Analysen, Themen, Perspektiven (Diskussionsbeiträge zur politischen Didaktik, Band 294/1), Bonn 1990, S. 59.
41 Ernst Bloch.
42 M. Treml: Wieviel Heimat braucht der Mensch?, in: Bundeszentrale für politische Bildung 1990 (Anm. 40), S. 70.

ristischen, Ursprünglichen, Schönen auch in der Bauart usw." an, um die Kräfte zum Kampf gegen die Industrialisierung zu bündeln.[43]

Somit entstand die Heimatschutzbewegung als umfassende kulturelle Bewegung, die Biologie, Geologie, Kunst und Architektur, Brauchtum und Traditionen gleichermaßen umfasste. Sie war einerseits ästhetisch, konservativ, traditionsbezogen und rückwärts gewandt, gleichzeitig aber auch wissenschaftlich, ökologisch und ökonomisch orientiert und damit durchaus problem- und gegenwartsbezogen.

„Natur" bedeutete in dieser frühen Heimatschutzbewegung mehr als Biologie, und Naturschutz demgemäss mehr als „Natur"-Schutz. Der Begriff „Natur" beinhaltete ein großes Heilsversprechen. Natur – das war das Reine, Unverfälschte, Ursprüngliche und Gesunde. In diesem Sinne diente die Natur auch als ein Gegenbild zu den verhassten Symbolen des Industriezeitalters, wie den rauchenden Fabrikschloten der Großstadt. „Zurück zur Natur" hieß es sowohl in traditionell-bürgerlichen als auch in lebensreformerischen Kreisen, und nicht nur die Wandervögel bekundeten in Liedzeilen wie „Aus grauer Städte Mauern" ihre Sehnsucht nach der Welt der Berge, nach Licht, Luft und Sonne.

Gleichzeitig wurde aber auch deutlich, dass dieser schwärmerische Impetus nicht ausreichte, den Kampf gegen handfeste wirtschaftliche Interessen zu gewinnen (eine allgemeine Gesellschaftskritik hilft in konkreten Fällen leider oft nicht weiter). Zum Beispiel verlor der 1904 gegründete Bund Heimatschutz seine erste große Auseinandersetzung über den Bau des Laufenburger Wasserkraftwerks auf eine recht ärgerliche Art und Weise, weil er ästhetische Argumente ins Feld brachte und auch prompt eine ästhetische Antwort bekam: ein großes Ölgemälde. Den Bau des Kraftwerks konnte er damit aber nicht verhindern.[44] Das kapitalistischen System fordert die harte Sprache der Fakten – doch fremd und vollkommen unverständlich schien diese Sprache der Industriemoderne für einen großen Teil der Bevölkerung zu sein. So schrieb Thomas Moore schon 1804 anlässlich seines Besuchs der Niagarafälle: „Es kam mir vor, als nähertet ich mich dem eigentlichen Sitz Gottes; und nachdem wir den Anblick aus dem Auge verloren hatten, verweilte ich einige Augenblicke in jener wohligen Entrückung, die nur fromme Begeisterung erzeugen kann. Wir erreichten die ‚Neue Leiter' und stiegen ganz nach unten. Hier drang ihre ganze Erhabenheit auf mich ein.

---

[43] Ernst Rudorff: Heimatschutz. Neuausgabe, St. Goar 1994. Vgl. auch A. Knaut 1993 (Anm. 39), S. 29. Zur Entstehung der Naturschutzbewegung vgl. K. Ott/Th. Potthast/M. Gorke/P. Nevers: Über die Anfänge des Naturschutzgedankens in Deutschland und in den USA im 19. Jahrhundert, in: Jahrbuch für europäische Verwaltungsgeschichte 11 (1999), Themenheft Naturnutzung und Naturschutz in der europäischen Rechts- und Verwaltungsgeschichte, S. 1–55.

[44] Vgl. M. Becker: Museumspädagogische Überlegungen zur Naturschutzgeschichte, in: Stiftung Naturschutzgeschichte (Hg): Wegmarken. Beiträge zur Geschichte des Naturschutzes (Veröffentlichungen der Stiftung Naturschutzgeschichte, Band 1), S. 266–269.

In einem Sturm demütiger Bewunderung, wie ich ihn noch nie erlebt habe, schwangen sich Herz und Seele zu Gott auf. Oh, bringt den Atheisten hierher, als Atheist wird er nimmermehr zurückkehren. Wie bedauere ich den Mann, der sich ungerührt niedersetzen und eine Schilderung dieser unbeschreiblichen Wunder abzufassen vermag; und wieviel mehr bedauere ich den, der sie der Messung nach Gallonen und Yards unterwirft."[45]

Aber genau dies ist 100 Jahre später nicht nur in Baden passiert. In Laufenburg haben die Techniker die Stromschnellen vermessen, sie auf ihre Nützlichkeit hin untersucht und dabei keinerlei Erhabenheit festgestellt, sondern die Natur lediglich als zweckmäßiges Potenzial und als technologische Herausforderung gesehen. Unter dieser Betrachtung läuft eine kulturell-ästhetische Argumentation zum Schutz von Natur auf einer vollkommen anderen Schiene und damit ins Leere.

Mit der Ökologie als naturwissenschaftlicher Betrachtung biologischer Funktionen, als „objektiver" physisch-materieller Analyse, nüchtern-sachlicher Faktensammlung, als empirisch belegter und belegbarer Forschung konnte man sich in der Welt der Ingenieure und Unternehmer schon sehr viel eher Gehör verschaffen. In dieser Welt stellen Zahlen, Daten, Bilanzen im Gegensatz zu Anmut, Erhabenheit oder Poesie handfeste und damit akzeptable Werte dar.

Folge dieses „Verständigungsproblems" war die Verwissenschaftlichung und damit die Trennung des Naturschutzes vom Heimatschutz. Während sich letzterer weiterhin als Kulturbewegung verstand, entwickelte sich der Naturschutz seit den 1920er Jahren immer mehr zu einer naturwissenschaftlichen Disziplin. Umgekehrt wurde die Ökologie als „sachliche" Wissenschaft von den Beziehungen stofflicher Vorgänge in der Natur vom Naturschutz als Übersetzerin instrumentalisiert, um tiefe kulturelle, aber gesellschaftlich nicht opportune Motive des Naturschutzes in der Sprache der Wissenschaft gesellschaftsfähig zu machen. Weiterhin blieb „Natur" aber ein idealisiertes Gegenbild zur Moderne, weiterhin wurde ein unverfälschtes, reines und zauberhaftes Bild von „Natur" herbeigesehnt, in der die Anforderungen und Auswirkungen einer Industriemoderne noch nicht (bzw. nicht mehr) spürbar sind.[46]

Im Nationalsozialismus gelangten beide, Natur- und Heimatschutz, zu ungeahnter Prominenz: Im Namen von „Heimat" wurde eine enorme Propagandamaschinerie in Gang gesetzt, die Nationalismus und Militarismus das Wort redete. Im Namen der Verteidigung der „eigenen Scholle" wurden die Nachbarn von ihrer Scholle vertrieben. Gleichzeitig wurden sie auch im Namen der Ökologie vertrieben, denn in der Monoklimaxtheorie ging die Ökologie eine unheilige Allianz mit der nationalsozia-

---

45 Wilfred S. Dowden: The Letters of Thomas Moore. I. Oxford 1964, S.76f. Zitiert nach R. Rosenblum 1981 (Anm. 2), S. 22, 23.

46 Vgl. W. Schoenichen: Urdeutschland. Deutschlands Naturschutzgebiete in Wort und Bild. Neudamm 1935.

listischen Politik ein. Nach dieser Theorie „kommen in einer Lebensgemeinschaft nicht einfach Umweltbedingungen *zum Ausdruck*, sondern sie *schafft* sich diese."⁴⁷ Das bedeutet, eine biologische Art strebt innerhalb der natürlichen Lebensbedingungen einem Maximum, dem bereits erwähnten stabilen Gleichgewicht, zu, das von verschiedenen klimatischen, biologischen, geologischen und geographischen Faktoren bestimmt wird. Gewisse Lebensgemeinschaften bilden dann sozusagen das Ende der Sukzession, haben den Höhepunkt ihrer Entwicklung (das Klimaxstadium) und damit die „Berechtigung" erreicht, dieses Gebiet zu dominieren. Im Konkurrenzkampf der Individuen haben sie sich als siegreich erwiesen und damit eine Legitimation für ihre Ausbreitung und Dominanz über lästige Konkurrenten erlangt.

Mit dieser sozialdarwinistischen Theorie im Rücken konnte sich die „Herrenrasse" zuversichtlich auf den Weg machen, „neue Räume" zu erobern, erfüllte sie damit doch ihren „naturgegebenen" Auftrag. Und nach innen hielt die „Volkskörper-Ideologie" die einzelnen „Volksgenossen" als Organe eines großen ökologisch-politischen Überorganismus bei der Stange.⁴⁸

---

47 L. Trepl 1994 (Anm. 21), S. 145, Hervorhebungen im Original.
48 Als Beispiel für die Biologisierung im Nationalsozialismus und die daraus abgeleitete Blockwart-Mentalität vgl. Walter Bohn 1943: „Wird das Haus und die häusliche Geselligkeit wieder Mittelpunkt unserer Jugend, wird insbesondere die bisherige aushäusige Wochenendkultur durch eine weise Gesetzgebung unmöglich gemacht, dann sucht der junge Mann in der häuslichen Geselligkeit wieder seine künftige Frau, die künftige Mutter seine[r] Kinder; und die Hausfrau, in deren Haus er verkehren darf, und sei es die ärmste und allergeringste, wird für ihn wieder eine gütige Wohltäterin, wie sie es in alter Zeit gewesen ist. Da aber im Hause auch Brüder und Schwestern leben, auch Onkel und Tanten und Vettern und Basen und Nichten und Neffen, der ganze Sippenkreis von Vater und Mutter verkehren, haben hier die jungen Leute Gelegenheit, nicht nur sich selbst kennenzulernen, sondern sich auch über den Erbwert des Einzelnen ein Bild zu machen. Das ist notwendig; denn wer heiratet, heiratet immer die ganze Familie mit; und die Erbanlagen des ganzen Sippenkreises findet er in seinen Kindern wieder. Dazu kommt, daß man in Zukunft wieder sippenmäßig denken und eben durch dieses sippenmäßige Denken den Individualismus der französischen Revolution überwinden wird, der noch heute in den Köpfen gar so vieler herumspukt. Der weitere Kreis wird die Nachbarschaft sein. Diese ist schon jetzt überall in Gestalt der Blöcke der NSDAP neu organisiert. Der Blockleiter hat es aber gegenwärtig in der Regel nur mit den im Block wohnenden Parteigenossen zu tun und die Partei wird immer nur eine Auslese des deutschen Volkes sein, der Orden, auf dem das Deutsche Reich als Ordensstaat basiert. Es kommt darauf an, in der Nachbarschaft alle Volksgenossen zur nachbarlichen Geselligkeit zu erfassen. Dazu wird es nötig sein, dem Blockleiter eine erweiterte Stellung zu geben ..." Walter Bohn: Biologischer Hochverrat. Tatbestände in der Vergangenheit – Abwehrmaßnahmen in der Zukunft. Reichsgesundheitsverlag 1943. Zitiert nach: W. Durth/ N. Gutschow: Träume in Trümmern. Planungen zum Wiederaufbau zerstörter Städte im Westen Deutschlands 1940–1950. Bd. I (Schriften des deutschen Architekturmuseums zur Architekturgeschichte und Architekturtheorie). Braunschweig/Wiesbaden 1988, S. 181.

Das Thema Nationalsozialismus und Naturschutz ist viel zu komplex, um in diesem kurzen Artikel ausreichend behandelt zu werden.[49] Auch ist unser Fokus hier nicht auf die isolierte Betrachtung historischer Ereignisse eingestellt, sondern auf die allgemeine Entwicklung des Mensch-Natur-Verhältnisses, auf tief innen liegende Motive, auf lang anhaltende und den Zeitgenossen oftmals verborgene Mechanismen, auf grundsätzliche Naturbilder und Naturvorstellungen. Und da lässt sich festhalten, dass sich das Bild von Natur im Nationalsozialismus nicht grundlegend geändert hatte, wohl aber die Sprache, mit der über Natur geredet wurde. Und die Selbstverständlichkeit.

Das heißt: Nach wie vor war „Natur" mehr als Natur, war ein positives Gegenbild zur geschäftigen Moderne, war unberührt, erhaben, rein, edel und unverfälscht.[50] Auch die Sichtweise einer Bedrohung der Natur durch „geschmacklich Entartete"[51], also eine ästhetische Bedrohung, und das willfährige Angebot des Naturschutzes, dagegen anzukämpfen, unterscheiden sich kaum von dem ursprünglich breit gefächerten, ästhetisch und kulturell motivierten Ideenkonglomerat, aus dem heraus die Naturschutzbewegung entstanden war (vgl. S. 20f). Aber mit der „Ökologisierung" wurde Naturschutz nicht mehr kulturell, sondern naturwissenschaftlich begründet. Nicht transzendente Werte wie Schönheit, Erhabenheit oder Poesie, mit denen noch Ernst Rudorff 50 Jahre zuvor die Entstehung des Naturschutzes begründet hatte, prägten die Diskussion, sondern biologische und wirtschaftliche Funktionen (z.B. die Funktion der Erholung im obigen Zitat von Walter Schoenichen). Die Naturschutzbewegung erfuhr dadurch zwar eine Einschränkung auf Naturwissenschaft und Wirtschaft (deren gesellschaftliche „Machtübernahme" überhaupt erst zur Entstehung des Naturschutzes als Gegenbewegung geführt hatte[52]), zugleich aber eine größere Akzeptanz in der Bevölkerung. Denn nun ging es nicht mehr um die ästhetischen Schwärmereien einiger romantischer Städter, sondern um handfeste Zahlen, Daten,

---

49 Zu dieser Thematik vgl. G. Gröning/J. Wolschke-Bulmahn: Die Liebe zur Landschaft. Teil III. Der Drang nach Osten. München 1987. D. Peukert: Volksgenossen und Gemeinschaftsfremde. Anpassung, Ausmerze und Aufbegehren unter dem Nationalsozialismus. Köln 1982.

50 Z.B. Walter Schoenichen: „All diesen Mühseligen und Beladenden, all diesen geschmacklich Entarteten will der Naturschutz die Herrlichkeiten der deutschen Heimatnatur aufschließen. Draußen im Freien, wo Berg und Wald und Flur noch unberührt geblieben sind von dem Zugriff der Wirtschaft, wo der Fremden-Ausbeutung und dem Jahrmarktsrummel und der damit unzertrennlich verknüpften Anreißerei und Geschäftemacherei der Zutritt untersagt ist, sollen dem Volksgenossen nach der Arbeit des Werktags Erholungsstätten dargeboten werden, wo er im Umgang mit Mutter Natur Entspannung findet und neue Kraft zu rüstigem Schaffen." W. Schoenichen 1935 (Anm. 46), S. 11.

51 Ebd.

52 Vgl. Anm. 43.

Fakten, um „objektive" Erkenntnisse und „wissenschaftlich bewiesene" Argumente. Naturschutz wurde damit quasi naturgesetzlich. Kennzeichen dieser gesteigerten Akzeptanz war die Durchsetzung des Reichsnaturschutzgesetzes 1935.

Möglicherweise fiel dieser neue, naturwissenschaftlich orientierte Kurs den Naturschützern auch deshalb nicht sehr schwer, weil der ästhetisch-kulturell orientierte Teil ihrer Bewegung durch den mächtigen nationalsozialistischen Propagandaapparat abgedeckt wurde, der „Heimat" ideell und politisch überhöhte. Die Ökologie war im Nationalsozialismus von einer Wissenschaft zu einer „Staatsreligion", „Heimat" von einer Minderheiten- zur Massenbewegung umgewandelt worden, und der im Windschatten dieser Entwicklung „ökologisierte" und von seinem ästhetisch-kulturellen Vokabular befreite Naturschutz erfreute sich (zumindest theoretisch) endlich einer gewissen Sicherheit und Selbstverständlichkeit in der Bevölkerung.

Naturschutz und Ökologie gingen eine „Symbiose" ein: Die Ökologie mit ihrer Theorie des biologischen Gleichgewichts lieferte die theoretische Legitimationsgrundlage und somit Argumente für die Interventionen des Naturschutzes gegen die Industriegesellschaft, der Naturschutz seinerseits bot sich an, das konstatierte mangelnde natürliche Gleichgewicht wieder herzustellen, verwandelte sich somit in angewandte Ökologie, die er damit gleichzeitig in praxi bestätigte (wobei er implizit auch die damals staatstragende Ideologie unterstützte). Beide gingen gestärkt aus dieser Verbindung hervor: Der Arten- und Biotopschutz wurde mit dem Mythos der Naturwissenschaftlichkeit versehen und empfing deren Aura und Autorität, die ökologische Wissenschaft verlor durch den Arten- und Biotopschutz ihren unsicheren Theorie-Status und erlangte quasigesetzliche Gültigkeit.

Mit dem „Zusammenbruch", wie das Ende des Zweiten Weltkriegs in der deutschen Nachkriegszeit beschönigend genannt wurde, war auch das biologistisch-völkische Weltbild des Nationalsozialismus zusammengebrochen. Natur- und vor allem der propagandistisch überhöhte Heimatschutz galten als schwer belastet, und in beiden deutschen Republiken orientierte man sich neu. Bei aller Unterschiedlichkeit der politischen Ausrichtung wurde dabei der Begriff „neu" zu einem bestimmenden Wert dieser „Neu"-Orientierung. Die 1950er bis 1970er Jahre waren Zeiten offener Modernisierung.[53] Damit konnte die lästige Vergangenheit abgeschüttelt und an eine Entwicklung angeknüpft werden, die von den Siegermächten – besonders den USA – vorgezeichnet wurde. Modernisierung bedeutete nicht nur wirtschaftlich-technologi-

---

53 Schon während des Nationalsozialismus gab es Modernisierung, sie wurde aber von Propaganda kaschiert, lief also eher im Verborgenen ab. Nach dem Zweiten Weltkrieg entfiel die Propaganda, der Modernisierungsprozess erfolgte offen. Vgl. M. Prinz/R. Zitelmann (Hg.): Nationalsozialismus und Modernisierung. Darmstadt 1991. H: Mommsen: Noch einmal: Nationalsozialismus und Modernisierung, in: Geschichte und Gesellschaft 21 (1995), S. 391–402.

sche, sondern auch kulturelle, soziale und vor allem politische Entwicklung in Richtung auf den im Westen massendemokratischen, im Osten realsozialistischen Industriestaat hin.[54]

In diesem Klima konnte sich „Heimat" als positives Naturideal, als „intakte" Landschaft oder wohlorganisierter Kulturraum bis auf eine blasse Episode im Heimatfilm *nicht* etablieren. Die Folge dieser Entwicklung: Wenn Naturschutz überhaupt eine Chance haben wollte, seine Vorstellungen eines angemessenen Mensch-Natur-Verhältnisses durchzusetzen, dann höchstens als naturwissenschaftlich begründete Notwendigkeit, nicht als ästhetisch-kulturelle Forderung. Und das wiederum stärkte die oben erwähnte Trennung in Heimat- und Naturschutz und dessen Symbiose mit der Ökologie. Gereinigt von sozialdarwinistischen Ableitungen und expansionistischen Konsequenzen gelang es, Naturschutz auf Kosten des „schuldigen" Heimatschutzes als „unschuldige", politisch abstinente, rein wissenschaftliche Anforderung zu etablieren, eine Entwicklung, die in unseren heutigen intersubjektiven, „sachlichen" und professionellen Naturschutz (s. S. 14) mündete.

Damit hat sich die enge Bindung von Naturschutz und Ökologie als sehr belastbar erwiesen, im Nationalsozialismus mit, nach dem Zweiten Weltkrieg ohne politische Ausrichtung. Erstaunlicherweise erfolgte die neuerliche Bindung des Naturschutzes an die Ökologie zu einer Zeit, in der das Bild des natürlichen statischen Gleichgewichts in den Naturwissenschaften eigentlich schon nicht mehr aktuell war. Zumindest in der Physik hatte die Thermodynamik das Naturbild stark verändert (s. S. 19f), und die Orientierung des Naturschutzes folgte einem Gleichgewichtsbild in der Natur, das eigentlich schon damals keines war.

Soweit unsere Theorie über die Verwissenschaftlichung des Naturschutzes als Vehikel, um damit andere, naturwissenschaftlich nicht begründbare, tief verinnerlichte individuelle sowie gesellschaftliche Naturvorstellungen zu transportieren, die eigentlich kulturellen Ursprungs sind. Auch wenn die sozialwissenschaftliche Freiraumplanung seit den 1970er Jahren ansatzweise versucht, diese Trennung wieder aufzulösen,[55] halten wir sie für immer noch sehr aktuell.

Naturschutz als Bestreben, das „richtige" Zusammenleben zwischen Mensch und Natur zu ermöglichen, ist ein ethisches Anliegen und damit eher unwissenschaftlich. Ein Qualitätsziel, also wie etwas sein soll, kann man nicht aus den Naturwissenschaften ableiten. Eine Symbiose zwischen Naturschutz und wissenschaftlicher Ökologie

---

54 Vgl. H.-U. Wehler: Modernisierungstheorie und Gesellschaftsgeschichte, in: Ders.: Die Gegenwart als Geschichte. München 1995, S. 13–123, hier S. 44.
55 Vgl. G. Gröning/W. Nohl: Freiraumplanung. Versuch einer Orientierung, in: Stadtbauwelt 63 (1972), S. 108–109. G. Gröning/U. Herlyn/W. Tessin: Zum sozialwissenschaftlichen Ansatz in der Freiraumplanung, in: Zeitschrift der Universität Hannover, 11 (1984), Heft 2, S. 39–45.

erfolgt daher auf Kosten beider Bereiche: Der Naturschutz argumentiert naturwissenschaftlich, obwohl er andere Ziele verfolgt, spricht sozusagen in einer „fremden Sprache", und begibt sich somit in eine Abhängigkeit zu seinem „Wirt", die sich in dem Moment als fatal herausstellt, wo sich die Ökologie von dem Anliegen des Naturschutzes so weit entfernt, dass dieser sie nicht mehr zu seiner Legitimation in Anspruch nehmen kann. Mit dem dynamischen Ungleichgewichtsmodell (s. S. 16) ist genau dieses geschehen, und der Naturschutz hat seine theoretische Begründung verloren.

Die Ökologie ihrerseits kann sich nur schwer aus der Umklammerung lösen und Themen besetzen, die nicht in das Naturbild des Naturschutzes passen. Die unabhängige Entwicklung der Disziplin wird dadurch gehemmt.[56] Denn der Blick auf die und damit auch das Bild von der Natur ändern sich permanent, auch oder vielmehr gerade innerhalb der „nüchternen" Naturwissenschaften. Allerdings weiß man das immer erst hinterher. Das bedeutet: Auch die Naturwissenschaften sind nicht „wertfrei", gerade sie sind abhängig von Naturbildern, und zwar nicht explizit, sondern implizit. Naturbilder sind unbewusste Setzungen, allgemein anerkannte und nicht hinterfragte Axiome. Für die Naturwissenschaften ist ein Naturbild wie ein Ankergrund für ein Schiff, er ist notwendig und in den meisten Fällen auch hinreichend gut geeignet, die intellektuelle Nussschale fest genug zu verankern, um eine feste Position und einen eigenen Standpunkt einnehmen zu können, aber man kann in der Tiefe den Grund nicht sehen, und die Strömungsverhältnisse können sich jederzeit ändern (evtl. sogar durch die eigenen Manöver) und den Anker wieder freigeben. So lange alles gut geht, erinnert man sich während der Arbeit nicht mehr daran,[57] aber das kann sich ändern und dann muss man einen neuen Ankergrund suchen – genau diese Entwicklungsfähigkeit ist Kennzeichen von Wissenschaft. Für den an dieser Position verbleibenden Naturschutz entsteht dann aber ein Problem, er gerät „ins Schwimmen".

Und genau das plagt den Naturschutz heute! Das Naturbild der Wissenschaften passt nicht mehr mit dem Naturbild des Naturschutzes überein. Hinter dem Feigenblatt der „wissenschaftlichen Notwendigkeit" ist der Platz sehr eng geworden; zu eng, um sich dort pauschal vor Kritik gegen Naturschutz zu verschanzen.[58]

56 Vgl. L. Trepl 1994 (Anm. 21).
57 Dieses Vergessen der eigenen „Befestigungspunkte" hat für die angewandte Wissenschaft durchaus positive Folgen. Ohne einen minimalen Grundkonsens benötigte jegliche wissenschaftliche Arbeit eine eigene Grundlagenforschung, es könnte sich keine „fachliche Praxis" etablieren. Diese ist aber notwendig, um einerseits konkrete Anwendungen zu produzieren, andererseits wiederum in Grenzgebiete vorzustoßen, die das „Vergessen" infrage stellen.
58 K. Ganser kommt beispielsweise zu dem Ergebnis, dass Naturschutz nach dem Zweiten Weltkrieg auf eine „scheinobjektive naturwissenschaftliche Norm" reduziert worden ist, „um sich auf diese Weise aus dem gesellschaftlichen Dialog hinauszuschleichen".

Unter diesem Gesichtspunkt betrachtet wird vielleicht auch etwas deutlicher, wieso sich der Naturschutz mit Müllhalden so schwer tut, während die ökologische Forschung diese Orte durchaus als Betätigungsfeld anerkennt. Naturschutz ist eben *nicht* angewandte Ökologie, sondern verfolgt andere, kulturelle Ziele. Es geht nicht nur um Biologie, sondern auch um Schönheit, Einmaligkeit, Sinnlichkeit oder Unberührtheit, und diese Bereiche werden von einer Müllhalde nicht unbedingt abgedeckt.

Es geht im Naturschutz auch nicht in erster Linie um wissenschaftliche Objektivität, sondern um den subjektiven Eindruck des Menschen gegenüber der Natur. Die ersten Sätze dieses Artikels über die Insel Vilm zeigen, dass der Eindruck von Wildnis, von unberührter Natur gerade heute als etwas Besonderes und Wertvolles empfunden wird. Doch war und ist diese Insel nicht unberührt! Die äußere Erscheinung dieser Insel ist Folge menschlichen Handelns. Der märchenhafte Wald mit seinen weit ausragenden Eichen ist ein verwilderter Hutewald, also eine ehemals bäuerlich genutzte Erwerbsfläche. Seit den Zeiten der Wikinger war diese Insel bewohnt, wovon heute noch archäologische Funde zeugen. Und auch die einzelnen imposanten Solitärbäume (z.B. die so genannte „Zwölfapostelbuche", die ihre charakteristische Form als Folge regelmäßigen Beschneidens erhalten hat) sind nicht „natürlich" entstanden, sondern Folge menschlicher Eingriffe. Trotzdem wird die Insel als „märchenhafte Urwaldinsel" gesehen. Auf Vilm wird nicht unberührte Natur geschützt, sondern die *Vorstellung* davon.[59]

Aus dieser Erkenntnis ergeben sich einige grundsätzliche Folgen für den Naturschutz. Die naturwissenschaftliche Ökologie fällt als alleinige Legitimation für Interventionen des Naturschutzes weg. Andere Begründungen sind aber problematisch. Ein einfacher Rückgriff auf „Heimat" scheint uns sehr bedenklich, der Begriff „Heimat" ist (ob „schuldig" oder „unschuldig") zu sehr mit Intoleranz und Nationalismus belastet. Und ein subjektiver Eindruck gegenüber Natur ist in demokratischen Systemen, in denen Herrschaft versachlicht ist, kein hinreichender Legitimationsgrund.

Ein möglicher Ausweg erscheint uns, die *kulturelle* Wahrnehmung von Natur zu erforschen und als tatsächliche Grundlage unseres Handelns ernst zu nehmen. Das

K. Ganser: Landschaftstypen im Emscherraum. Zur Frage ihrer Schutzwürdigkeit, in: Natur und Landschaft 70 (1995) Heft 10, S. 448–453. Kurt Jax kommt zu dem Schluss: „Naturbegriffe spielen in der Ökologie, wie ich versucht habe zu zeigen, eine beträchtliche Rolle. Sie werden aber selten explizit gemacht und sind daher schwer diskutierbar. Viele Diskussionen, besonders im Naturschutz, bewegen sich scheinbar auf einer Ebene der empirischen Befunde, obwohl die eigentlich strittigen Fragen gar nicht dort angesiedelt sind. Eine Klärung der jeweils zugrundeliegenden Konzepte von Natur könnte diese Diskussionen befruchten insofern mit den impliziten Naturvorstellungen auch die impliziten Wertentscheidungen transparent gemacht werden." Kurt Jax: Naturkonzepte in der wissenschaftlichen Ökologie. IWT-Papier Nr. 23, S. 102 (http://www.uni-bielefeld.de/iwt).

59 Vgl. R. Piechocki 1998 (Anm. 1), S. 7.

bedeutet, den Umgang mit Natur als kulturelle Handlung anzuerkennen, als Bestandteil des kulturelles Gedächtnisses, als „den in jeder Gesellschaft und jeder Epoche eigentümlichen Bestand an Wiedergebrauchs-Texten, -Bildern und -Riten […] in deren Pflege sie ihr Selbstbild stabilisiert und vermittelt, ein kollektiv geteiltes Wissen, vorzugsweise (aber nicht ausschließlich) über die Vergangenheit, auf das eine Gruppe ihr Bewußtsein von Einheit und Eigenart stützt."[60]

Aber wie sieht das heutige Naturbild aus? Existieren noch immer die gleichen romantischen Vorstellungen von idyllischen Gegenwelten, wie sie zu Beginn der Naturschutzbewegung formuliert wurden? Wie sieht der „Wald im Kopf" der Naturschützer aus, und hat dieses Bild tatsächlich Entscheidungskompetenz? Wer oder was ist verantwortlich für die Undenkbarkeit von Unterschutzstellungen von Müllkippen und zugleich für die einhellige Zustimmung zum geschützten Status der „Urwaldinsel" Vilm? Wie sehen die dazugehörigen Wertvorstellungen und (Leit-) Bilder, wie sehen die Muster aus, nach denen entschieden wird, und kann man ihnen – falls nötig – ausweichen? Was muss man wissen, um unseren Umgang mit Natur zu verstehen?

Naturbilder sind individuell wie „überindividuell" verankert. Sie sind nicht nur temporäre Erscheinungen, sondern immer wiederkehrende Muster, weshalb historische Kenntnisse von Natur und Naturschutz unerlässlich sind, um aktuelle Denk- und Handlungsweisen wirklich zu verstehen.

Der Förderverein Museum zur Geschichte des Naturschutzes in Deutschland e.V. hat mit der Durchführung dieser Tagung einen ersten Schritt in diese Richtung getan, indem er Zeitzeugen des Naturschutzes zu Wort kommen lässt, um deren eigene, persönliche Motivation und die dahinter befindlichen individuellen Naturvorstellungen und -bilder aufzuzeigen. Aus diesen individuellen lassen sich unter der Voraussetzung sorgfältigen methodischen Vorgehens gesellschaftliche Naturvorstellungen ableiten. Viel versprechend scheint eine Kombination aus kulturwissenschaftlichem Ansatz und der Methode der Oral History zu sein, welche das persönlich-individuelle Erfahrungswissen als Gegenstand hat, dabei aber gerade die Subjektivität, das Denken, Fühlen und Handeln von Menschen kritisch hinterfragt und in der Lage ist, das dazugehörige Naturbild zu rekonstruieren und die Menschen nicht lediglich in ihrem Objektstatus belässt.

Denn: Natur findet (auch) im Kopf statt.

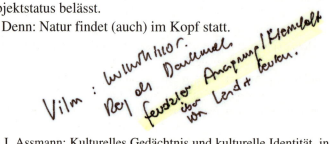

---

60 J. Assmann: Kulturelles Gedächtnis und kulturelle Identität, in: J. Assmann/T. Hölscher (Hg.): Kultur und Gedächtnis. Frankfurt a. M.1988, S. 9–19, hier S. 15.

Edda Müller

Die Beziehung von Umwelt- und Naturschutz in den 1970er Jahren

Vorbemerkung

Mein Anliegen ist es, die Beziehung von Naturschutz und Umweltschutz in den 1970er Jahren darzulegen. Behandeln werde ich das Verhältnis von Natur- und Umweltpolitik während der sozialliberalen Koalition (1969–1982). Dabei stütze ich mich in erster Linie auf die Ergebnisse meiner Dissertation, die unter dem Titel „Innenwelt der Umweltpolitik" 1986 veröffentlicht wurde. Bei der Arbeit ging es um den Einfluss von Organisationsstrukturen auf die Reichweite und Qualität von Umwelt- und Naturschutzpolitik.

Für das Verständnis meiner Herangehensweise an das Thema ist eine weitere Vorinformation wichtig. Ich bin von Hause aus Politikwissenschaftlerin und interessiere mich insofern für die Bedingungen und Mechanismen des politischen Entscheidungsprozesses. Woran liegt es, dass bestimmte Ideen und Konzepte handlungsleitend werden können, während dies anderen nicht oder nur unvollkommen gelingt?

Um die Wirksamkeit von Ideen und Konzepten, ihre Umsetzung in praktische Politik, geht es mir denn auch in erster Linie, wenn ich über die Beziehung von Natur- und Umweltschutz in den 1970er Jahren spreche. Die Politikwissenschaft versucht die Wirkungskraft von Ideen im politischen Prozess zum einen mit der unterschiedlichen Machtposition und dem unterschiedlichen Einfluss relevanter Akteursgruppen und Interessen zu erklären.

Eine komplexere Sichtweise bezieht zum anderen den institutionellen und kulturellen Handlungskontext in die Analyse der Bedingungen für Problemdefinitionen und Lösungsstrategien mit ein. Ich werde in meiner Darlegung beide Erklärungsansätze anwenden. Während der interessengeleitete, nach Macht und Einfluss fragende Ansatz hier nicht weiter begründet werden soll, will ich den nach dem institutionellen und kulturellen Handlungskontext fragenden Ansatz etwas näher erläutern.

Ergebnisse der empirischen Politikforschung legen die Annahme nahe, dass – wie Risse-Kappen formuliert hat – „Ideas do not float freely" (Risse-Kappen 1994). Ob Ideen sich im politischen Prozess durchsetzen und handlungsleitend werden können, hängt auch von ihrer „Anschlussfähigkeit" an vorhandene Politikstile und generelle Kontextbedingungen ab. Der politische Prozess tendiert dazu, Lösungsstrategien zu wählen, „die aus nationalen Problemlösungsmustern, institutionellen Kapazitäten, Lebensstilen und Wertesystemen erwachsen sind" (Cornelia Ulbert, 1997: 11). Dies erklärt sich aus dem hohen Legitimationszwang, dem politisches Handeln insbesondere im Bereich der Vorsorge und bei Unsicherheit in einer offenen demokratischen Gesellschaft unterworfen ist. Cornelia Ulbert hat dies in einem lesenswerten Aufsatz am Beispiel der deutschen und US-amerikanischen Klimapolitik dargelegt.

Hinsichtlich der „Anschlussfähigkeit" bzw. Durchsetzungsfähigkeit von Ideen und Konzepten des Natur- und Umweltschutzes geht es dabei im gesellschaftlichen und politischen Streit im wesentlichen um zwei Positionsbestimmungen (vgl. C. Ulbert 1997:16):

1. um die Sichtweise der relevanten Akteure über den Wert von Natur und Umwelt und deren Stellenwert in Bezug auf den Menschen (Schutz der Natur um ihrer selbst willen oder als Lebensgrundlage für den Menschen)
2. um die Sichtweise über das Verhältnis von Ökologie und Ökonomie und den Stellenwert, der Natur und Umwelt im ökonomischen Denken zugeschrieben wird.

Diese Sichtweisen werden auf der kognitiven Ebene vom kulturellen Erbe (Werte, Normen, Überzeugungen, Einstellungen) beeinflusst. Hinzu kommt ebenfalls als Bestandteil der Kultur ein Repertoire von Handlungsmöglichkeiten, das von Institutionen vorgeformt und verfestigt wird. Institutionen sind daher der Handlungsrahmen, in dem Ideen in dauerhafte Praktiken und verbindliche Normen und Regeln umgesetzt werden. Darüber hinaus basieren Institutionen aber auch selbst auf „geronnenen Ideen", die im Prozess der Herausbildung von Institutionen bestimmend waren und zur Aufrechterhaltung der jeweiligen Institutionen beitragen (vgl. C. Ulbert 1997: 14).

Die Literatur zur Naturschutzgeschichte spiegelt diesen Zusammenhang von Ideen, Kultur und Institutionen wider (vgl. u. a. Ditt, 1996, Wettengel, 1993), und auch die Ausarbeitungen über die Anfänge des deutschen Naturschutzes, sein Wirken im „Dritten Reich" und in beiden deutschen Staaten in der Nachkriegszeit sparen jeweils den institutionellen Kontext nicht aus. Auch mein Zugang zur Beschreibung der Beziehung zwischen Natur- und Umweltschutz in den 1970er Jahren erfolgt daher über Institutionen.

In einem ersten Teil werde ich die Organisation und Kooperation von Umwelt- und Naturschutz in den 1970er Jahren darstellen. Ich werde zeigen, dass die organisatorische Trennung von Natur- und Umweltschutz in den Anfängen nicht nur zu gegenseitigen Behinderungen führte, sondern auch die Formulierung einer ganzheitlichen Programmatik und Handlungsstrategie erschwerte. Versuche am Ende der 1970er Jahre, die getrennten Politikfelder und Programmbereiche unter dem Dach eines Ökologieprogramms zusammenzuführen, scheiterten. Zugleich erwies sich der Naturschutz jedoch Ende der 1970er Jahre als wichtiger Bündnispartner der Luftreinhaltepolitik.

In einem zweiten Teil werde ich auf den Machtaspekt, d.h. die Rolle und das Gewicht der gesellschaftlichen „Hilfstruppen", eingehen. Die Naturschutzpolitik war hier typischerweise immer wieder auf die „Machtleihe" und Unterstützung aus dem internationalen Raum, später aus dem Bereich der Europäischen Gemeinschaft und der Wissenschaft angewiesen. Ihre heimische politische Lobby in Gestalt der Naturschutzverbände war zersplittert und eher schwach. Der Umweltschutz profitierte bis zu einem gewissen Grad dagegen von der modernen Umweltbewegung und insbesondere der Ausbildung einer Umweltpartei. Für beide war zumindest in den 1970er Jahren der Naturschutz ein Randthema. Das Schwergewicht der Lobbyarbeit galt den Umweltbedrohungen der Industriegesellschaft mit Themen wie Atomkraftwerke und Chemieunfälle.

Abschließend will ich eine Einschätzung der Situation in den späten 1980er und 1990er Jahren abgeben und einen Ausblick auf die künftige Entwicklung wagen. Hat sich die Situation nach der organisatorischen Zusammenführung von Umwelt und Naturschutz in einem Bundesressort geändert? Lässt sich eine wechselseitige Diffusion von Ideen und Konzepten feststellen oder nicht? Sind der Naturschutz und der Umweltschutz zu Beginn des 21. Jahrhunderts besser als früher gerüstet, ihre Ideen und Konzepte durchzusetzen und zu einer Veränderung dominanter „Gegen"-Werthaltungen beizutragen?

Organisation und Kooperation von Natur- und Umweltschutz in den 1970er Jahren

Das Verhältnis von Natur- und Umweltschutz während der sozialliberalen Koalitionsregierung auf Bundesebene (1969 bis 1982) lässt sich vor dem Hintergrund verschiedener Politikphasen illustrieren. Ich unterscheide in meiner „Innenwelt der Umweltpolitik" die folgenden drei Phasen (vgl. Müller 1986: 51 ff):

- 1969–1974 als eine Phase offensiver „autonomer" Umweltpolitik, die im Wesentlichen im politisch-administrativen System entwickelt wurde,
- 1974–1978 als Phase defensiver Umweltpolitik, bestimmt durch erhebliche Konflikte mit der Wirtschaft,
- 1978–1982 eine „Erholungsphase", charakterisiert durch die „Politisierung" des Umweltschutzes.

Die programmatische und institutionelle Ausformung des neuen Politikbereichs Umweltpolitik, der den Naturschutz programmatisch einschloss, erfolgte in der ersten Phase der Umweltpolitik in einem weitgehend von externen Faktoren unbeeinflussten autonomen politisch-administrativen Prozess. Die Politik hatte sich an der Entwicklung in den USA orientiert und den Startschuss gegeben. Die Verbesserung der Umweltbedingungen war in der Regierungserklärung in den Katalog innerer Reformen aufgenommen worden. Die programmatische und institutionelle Ausgestaltung wurde jedoch den Experten in der Ministerialverwaltung und im Parlament überlassen. Deren Arbeit war von einem breiten politischen und gesellschaftlichen Konsens getragen. Diese hohe Konsensfähigkeit erleichterte die Implementation der neuen Aufgabe. Sie bewirkte jedoch zugleich deren unzureichende machtpolitische Untermauerung.

Deutlich wurde diese fehlende politische Machtbasis bei Entscheidungen zur Organisation und Zuständigkeitsverteilung der neuen Aufgabe sowohl innerhalb der Bundesregierung als auch im nachgeordneten Verwaltungsbereich des Bundes sowie gegenüber den Bundesländern.

Mit der Übertragung der technischen Aufgaben des Umweltschutzes auf das Bundesministerium des Innern wurde zwar die Ministerialverwaltung eines starken Ressorts zum Motor der Politikentwicklung. Entgegen den anfänglichen Planungen und Absichten des Bundesinnenministeriums und des Bundeskanzleramtes gelang es jedoch nicht, die Zuständigkeiten für den Umweltschutz sowie die für Naturschutz und Landschaftspflege in einem Ressort zusammenzuführen. Die Herauslösung des Naturschutzes und der Landschaftspflege scheiterte am Widerstand des Bundeslandwirtschaftsministers Ertl. Nicht unwichtig hierfür war die Tatsache, dass sowohl der Bundesinnenminister als auch der Landwirtschaftsminister der FDP angehörten. Beide hatten wohl kein Interesse daran, bereits zu Beginn der sozialliberalen Koalitionsregierung Konflikte im eigenen Lager auszufechten.

Auch andere Ressorts konnten erfolgreich ihre Zuständigkeiten verteidigen. Dies gilt z.B. für die gescheiterte vollständige Herauslösung des Instituts für Wasser-, Boden- und Lufthygiene aus dem Geschäftsbereich des Bundesgesundheitsministeriums sowie die spätere Abgabe der Raumordnungskompetenz des Bundesinnenministers an das Bundesbauministerium.

Auch die Verteilung von Macht und Einfluss zwischen Bund und Ländern erlaubte nur die teilweise Übertragung von Zuständigkeiten auf den Bund. Die Länder verweigerten im Bundesrat zu Beginn der 1970er Jahre der Bundesregierung die konkurrierende Gesetzgebungskompetenz für Wasserwirtschaft und für den Naturschutz sowie die Landschaftspflege.

Die Entscheidungen über die interne Organisation des Umwelt- und Naturschutzes in der Bundesregierung sowie die Zuständigkeitsverteilung zwischen Bund und Ländern prägten in der Folgezeit den institutionellen Handlungsrahmen des Natur- und Umweltschutzes. Er lässt sich durch die folgenden Charakteristika grob umreißen:
– die Übernahme und Fortführung der (zum Teil bereits im 19. Jahrhundert geschaffenen) getrennten Verwaltungskulturen und Traditionen,
– die starke Orientierung des Umweltschutzes an den Traditionen des Ordnungs- und Gewerberechts sowie des Naturschutzes an einerseits ideell-romantischen ganzheitlichen Zielen sowie andererseits punktuellen Schutzmaßnahmen, die zumeist auf eine Ausgrenzung des Menschen und einen Widerspruch zwischen dem Recht der Natur und menschlicher Wirtschaftsaktivität hinausliefen,
– die Herausbildung eines idealistischen Politikstils bei den Naturschützern im Vergleich zu einem eher pragmatischen Politikstil der Umweltschützer.

Lassen Sie mich diese Behauptungen näher erläutern.

Die klassischen Aufgaben des Umweltschutzes – die Gewässerreinhaltung, die Abfallbeseitigung und die Luftreinhaltung – waren als Reaktion auf die Industrialisierung im 19. Jahrhundert in erster Linie verstanden worden als Angelegenheiten der Hygiene und der Gesundheitspolitik. Sie wurden daher fachlich der Medizinalverwaltung zugeordnet. Verstanden wurden die Aufgaben darüber hinaus als hoheitliches Handeln, das sowohl der Abwehr von Gefahren für Leib und Leben als auch der von Beeinträchtigungen des Eigentums diente. Hieraus erklärt sich die damalige Zuordnung der Aufgaben zur Polizei- und Ordnungsverwaltung.

Mit der Einführung der Gewerbeordnung um die Jahrhundertwende wurde die Überwachung industrieller Anlagen einer speziellen, weitgehend technisch orientierten Verwaltung übertragen. Als der Umweltschutz sich Anfang der 1970er Jahre auf Bundesebene institutionalisierte, knüpfte er zwar einerseits an diese Traditionen an. Andererseits schuf er sich jedoch in Gestalt des Umweltbundesamtes einen völlig neuen Unterbau, der weitgehend unbeeinflusst von vorhandenen Verwaltungskulturen, Erfahrungen und Berührungsängsten die Formulierung von Programmen und Maßnahmen als „politisches Pokerspiel" begriff. Dies schloss, im Rahmen der Arbeitsteilung mit der Ministerialverwaltung, die Formulierung ehrgeiziger Ziele ein, zugleich aber auch die Bereitschaft, den „Spatz in der Hand" nicht zu verschmähen, wenn die politische Kräftekonstellation die „Taube auf dem Dach" nicht erreichbar machte.

Der Naturschutz wurde zu Beginn dieses Jahrhunderts der Bildungs- und Kulturverwaltung zugeordnet. Die praktischen Aufgaben wurden weitgehend nicht hoheitlich, sondern ehrenamtlich erbracht. Die Nähe zur Wissenschaft und zu zivilisationskritischen geistigen Strömungen bestimmten nicht nur die Programmatik, sondern auch den Argumentationsstil und die Rekrutierung des spärlichen hauptamtlichen Personals. Meines Erachtens erklärt sich aus dieser Tradition eine eher apolitische Haltung des Naturschutzes, die gesellschaftliche Konsensbildungsprozesse und die Suche nach Kompromisslösungen erschwert.

Der Gegensatz zwischen dem durch grundsätzliche Werthaltungen bestimmten idealistischen Politikstil des Naturschutzes und seiner begrenzten Handlungsbasis mag auch ein Grund für die vielfach zu beobachtende „Wagenburgmentalität" von Naturschützern sein. Man glaubte, aufgrund der Schlechtigkeit oder mangelnden Einsicht starker politischer und gesellschaftlicher Kräfte mit dem „Rücken an der Wand zu stehen", verteidigte deshalb um so heftiger die Interessen der Natur und vernachlässigte die Operationalisierung der Aufgabe in Form umsetzungsfähiger Handlungsprogramme. Ich halte es für denkbar, dass diese Tendenzen durch die Zuordnung des Naturschutzes zum Landwirtschaftsressort verstärkt wurden. Der Naturschutz sah sich bereits im ressortinternen Entscheidungsprozess dominiert und „umstellt" von Interessen, die zunehmend zum Hauptverursacher der Degradation von Natur und Landschaft wurden. Jedenfalls erschwerte die organisatorische Zuordnung ganz erheblich den Versuch, den Naturschutz zu einem Thema der politischen Regierungsarbeit zu machen.

Das Heft des politischen Handelns hatten zu Beginn der 1970er Jahre die Umweltschützer im BMI in der Hand. Sie konnten eine Reihe wichtiger Gesetze verabschieden, bevor als Folge der Ölpreiskrise 1973 die allgemeine Großwetterlage auch ihnen das Leben schwer machte. Die Naturschützer im BML vermochten dagegen das günstige Reformklima und die Rückendeckung durch das Sofortprogramm Umweltschutz der Bundesregierung von 1970 – es enthielt die Ankündigung, bis zum Frühjahr 1971 den Entwurf eines Naturschutzgesetzes vorzulegen – nicht zu nutzen, um ihr Bundesnaturschutzgesetz (BNatSchG) durchzubringen. Dies gelang erst 1976. Vorausgegangen war ein geradezu beispielhafter Prozess der Negativkoordination, an dem sich auch die Umweltschützer des BMI beteiligten. Im Laufe der Beratungen wurde ein weit reichender erster Referentenentwurf bei der BML-internen und interministeriellen Abstimmung Schritt für Schritt „heruntergekoordiniert". Dabei dominierten hausintern die Landwirtschaftsreferate gegenüber denen für Naturschutz sowohl hinsichtlich ihres größeren Organisationsvolumens und ihrer besseren Personalausstattung als auch hinsichtlich der Unterstützung durch die Hausleitung sowie den Deutschen Bauernverband und andere einschlägige Verbände. Im ressortübergreifenden Konfliktaustragungs- und Konsensbildungsprozess verhielten sich die Vertreter des BMI wie alle anderen Ressorts. Sie setzten die Ausgrenzung ihres eigenen Zuständigkeitsbereichs aus dem Geltungsbereich des Bundesnaturschutzgesetzes durch und machten keinen Versuch, die BML-Naturschützer bei den Konflikten mit den BML-Landwirten zu unterstützen (vgl. Bick/Obermann, 2000: 107).

Meine Analyse des Einflusses der Organisation des Umwelt- und Naturschutzes auf die Qualität und Reichweite des Bundesnaturschutzgesetzes kommt zu folgendem Ergebnis:

„Vermutlich wäre angesichts der allgemeinen Aufschwungstimmung im Umweltschutz, der politischen Unterstützung durch das Bundeskanzleramt und der konstruktiven Mitarbeit der Naturschutzverbände trotz des politischen Gewichts der landwirtschaftlichen Interessenorganisationen ein unter der Federführung des BMI und der dadurch bewirkten federführenden Beratung des Innenausschusses des Deutschen Bundestages erarbeitetes BNatSchG im Hinblick auf die Interessenkonflikte zur Landwirtschaft naturschutzfreundlicher ausgefallen. Ein Bundesministerium des Innern, das nicht im Ressortkonkurrenzdenken befangen gewesen wäre, hätte möglicherweise auch die Chance zur Formulierung eines ökologischen ‚Grundgesetzes' genutzt, das als Dach und Klammer für die medialen Umweltschutzgesetze hätte fungieren können" (Müller 1986: 396 f.). Für die Beziehung von Umwelt- und Naturschutz war vielleicht die lang nachwirkende psychologische Hypothek noch wichtiger. Die Naturschützer im BML hatten große Hoffnungen in die neue Umweltpolitik gesetzt und waren über die mangelnde Unterstützung des BMI bei den Verhandlungen zu ihrem Bundesnaturschutzgesetz schwer enttäuscht (vgl. Bick/Obermann, ebenda).

Parallel zu den Arbeiten am Bundesnaturschutzgesetz wurde zu Beginn und Mitte der 1970er Jahre im BML die Novelle des Flurbereinigungsgesetzes vorbereitet. Auch an diesem Entscheidungsprozess lässt sich die Beziehung von Natur- und Umweltschutz trefflich illustrieren. Es war – um es kurz zu sagen – eine Nicht-Beziehung. Die Umweltschützer des BMI beteiligten sich erst gar nicht am interministeriellen Abstimmungsprozess. Sie sahen im Verhältnis von Naturschutz und Landschaftspflege zur Flurbereinigung ein sektorales BML-internes Thema und überließen es den BML-Naturschützern, für eine ausreichende Berücksichtigung des Naturschutzes zu sorgen. Dies gelang im Übrigen auch in durchaus erfolgreicher Weise. Widerstände ergaben sich erst später im Bundesrat, wo sich die Naturschützer der Länder gegen die Übertragung der Naturschutzaufgaben des Flurbereinigungsgesetzes auf die Flurbereinigungsbehörden wehrten. Sie fürchteten angesichts der besseren Personalausstattung der Flurbereinigungsverwaltung im eigenen Aufgabenbereich „untergebuttert" zu werden.

Für das Selbstverständnis der Umweltschützer des Bundes war die Nichtbefassung mit den Naturschutzbelangen der Flurbereinigung aufschlussreich. „In der praktischen Handlungsorientierung dominierten im BMI damals die technischen Umweltschutzaufgaben, die Angelegenheiten der Umweltverträglichkeitsprüfung wurden mehr grundsätzlich, nicht aber im Sinne einer materiellen Einflußnahme wahrgenommen. Ebenso wurden ökologische Zusammenhänge primär unter der Perspektive der Forschungsförderung, nicht aber der materiellen Untermauerung des Umweltschutzes durch Maßnahmen zur Erhaltung des Naturhaushaltes bearbeitet" (Müller 1986: 423f.).

Während der Defensivphase der Umweltpolitik von 1975 bis 1978 wickelten die Umweltschützer im BMI und die Naturschützer im BML ein bereits auf den Weg gebrachtes Gesetzgebungsprogramm ab. Sie ergriffen jedoch keine neuen Initiativen. Die Beziehung zwischen Umwelt- und Naturschutz stellte sich wie folgt dar:

„Während der technische Umweltschutz und insbesondere der Gewässerschutz von den verschiedenen Konjunkturförderungsprogrammen finanziell profitierte und damit die unzureichende Durchsetzung des Verursacherprinzips durch den Einsatz öffentlicher Mittel zum Teil ausgleichen konnte, war der Naturschutz neben der Beschränkung auf die Rahmengesetzgebungskompetenz in seiner Handlungsfähigkeit ab 1977 auch durch die Streichung der Bundesmittel für Naturparke eingeschränkt. Insgesamt spielte der Naturschutz in diesen Jahren nur eine untergeordnete Rolle. Der Umweltschutz wurde vielmehr weitgehend mit dem technischen Umweltschutz und den Kompetenzen des BMI gleichgesetzt" (Müller 1986: 113).

Die Erholungs- und Politisierungsphase des Umweltschutzes zwischen 1978 und 1982 verschaffte sowohl den Naturschützern des BML als auch den Umweltschützern des BMI neue Handlungsspielräume. Zwar hatten sich die ökonomischen Rahmenbedingungen nicht wesentlich verbessert, durch die erstmalige Beteiligung der Grünen an Landtagswahlen wurde die Umweltpolitik aber plötzlich zum Gegenstand des politischen Wettbewerbs. Es kam zu einer Stärkung der Umweltflügel in den großen Parteien und zu einer Aufwertung des Umwelt- und Naturschutzes in der Regierungsarbeit.

Ich will die neue Situation und das Verhältnis von Umwelt- und Naturschutz an folgenden drei Beispielen illustrieren:
1. den Förderungsgrundsätzen zu den Rahmenplänen der Gemeinschaftsaufgabe „Verbesserung der Agrarstruktur und des Küstenschutzes",
2. dem „Immissionsschutzpaket", bestehend aus der Novelle des Bundesimmissionsschutzgesetzes, der TA Luft und der Großfeuerungsanlagen-Verordnung, sowie
3. den Arbeiten an einem „Ökologischen Aktionsprogramm".

Ab 1978 verbesserte sich die Situation des Naturschutzes. In öffentlichen Erklärungen legte sich der Landwirtschaftsminister auf eine stärkere Beachtung von Naturschutzbelangen in den Förderungsgrundsätzen der Gemeinschaftsaufgabe „Verbesserung der Agrarstruktur und des Küstenschutzes" fest. Außerdem wurden die Naturschutzreferate durch die Ausgliederung aus der für Agrarstrukturpolitik zuständigen Abteilung im hausinternen Abstimmungsprozess gestärkt. Sie unterstanden nun einem Abteilungsleiter, der in direktem Kontakt mit der Hausleitung ihre Interessen vertreten konnte.

Die allgemeine Finanzknappheit schuf darüber hinaus günstige Bedingungen für eine zumindest teilweise Berücksichtigung der Naturschutzanliegen im Rahmen der Gemeinschaftsaufgabe. Das für die Gemeinschaftsaufgabe zuständige Referat des BML sah in den Naturschutzreferaten willkommene Verbündete, um Mittelkürzungen gegenüber den betroffenen Fachreferaten durchzusetzen. Die Naturschutzforderungen betrafen in der Regel eine mittelsparende Reduzierung von Aktivitäten. Mit der Zustimmung zu dieser Forderung ergab sich zugleich für die Hausleitung die Möglichkeit, „aus der Not eine Tugend zu machen" und die Einschränkung von naturschutzschädlichen Agrarstrukturmaßnahmen öffentlich als einen Beitrag zur Stärkung der Naturschutz- und Landschaftspflegebelange herauszustellen (vgl. Müller 1986: 445).

Anders als im Fall des Flurbereinigungsgesetzes unterstützten die Umweltschützer des BMI nunmehr auch ihre Naturschutzkollegen im interministeriellen Abstimmungsprozess. Sie erreichten dabei allerdings keine weitergehenden Zugeständnisse. Ausschlaggebend war hierfür nicht mangelndes Problemverständnis, vielmehr war es die Tatsache, dass die für Fragen der Landwirtschaftspolitik zuständigen Arbeitseinheiten des BMI nicht über die notwendigen personellen Kapazitäten verfügten, um ihren Argumenten Nachdruck zu verleihen.

Typisch für die Phase einer zunehmenden Annäherung von Naturschutz und Umweltschutz Ende der 1970er Jahre war eine Situation, in der sich der Umweltschutz zwar programmatisch für die Belange des Naturschutzes und der Ökologie öffnete, zugleich aber hieraus keine Konsequenzen hinsichtlich der Ressourcenallokation und Arbeitsorganisation zog. Nach wie vor absorbierten die für mediale Aufgaben des Umweltschutzes zuständigen Referate einen Großteil der personellen Ressourcen, während die für Querschnittsaufgaben zuständigen Arbeitseinheiten personell unterbesetzt waren.

Während sich in der Anfangsphase der Umweltpolitik die Aufsplitterung des Umwelt- und Naturschutzes auf verschiedene Ressorts auf die Reichweite der Umweltprogrammatik eher nachteilig ausgewirkt hatte, erwies sie sich am Ende der 1970er Jahre zumindest bei den Verhandlungen zum „Immissionsschutzpaket" als vorteilhaft. Bei den Programmarbeiten zu den BimSchG- und TA Luft-Novellen hat es die offensive Rolle des BML in der interministeriellen Arbeitsgruppe dem BMI erleichtert, sich gegenüber abschwächenden Forderungen des Bundeswirtschaftsministeriums durchzusetzen. Erkennbar war eine Bündnispartnerschaft zwischen Umwelt- und Naturschutz, die im Entscheidungsprozess nur durch das Gewicht getrennter Ressorts wirksam werden konnte.

Äußerst hilfreich waren die Naturschützer des BML auch bei der Vorbereitung der Großfeuerungsanlagen-Verordnung und der Festschreibung strenger Grenzwerte für SO_2 und NO_x im Abgas von Kraftwerken. Erleichtert wurde dies allerdings durch die Interessenlage der für den Wald zuständigen Referate des BML, deren ökonomische Interessen an einer Reduzierung schädlicher Lufteinträge mit den ökologischen Zielen konform gingen.

Die sich Ende der 1970er Jahre anbahnende gute Kooperation zwischen Umwelt- und Naturschutz wäre im Prinzip eine gute Basis gewesen, um gemeinsam einen neuen programmatischen Anlauf in der Umweltpolitik zu starten. Leider verliefen die Arbeiten an einem „Ökologischen Aktionsprogramm" jedoch im Wesentlichen aufgrund von Ressortegoismen und institutionellen Abgrenzungen im Sande.

1978 erhielt das Umweltbundesamt vom BMI den Auftrag, den Entwurf eines Ökologieprogramms vorzubereiten. „Der bisher überwiegend technische mediale Umweltschutz sollte auf eine breitere, die ‚ökologischen Vernetzungen' und die Belastungsgrenzen des Naturhaushalts stärker beachtende Grundlage gestellt werden. Die Ansprüche des Umweltschutzes an andere Politikbereiche sollten klarer formuliert, durch ‚ökologische Eckwerte' sollte ein Rahmen für alle natur- und umweltbelastenden Aktivitäten vorgegeben werden" (Müller 1986: 128). 1979 verkündete der BMI-Staatssekretär, Hartkopf, unter der einprägsamen Formel „Es ist Zeit für die ökologische Wende" das Konzept auch in der Öffentlichkeit. Die Ankündigung sorgte nicht nur in der Industrie, sondern auch im Ressortkreis und insbesondere beim BML für Unruhe. Ging es der Industrie und den meisten Ressorts dabei in erster

Linie um die Abwehr neuer Forderungen, fürchteten die Naturschützer im BML vor allem eine „feindliche Übernahme" ihrer Zuständigkeiten.

Angesichts der Widerstände musste sich der BMI 1979 dem Druck der Ressorts und des BML beugen und der Einsetzung einer nichtministeriellen Projektgruppe „Aktionsprogramm Ökologie" zustimmen. Ihr gehörten Sachverständige aus allen wichtigen gesellschaftlichen Bereichen an. Die Koordinierung wurde einer Steuerungsgruppe übertragen, in der Vertreter der relevanten Ressorts mitwirkten. Als „Begräbnis erster Klasse" des Anlaufs zu einer neuen politischen Programmatik, die Umwelt- und Naturschutz zusammenführen sollte, erwies sich jedoch insbesondere die Tatsache, dass der Projektgruppe für ihre Arbeit eine Frist von drei Jahren eingeräumt wurde. So erreichte der – durchaus lesenswerte – 1983 von der Projektgruppe vorgelegte Bericht seine Auftraggeber denn auch nicht mehr. Ich bin davon überzeugt, dass Ende der 1970er Jahre ohne die institutionelle Selbstständigkeit von Natur- und Umweltschutz die Chance zu einem neuen Anlauf in der Umweltpolitik bestanden hätte, die den Natur- und den Umweltschutz programmatisch zusammengeführt und damit seine Handlungskompetenz verbessert hätte.

Zur Rolle der gesellschaftlichen „Hilfstruppen"
des Natur- und Umweltschutzes

Für die Durchsetzungsfähigkeit von Ideen und Konzepten sind nicht nur die institutionellen Kontextbedingungen wichtig, entscheidend ist auch, über welches Gewicht deren gesellschaftliche „Hilfstruppen" im politischen Konfliktaustragungsprozess gegenüber anderen gesellschaftlichen Interessen verfügen.

Meines Erachtens können Natur- und Umweltschutz ihre langfristigen Ziele und Aufgaben nur miteinander erreichen. Sie können insbesondere die Legitimation und den Handlungsspielraum für die notwendigen gesellschaftlichen und wirtschaftlichen Veränderungsprozesse nur sichern, wenn nicht nur der technische Fortschritt in den Dienst der Umwelterhaltung gestellt wird, sondern auch der Stellenwert der Eigengesetzlichkeit der Natur akzeptiert wird. Die Trennung der Wahrnehmung von Naturschutzinteressen und Umweltinteressen durch unterschiedliche, sich zum Teil bekriegende Interessengruppen ist angesichts dieser Zielsetzung für Umwelt- und Naturschutzpolitik ein Handicap.

Wie sah die Situation hinsichtlich der gesellschaftlichen Hilfstruppen des Naturschutzes und des Umweltschutzes in den 1970er Jahren aus? Wir haben uns in den letzten Jahren angewöhnt, die Erfolge des Natur- und Umweltschutzes dem Wirken und Einfluss der Natur- und Umweltschutzverbände zuzuschreiben, während die Defizite und Misserfolge Politik und Verwaltung angelastet werden. Die Geschichte zeichnet ein wesentlich differenzierteres Bild.

Wichtig für das Verständnis der Rolle der Verbände ist zunächst die Erkenntnis, dass sich deren Struktur nicht autonom, unabhängig von den institutionellen Strukturen der staatlichen Politik, entwickelt hat. Parallel zur Institutionalisierung des Naturschutzes und des Umweltschutzes in Deutschland entstanden auch Vereine und Verbände, die komplementäre Aufgaben und Ziele vertraten und die Arbeit der „amtlichen" Natur- und Umweltschützer kritisch begleiteten.

Die Naturschutzverbände verfügen daher über eine lange Tradition, während die modernen Umweltverbände erst in den 1970er Jahren entstanden. Die Hilfstruppen des Naturschutzes waren zu Beginn der 1970er Jahre denn auch bereits gut organisiert. Anders als die späteren Umweltverbände wiesen sie eine starke personelle Verflechtung mit den „amtlichen" Naturschützern und insbesondere Vertretern der einschlägigen Wissenschaft auf. Der Umweltschutz musste dagegen Anstrengungen unternehmen, um seine Lobby aufzubauen und zu finanzieren. Sie rekrutierte sich dann zumeist aus der Bürgerinitiativbewegung, die Ende der 1960er/Anfang der 1970er Jahre vor allem als Protestbewegung gegen konkrete Missstände der Industriegesellschaft entstanden war.

Aus den unterschiedlichen „institutionellen Kulturen" von Naturschutz- und Umweltschutzverbänden resultierten unterschiedliche „Politikstile" und Arbeitsweisen der Verbände. Für die Naturschutzverbände waren in den 1970er Jahren zwei Verhaltensweisen stilprägend. Es war zum einen die fachliche Zuarbeit zur Naturschutzverwaltung. Sie erfolgte z.B. in hervorragender Weise bei der Vorbereitung des Bundesnaturschutzgesetzes. Darüber hinaus konnte die Wissenschaftsgemeinde des Naturschutzes, nicht selten in Personalunion mit Vertretern internationaler Naturschutzorganisationen, insbesondere zu Beginn der 1970er Jahre in großen internationalen Konferenzen die Naturschutzanliegen thematisieren. Der politische Effekt dieser fachlichen, zumeist von der breiten Öffentlichkeit kaum wahrgenommenen Arbeit blieb dennoch gering. Zum anderen betrieben die Naturschutzverbände in Deutschland vor Ort in ihrer Mehrzahl eine ebenfalls eher „unpolitische" Arbeit. Sie richtete sich auf konkrete, begrenzte Projekte wie die Säuberung eines Waldstücks, den Schutz einer bedrohten Art oder eines bedrohten Biotops (vgl. Ellwein u.a. 1985: 381ff.). Insgesamt war die Arbeit der Naturschutzverbände daher von weitgehender Harmonie mit der Naturschutzverwaltung geprägt. Ihr öffentlich wirksames politisches Mobilisierungs- und Unterstützungspotenzial blieb in den 1970er Jahren begrenzt.

Der Politik- und Arbeitsstil der Umweltverbände unterschied sich von dem der Naturschutzverbände diametral. Hinsichtlich fachlicher Unterstützung und vertrauensvoller Zusammenarbeit unter Ausschluss der Öffentlichkeit konnten die Umweltschützer auf die Umweltverbände nicht zählen. Zahllos sind auch die Beispiele, in denen Umweltverbandsvertreter bei öffentlichen Anhörungen die „amtlichen" Umweltschützer gegenüber wirtschaftlichen Interessenvertretern nicht nur nicht unterstützten, sondern ihnen zur Schadenfreude der Wirtschaftslobby „in den Rücken fielen". Typisch für die damalige Wirkungsweise der Umweltverbände war auch das

Fehlen eines klaren Programms. Die Verbände reagierten vielmehr zumeist punktuell auf einzelne neu aufgetauchte Umweltprobleme oder Initiativen und Vorlagen der Umweltverwaltung. Sie erreichten mit dieser Konfrontationsstrategie eine relativ hohe Medienwirksamkeit, die zumindest in Zeiten günstiger politischer Konjunktur für den Umweltschutz hilfreich war. Sie waren jedoch niemals in der Lage, ein echtes Gegengewicht gegen mächtige widerstreitende Wirtschaftsinteressen in den Zeiten zu bilden, in denen die allgemeine Politik sich mehr um das Wohl der Wirtschaft als um den Schutz der Umwelt kümmerte.

Ellwein kommt daher in seiner empirischen Untersuchung über die Umweltverbände in der Bundesrepublik Deutschland (sie umfasst die Zeit der sozialliberalen Koalition) zu folgendem Ergebnis:

„Die mit Großprojekten scheiternde oder doch zumindest auf heftigen Widerstand stoßende Politik hat es nicht mit einem mächtigen, gut organisierten, finanzkräftigen und vor allem mit einem klaren Programm ausgerüsteten ‚Gegner' zu tun. Sie stößt vielmehr auf Widerstandsnester, auf größere Gruppen, welche in Teilgebieten, z. B. in der Kernenergiefrage, übereinstimmen, und auf latente, sehr verbreitete Bereitschaft, solchem Widerstand, wenn er sich nicht in radikale Aktionen auflöst, auch Kredit zu geben" (Ellwein u.a. 1985: 401).

Das Auftauchen der Grünen änderte die Situation schlagartig. Ich habe allerdings den Eindruck, dass hiervon die Umweltpolitik mehr profitierte als der Naturschutz. Wegen der starken Nähe der „grünen Parteien" zur Bürgerinitiativbewegung und insbesondere der Protestbewegung gegen Kernkraftwerke spielten Naturschutzthemen in den Anfängen der „grünen Bewegung" eine eher untergeordnete Rolle. Hinzu kam wohl auch, dass sich die in der Mehrheit dem konservativen Bildungsbürgertum zuzurechnenden Mitglieder von Naturschutzverbänden vom Politikstil und Auftreten der Anhänger „grüner Parteien" zumeist distanzierten.

Zusammenfassung und Ausblick

Die Beziehung zwischen Naturschutz und Umweltschutz in den 1970er Jahren war geprägt durch jeweils getrennte Programmatik, unterschiedliche Werthaltungen und Politikstile. Unter anderem verstärkte die getrennte institutionelle Entwicklung die Abgrenzung und „Sprachlosigkeit" zwischen zwei Politikfeldern, die jedes Interesse an einer Bündelung der Kräfte und der Nutzung von Synergien haben sollten. So bedarf der Umweltschutz im Bereich der Vorsorge und gegenüber langfristigen, schleichenden Umweltgefahren dringend einer überzeugenden ethischen Fundierung. Der Naturschutz wiederum würde profitieren, wenn er seine „Leitbilder" und Werthaltungen besser mit konkreten Handlungsprogrammen unterfüttern würde.

Hinsichtlich ihrer handlungsleitenden Paradigmen scheinen sich Natur- und Umweltschützer deutlich zu unterscheiden. Dies gilt sowohl für die Einschätzung des Stellenwerts von Natur in Bezug auf den Menschen als auch für das Verhältnis von

Ökonomie und Ökologie. Die wahrgenommenen Unterschiede scheinen mir allerdings eher auf abstrakten und theoretischen Konstrukten zu beruhen, als praktisch relevant zu sein. Die Umweltschützer halten eine Versöhnung von Ökologie und Ökonomie für möglich. Sie schließt auch einen dauerhaften Schutz der Natur ein. Dabei ist für sie im Ergebnis die Klärung der Frage unwichtig, ob der Schutz der Natur um ihrer selbst willen erfolgt oder weil die Natur als Lebensgrundlage für den Menschen und für ein menschenwürdiges, erfülltes Leben gebraucht wird. Die Naturschützer wollen demgegenüber zunächst die Wertfragen geklärt wissen. So lange der Schutz der Natur nicht zur Priorität gesellschaftlicher Werthaltungen wird, halten sie ein Sich-Einlassen auf die Bedürfnisse der Wirtschaft eher für gefährlich. Sie befürchten auf eine Rutschbahn zu gelangen, an deren Ende nur noch Naturreste übrig bleiben. Diese Grundeinstellung kollidiert allerdings ständig mit ihrem konkreten politischen Handeln, bei dem sie naturschutzschädliche Aktivitäten häufig nicht verhindern, sondern allenfalls abmildern können.

Während sich die unterschiedlichen institutionellen Kulturen und Zuordnungen bis hin zu den jeweils separaten gesellschaftlichen „Hilfstruppen" hinderlich auf die Formulierung einer gemeinsamen Programmatik und Paradigmenbildung auswirkten, war die Aufgliederung des Natur- und des Umweltschutzes auf verschiedene Ressorts insbesondere am Ende der 1970er Jahre im interministeriellen Entscheidungsprozess zu konkreten Einzelprojekten durchaus hilfreich. Darüber hinaus erleichterte die Zugehörigkeit der Naturschützer zum Landwirtschaftsressort die Integration von Naturschutzanliegen in agrarpolitische Entscheidungen.

Seit der Bildung des Bundesministeriums für Umwelt, Naturschutz und Reaktorsicherheit im Jahre 1986 wurde die organisatorische Trennung von Umwelt- und Naturschutz auf der Ministerialebene überwunden. Ich kann nicht erkennen, dass dies zu einer wechselseitigen Durchdringung der Programmatik geführt hat und die durch unterschiedliche Herkünfte bedingten Prägungen verblasst sind. „… der Naturschutz [ist] bis heute das ‚Stiefkind' der deutschen Umweltpolitik geblieben" (Bick/Obermann 2000:109). Unterstützung haben die Naturschützer allerdings aus Brüssel erhalten. Dies betrifft zum einen die Umsetzungspflicht der FFH-Richtlinie. Zum anderen sehen die Naturschützer gute Chancen, im Rahmen der insbesondere durch die EU-Osterweiterung notwendigen Fortsetzung der Reform der gemeinsamen Europäischen Agrarpolitik die Flächenansprüche für ein Biotopverbundsystem zu realisieren sowie die Landwirtschaft insgesamt umwelt- und naturverträglicher zu gestalten.

Der Umweltschutz hat sich inzwischen „ökologisiert" und versucht die mediale Herangehensweise um Ziele, Konzepte und Instrumente zu ergänzen, die der Vernetzung und frühzeitigen Integration von Umwelt- und Naturschutzbelangen in die Verursacherbereiche für Gefährdungen von Natur und Umwelt Rechnung tragen. Der noch von der früheren Bundesumweltministerin Merkel vorgelegte Entwurf eines umweltpolitischen Schwerpunktprogramms „Nachhaltige Entwicklung in Deutschland" formuliert auch für den Schutz des Naturhaushaltes eine Reihe von Qualitätszielen und strebt z. B. an, bis 2020 (bezogen auf 1998) 10–15 % der nicht besiedelten Fläche als ökologische Vorrangflächen zum Aufbau eines Biotopverbundsystems zu sichern (Bundesumweltministerium 1998: 55).

Für die Programmatik der Umwelt- und Naturschutzpolitik des 21. Jahrhunderts soll das Konzept einer „nachhaltigen Entwicklung" richtungweisend sein. Es erkennt zumindest theoretisch die Gleichrangigkeit ökologischer, wirtschaftlicher, sozialer und kultureller Ziele und Interessen an. Damit erteilt es aber zugleich auch dem Anspruch eine deutliche Absage, dem Naturschutz als Grundlage allen Lebens einen Vorrang einzuräumen. Selbst die Anerkennung der Gleichrangigkeit der Ziele scheint die Durchsetzung von Umwelt- und Naturschutzanliegen nicht zu erleichtern. Vielmehr verstärkte sich in der konkreten politischen Praxis eher der Begründungszwang für Anliegen des Umwelt- und Naturschutzes (vgl. Müller 1999). Zugleich wird aufgrund der internationalen Verflechtung von Wirtschaft und Politik rechtzeitiges politisches Handeln immer schwieriger. Einem raschen Konsens stehen nicht zuletzt die unterschiedlichen Ideen, Kulturen und Institutionen der beteiligten Staaten und Weltregionen im Wege.

In dieser Situation setzen Umwelt- und Naturschützer große Hoffnungen in eine sich bildende internationale „Zivilgesellschaft" und in internationale Netzwerke Gleichgesinnter, die ein wirksames Gegengewicht gegen mächtige Wirtschaftsinteressen bilden könnten. Betrachtet man die Lage der deutschen Umwelt- und Naturschutzverbände, besteht für Optimismus wenig Grund. Nach wie vor haben die deutschen Verbände sich nicht zu einer schlagkräftigen Lobby zusammenfinden können. Nach wie vor leiden sie an einer Finanzmisere. Der vielen von uns in den letzten Tagen ins Haus geflatterte Spendenaufruf des Finanzbeauftragten des BUND mag hierfür ein beredtes Zeugnis sein. Günstiger scheint allerdings die Situation der beiden größten internationalen Umweltschutzverbände zu sein. Greenpeace International und der WWF verfügen heute über ein wesentlich größeres Budget als das Umweltprogramm der Vereinten Nationen (UNEP). So betrug z.B. 1992 der UNEP-Haushalt 75 Mio. Dollar gegenüber einem Budget von etwa 100 Mio. Dollar von Greenpeace International und einem WWF-Haushalt von annähernd 200 Mio. Dollar (Wagner 1995: 315).

Was wird das 21. Jahrhundert bringen? Sowohl Umwelt- als auch Naturschützer werden es angesichts der wachsenden Weltbevölkerung und des wirtschaftlichen Nachholbedarfs der „Dritter Welt" schwer haben, ihre Ziele und Vorsorgestrategien zu realisieren. In dieser Situation ist es wichtiger denn je, dass sie ihre „Beziehungen" verbessern und aufhören darüber zu streiten, wer von beiden für die besseren Werte und Zielsetzungen einsteht.

Literatur

Bick, Hartmut/Obermann, Horst (2000): Stiefkind Naturschutz – Misere und Chancen des Naturschutzes in Deutschland, in: Henning von Köller (Hg.): Umwelt-Politik mit Augenmaß. Gedenkschrift für Staatssekretär Dr. Günter Hartkopf anlässlich seines 10. Todestages am 19. September 1999, S. 107–119, Berlin.

Bundesumweltministerium (1998): Nachhaltige Entwicklung in Deutschland. Entwurf eines Umweltpolitischen Schwerpunktprogramms. Bonn.

Ditt, Karl (1996): Naturschutz zwischen Zivilisationskritik, Tourismusförderung und Umweltschutz: USA, England und Deutschland 1860–1970, in: Politische Zäsuren und gesellschaftlicher Wandel im 20. Jahrhundert: Regionale und vergleichende Perspektiven, hrsg. von Matthias Frese, Westfälisches Institut für Regionalgeschichte. Landschaftsverband Westfalen-Lippe, Paderborn, S. 499–533.

Ellwein, Thomas/Leonhard, Martin/Schmidt, Peter M., (1985): Umweltschutzverbände in der Bundesrepublik Deutschland, MS-Forschungsbericht 101 01 031/02 im Auftrag des Umweltbundesamtes.

Müller, Edda (1986): Innenwelt der Umweltpolitik. Sozial-liberale Umweltpolitik – (Ohn)Macht durch Organisation?, Opladen, 2. Auflage 1995.

Müller, Edda (1999): Zum Verhältnis von nachhaltiger Entwicklung und Organisations-Strukturen, in: Ulrike Weiland (Hg.): Perspektiven der Raum- und Umweltplanung angesichts Globalisierung, Europäischer Integration und Nachhaltiger Entwicklung. Festschrift für Karl-Hermann Hübler, Berlin, S. 159–173.

Piechocki, Reinhard (1998): Der Vilm. Insel der Maler, Mönche und Mächtigen, Putbus auf Rügen.

Ulbert, Cornelia (1997): Ideen, Institutionen und Kultur. Die Konstruktionen (inter-)nationaler Klimapolitik in der BRD und in den USA, in: Zeitschrift für internationale Beziehungen, hrsg. im Auftrag der Sektion Internationale Politik der Deutschen Vereinigung für Politische Wissenschaft, 4 (1997), S. 9–40, Baden-Baden.

Wagner, Paul (1995): Politics Beyond the State. Environmental Activism and World Civic Politics, in: World Politics 47, S. 311–340.

Wettengel, Michael (1993): Staat und Naturschutz 1906–1945: zur Geschichte der Staatlichen Stelle für Naturdenkmalpflege in Preußen und der Reichsstelle für Naturschutz, in: Historische Zeitschrift, München, 2 (1993), S. 355–399.

Ludwig Bauer

Naturschutzarbeit der 1950er und 1960er Jahre in der ehemaligen DDR

Um die Stofffülle einzugrenzen, erfolgen die nachfolgenden Ausführungen aus der Sicht und den Erfahrungen der Deutschen Akademie der Landwirtschaftswissen zu Berlin (DAL) und ihres Instituts für Landesforschung und Naturschutz Halle/S. (ILN).

Vergegenwärtigen wir uns zunächst die Ausgangssituation nach 1945: Deutschland hatte den Krieg verloren und war zerschlagen. Auch im Osten des Landes, in der Sowjetischen Besatzungszone, herrschten Not, Hunger und Elend. Viele Städte waren zerbombt, die Industriebetriebe weitgehend zerstört, die Wirtschaft lag am Boden. Millionen Vertriebene aus den Ostgebieten mussten untergebracht und integriert werden. Der wirtschaftliche und gesellschaftliche Wiederaufbau setzte nur langsam und unter riesigen Schwierigkeiten ein. Stichworte hierfür sind zum Beispiel: Pionierleistungen der „Trümmerfrauen"; „Hamstertouren" der Städter aufs Land; Wiedereröffnung der Schulen, Hochschulen und Kultureinrichtungen nach großen Reformen; die Wiederbelebung der desolaten Infrastruktur. Und dies in der entstehenden DDR, also unter einer völlig neuen, importierten Ideologie und politischen Diktatur.

In diesen ersten Jahren der materiellen und seelischen Not waren Naturschutz und Landschaftspflege eigentlich utopischer Luxus: „Erst kommt das Fressen, dann kommt die Moral" (Bertolt Brecht).

Die zahlreichen naturkundlichen Geschichts-, Heimat- und Wandervereine als frühe und ganz wesentliche Mitträger der Naturschutzarbeit waren 1945 generell aufgelöst worden. Erst 1949, nach Gründung des zentralistischen „Kulturbundes zur demokratischen Erneuerung Deutschlands" (mit eigener Kommission „Natur- und Heimatfreunde"), konnte deren Arbeit zum Teil und in geänderter Organisationsform wieder aufgenommen werden. Gesetzliche Grundlage der Naturschutzarbeit war weiterhin das Reichsnaturschutzgesetz von 1935. Auf seiner Basis arbeiteten ehrenamtliche Orts- und Kreisnaturschutzbeauftragte als die fachlichen Träger und meist eigentlichen Inspiratoren aller Aktivitäten von Naturschutz und Landschaftspflege in regional wie individuell ganz unterschiedlicher Intensität weiter.

Auch in den staatlichen Verwaltungen der noch bis 1952 existierenden Länder (vor der Verwaltungsreform mit der Auflösung der Länder und Gründung von 16 Bezirken als politische Einheiten) begann, ebenfalls mit ganz unterschiedlichen Zuordnungen zu Fachressorts, allmählich die Aufbauarbeit. Nach Gründung der

DDR 1949 war z.B. ein Referat „Naturschutz und Denkmalpflege" dem Ministerium für Volksbildung zugeordnet, ein Referat „Landschaftspflege und Landschaftsgestaltung" aber dem Ministerium für Land- und Forstwirtschaft.[1]

Ende der 1940er Jahre begannen auch wieder wissenschaftliche Untersuchungen und Forschungsarbeiten zur Übersicht über die natürlichen Ressourcen des Landes und ihre räumliche Verteilung. Sie dienten als Grundlage für die sich entwickelnde regionale Landesplanung, die Landschaftsgestaltung (z.B. Hecken- und Flurholzanbau) und das Meliorationswesen. Genannt seien die naturräumliche Gliederung, die forstliche Standortkartierung, die Wasserhaushaltsbilanzierung und die wasserwirtschaftliche Rahmenplanung (umfänglicher Atlas „Wasserwirtschaftliche Rahmenplanung" des zentralen Amtes für Wasserwirtschaft Berlin, der auch Planungen zur Landschaftsgestaltung enthält).

Um 1950 ergab sich aus vielen Anregungen und Empfehlungen aus den Kreisen der Natur- und Heimatfreunde, der Landesplaner und Landschaftsgestalter, der Forstleute, der Fachreferenten aus den Verwaltungen wie auch von engagierten Bio- und Geowissenschaftlern die Forderung nach besserem, verantwortungsvollem Schutz der Natur und möglichst umfassender Landespflege beim wirtschaftlichen Aufbau des Landes; die Forderung auch nach einem neuen Naturschutzgesetz.[2]

An dieser Stelle muss ich den Biologen und Landwirt Prof. Dr. Dr. h.c. mult. Hans Stubbe (1902–1989) erwähnen, einen international hoch geschätzten Wissenschaftler, weitsichtigen Naturfreund und großen Jäger. Hans Stubbe war 1943 zum Direktor des zentralen deutschen „Kaiser-Wilhelm-Instituts für Kulturpflanzenforschung" in Berlin berufen worden. Wegen der Luftangriffe wurde es bald nach Wien überführt. Mit dem Herannahen der Ostfront wurden Ende 1944 die wertvollen Sammlungen des Instituts nach Stecklenberg im nördlichen Harzvorland verlagert.[3] Sie wurden Grundstock des 1947 hier in Gatersleben gegründeten „Instituts für Genetik und Kulturpflanzenforschung" der deutschen Akademie der Wissenschaften zu Berlin (DAW) mit Hans Stubbe als Direktor bis 1969.

1951 wurde als zentrales Koordinierungsorgan für die landwirtschaftliche Forschung der DDR die Deutsche Akademie der Landwirtschaftswissenschaften (DAL) gegründet. Hans Stubbe wurde als ihr erster Präsident berufen. Er betonte von Beginn an die besondere Verantwortung aller landnutzenden Zweige der Volkswirtschaft

---

1 Nähere Details zur gesamten Fachhistorie der Anfangsjahre im Naturschutz erhält das sehr lesenswerte Sammelwerk von Regine Auster und Hermann Behrens (Hg.): Naturschutz in den neuen Bundesländern – ein Rückblick. 2 Bde. Forum Wissenschaft Studien Bd. 45. BdWi-Verlag, Berlin 1998.
2 Ich beschränke mich in diesem Zusammenhang vorrangig auf die Aktivitäten der DAL.
3 Die Sammlungen enthielten u.a. Samen der Stammformen von Arten, Sippen und Rassen aller wichtigen landwirtschaftlichen Nutzpflanzen aus aller Welt.

(wie Land-, Forst-, Wasserwirtschaft, Bergbau, Fischerei, Verkehrs- und Siedlungsbau) für den Schutz der Natur und den sorgsamen Umgang mit allen natürlichen Ressourcen des Landes. Wir nennen es heute das Prinzip der Nachhaltigkeit, „sustainable development", das Stubbe schon damals als Fernziel vorschwebte.

Nach Gründung der Akademie berief er Prof. Dr. Hermann Meusel (1909–1997), Direktor des Instituts für Systematische Botanik und Pflanzengeographie der Martin-Luther-Universität Halle-Wittenberg, zum ordentlichen Mitglied der Akademie und verpflichtete ihn, sich der Aufgaben von Landeskultur und Naturschutz anzunehmen.

Noch ein Wort zu Hans Stubbe als Jäger: Er gründete im Rahmen der DAL die Arbeitsgemeinschaft „Jagd- und Wildforschung" (Wildbiologie) unter seiner persönlichen Leitung. Dazu wurden so genannte Wildforschungsgebiete ausgewiesen, z.T. in enger Kooperation mit großen Naturschutzgebieten, so z.B. mit dem NSG „Serrahn" (bei Neustrelitz), mit seinen naturnahen Buchenwäldern im Bereich der baltischen Endmoräne. Leider wurden diese Wildforschungsgebiete später übel missbraucht. Sie gingen überwiegend in die „Staatsjagdgebieten" der Politprominenz über.

Zurück zur DAL: 1952 wurde die Fach-„Sektion Landeskultur und Naturschutz" gegründet, in der Hermann Meusel als Sekretär fungierte. Sie vertrat in den ersten Jahren die volle Aufgabenbreite umfassender Landeskultur, wobei vonseiten des Ministeriums für Land- und Forstwirtschaft (als Dienstaufsichtsbehörde der Akademie) besonders das Meliorationswesen und die Grünlandwirtschaft zu Lasten von Landschaftspflege und Naturschutz gefordert und gefördert wurden. Von den Mitgliedern der Sektion Landeskultur und Naturschutz der DAL in dieser ersten Phase nenne ich eine Auswahl einiger Personen mit den von ihnen zu vertretenden Aufgabenbereichen:

- Prof. Dipl.-Ing. Otto Möller, Berlin (Leiter des Amtes für Wasserwirtschaft)
- Dr. Ingo Kalweit, Berlin (Wasserhaushalts-Forschung)
- Prof. Dr. Asmus Peterson, Paulinenaue (Grünland- und Moorforschung, Meliorationswesen)
- Prof. Georg Bela Pniower, Berlin (Gartenkultur und Landschaftsgestaltung)
- Prof. Dr. Karl-Franz Busch, Dresden (Wasserwirtschaft, Wasserbau)
- Prof. Dr. Alexis Scamoni, Eberswalde (forstliche Vegetationskunde, Waldschutzgebiete)
- Prof. Dr. Ernst Neef, Leipzig (Geoökologie, Naturraumgliederung)
- Prof. Werner Bauch, Dresden (Garten- und Landschaftsgestaltung)
- Gartenarchitekt Otto Rindt, Halle und Senftenberg (Landschaftsgestaltung, Rekultivierung von Bergbaugebieten)
- Dipl.-Ing. Bollmann, Halle (Grundwasserhaushalt in Bergbaurevieren des Braunkohlen-Tagebaus)
- Dr. Karl Mansfeld, Seebach (Ornithologie, Vogelschutz)
- Prof. Dr. K. H. C. Jordan, Dresden (Zoologie, Faunistik, geschützte Tierarten)

Diese geforderte Bandbreite und Ausrichtung der Sektionstätigkeit ging bei Hermann Meusels mehr beobachtend-bewahrendem Verständnis der Naturschutzaufgaben nicht lange gut. 1956 erfolgte daher die Ausgliederung einer eigenen „Ständigen Kommission für Landschaftspflege und Naturschutz" der DAL unter Meusels Leitung neben der nun auch im Namen geänderten „Sektion Landeskultur und Grünland".

Von den eben genannten Mitgliedern der Sektion wechselten die Herren Bauch, Neef, Scamoni, Rindt, Mansfeld in die Ständige Kommission für Landschaftspflege und Naturschutz. Hinzu kamen u.a.:
- Prof. Dr. Heinrich Dathe, Berlin-Friedrichsfelde (Ornithologie, geschützte Tierarten, Naturschutzstrategie und Öffentlichkeitsarbeit)
- Dr. Dieter Kopp, Eberswalde (forstliche Standortkartierung, Forstwirtschaft und Naturschutz)
- Prof. Dr. Dr. Hans Grimm, Berlin (Ornithologie, Landeskultur und Gesundheitswesen)
- Prof. Dr. H. J. Müller, Quedlinburg (Faunistik und Naturschutz)
- Prof. Dr. Erich Rutschke, Potsdam (Wasservogelforschung, Schutz von Feuchtgebieten)
- Prof. Dr. Darmer, Leipzig (landwirtschaftliche Landschaftsgestaltung, Flurholzanbau, Rekultivierung)
- Prof. Dr. Wolfgang Müller-Stoll, Potsdam (Vegetationskunde und Naturschutz)
- Prof. Dr. Klaus Dörter, Halle (Meliorationswesen und Landeskultur)
- Gartenarchitekt Waldemar Horn, Magdeburg (Vertreter einer Bezirksnaturschutz-Verwaltung)
- Gartenbau-Ing. Fritz Wernicke, Berlin (Vertreter der Zentralen Naturschutzverwaltung)
- Dr. habil. Ludwig Bauer, Jena (Hydrogeographie, Landschaftspflege an Gewässern, Verbindung von Landeskultur zur Wasserwirtschaft)

1952 wurde im Ministerium für Land- und Forstwirtschaft eine Arbeitsgruppe zur Ausarbeitung eines neuen Naturschutzgesetzes gebildet. Sekretär dieser Arbeitsgruppe wurde Kurt Kretschmann (Bad Freienwalde). Die Sektion Landeskultur und Naturschutz der DAL unter Leitung von Herrn Meusel arbeitete hier aktiv mit. Die staatlich-politische Vorgabe war mehr oder weniger deutlich: Das neue Naturschutzgesetz der DDR sollte die als naturschutzfachlich richtig eingeschätzten Inhalte des Reichsnaturschutzgesetzes von 1935 aufgreifen, erweitern, faschistisches Gedankengut beseitigen und die Naturschutzarbeit den Vorgaben einer sozialistischen Gesellschaftsordnung – Volkseigentum an Grund, Boden und den Naturgütern des Landes – anpassen. Und: Das Ganze sollte möglichst wenig kosten und die Entwicklung der Volkswirtschaft – insbesondere Land- und Forstwirtschaft, Wasserwirtschaft, Bergbau – nicht behindern.

Dieses neue Naturschutzgesetz, eingebracht von Karl Kneschke („Natur- und Heimatfreunde des Kulturbundes"), wurde 1954 von der Volkskammer der DDR angenommen. Neu im Gesetz war u.a. die Kategorie der Landschaftsschutzgebiete (LSG): „Zu LSG können Landschaften erklärt werden, die besondere nationale Bedeutung haben, oder die besondere Eigenarten oder Schönheiten aufweisen und deshalb geeignet sind, der werktätigen Bevölkerung als Erholungsgebiete und Wanderziele zu dienen" (§ 2).

Nationalparke als Schutzkategorie enthielt das neue Gesetz nicht. In der Präambel des Gesetzes hieß es: „Der Schutz der Natur ist eine nationale Aufgabe". Dieser Passus diente Generationen von aktiven Naturschützern in der DDR häufig als Legitimation für ihre Tätigkeit und als Argumentation gegen Widerstände von sturen Partei- und Wirtschaftsfunktionären.

1953 wurde das Institut für Landesforschung und Naturschutz Halle der DAL gegründet und Prof. Dr. Hermann Meusel als Direktor eingesetzt (neben seiner Hauptfunktion als Ordinarius an der Universität Halle).

Ursprünglich wollte Meusel die wissenschaftliche Beratung der Naturschutzarbeit und die Koordinierung der Landschaftsforschung als quasi ehrenamtliche Aufgabe der Sektion Landeskultur und Naturschutz der DAL verankern. Er hatte bei der Leitung der floristischen Kartierung Mitteldeutschlands jahrzehntelang gute Erfahrungen mit ehrenamtlichen Heimatforschern und Regionalkennern (darunter Lehrer, Ärzte, Apotheker und Naturfreunde aller möglichen Berufe) gesammelt, welche vielfach in Personalunion zugleich Naturschutzbeauftragte waren und Träger der lokalen wie regionalen Heimatforschung und der praktischen Naturschutzarbeit.

Prof. Dr. Erwin Plachy, der erste wissenschaftliche Direktor der Akademie, beschied damals Hermann Meusel: „Ehrenamtlich wird das nichts. Gründen Sie ein Institut!" Formal war dies damals in der Aufbauphase der DAL kein Problem; unter den Bedingungen von 1953 in der DDR jedoch sehr wohl.

Für die ILN-Zentrale in Halle (neben H. Meusel waren als wissenschaftliche Mitarbeiter Dr. Hans Bohnstedt und Dipl.-Biol. Hugo Weinitschke dort beschäftigt) konnte eine kleine Villa gemietet werden, die bis dato als Offizierskasino der Roten Armee gedient hatte (im Keller wurden Schweine gehalten und geschlachtet!). Noch im Jahr 1953 wurden die Zweigstellen des ILN in Jena (regional zuständig für Thüringen) und Potsdam (zuständig für Berlin und Brandenburg) gegründet, 1954 dann die Zweigstellen Dresden (zuständig für Sachsen) und Greifswald (zuständig für Mecklenburg). Die Leitung der Zweigstellen erfolgte nebenamtlich durch jeweilige Universitäts-Ordinarien, in deren Instituten die Zweigstellen-Mitarbeiter höchst beengt aufgenommen wurden. Personell waren die Zweigstellen neben dem Leiter mit zwei Assistenten, einer Sekretärin und teilweise einem Techniker bzw. Laborant ausgestattet:

– Zweigstelle Jena: als Leiter der Geograph Prof. Dr. Dr. Joachim-Heinrich Schultze. Erste Mitarbeiter: Dr. Ludwig Bauer und der Florist Otto Fröhlich (jahrzehntelanger Kreisnaturschutzbeauftragter, von Beruf Kesselschmied, autodidaktischer Florist und hervorragender Landeskenner Thüringens).
– Zweigstelle Potsdam: als Leiter der Botaniker Prof. Dr. Wolfgang Müller-Stoll. Erster Mitarbeiter: Dr. Krausch.
– Zweigstelle Dresden: als Leiter der Zoologe Prof. Dr. K. H. C. Jordan. Erste Mitarbeiter: Dr. Hans Schiemenz und Max Militzer (Lehrer, Florist, alter Naturschutzbeauftragter).
– Zweigstelle Greifswald: als Leiter der Phys. Geograph Prof. Dr. Theodor Hurtig. Erste Mitarbeiter: Dr. Harry Schmidt und Dipl.-Biol. Lebrecht Jeschke.

Die Regionalgliederung des ILN war, aus heutiger Sicht gesehen, vor fast 50 Jahren doch schon recht zukunftsweisend: jeweils eine Zweigstelle für die heutigen „neuen Länder"!

Das ILN übernahm folgende Aufgaben:
– eigenständige bio- und geoökologische Grundlagenforschung für die Praxis von Landschaftspflege und Naturschutz, Entwicklung methodischer und regionaler Modelle;
– Erforschung der vom Naturschutz betreuten Objekte, Koordinierung der Naturschutzforschung und Dokumentation ihrer Ergebnisse;
– Anregung und Koordinierung der naturschutzrelevanten Heimatforschung, Sichtung ihrer Ergebnisse und Überführung in die Praxis von Landschaftspflege und Naturschutz;
– Öffentlichkeitsarbeit auf dem Gebiet Landschaftspflege und Naturschutz, u.a. durch Dozenturen und Lehraufträge an Hoch- und Fachschulen (hier sei erwähnt, dass bis zur „Abwicklung"/Auflösung von DAL und ILN 1991 sich neun Mitarbeiter des Instituts habilitierten und 30 promovierten);
– wissenschaftliche Anleitung, fachliche Beratung und Betreuung der ehrenamtlichen Naturschutzbeauftragten und -helfer;
– Beratung und Unterstützung der staatlichen Organe, Behörden und gesellschaftlichen Organisationen auf unserem Fachgebiet.

Es entsprach Hermann Meusels moderner Sicht komplexer ökologischer Landschaftsforschung, dass deren Aufgaben nur in möglichst umfassender interdisziplinärer Gemeinschaftsarbeit zu lösen sind. So wurden beim Aufbau des ILN sowohl Botaniker, Zoologen und Geographen als auch Boden- und Standortkundler oder Landwirte und Forstleute als wissenschaftliche Mitarbeiter eingestellt. Später kamen noch Chemiker, Mathematiker und Kartographen dazu.

Zur weiteren organisatorischen Entwicklung des ILN:
1954 wurde die „Zentrale Lehrstätte für Naturschutz Müritzhof" im mit fast 6.000 ha größten NSG „Ostufer der Müritz" der DDR eingerichtet (heute Kernzone des

Müritz-Nationalparks). Vorausgegangen waren jahrzehntelange Bemühungen des Warener Naturschutzbeauftragten und Heimatforschers Karl Bartels und seiner Mitarbeiter, die schon 1931 die Unterschutzstellung einer „Vogelfreistätte Müritzhof" erwirkten. 1953 schlug Bartels vor, im alten, einsam gelegenen und inzwischen leer stehenden Müritzhof eine Naturschutzlehrstätte einzurichten. Diese konnte im Dezember 1954 mit Kurt Kretschmann als Leiter eröffnet werden.

Welche Leistung dabei für den Aufbau des abgelegenen Müritzhofs (ohne Wasseranschluss, elektrischen Strom, Telefon etc.) mit primitivsten Mitteln und mit Elan und Begeisterung erbracht wurde, mutet aus heutiger Sicht fast unglaublich an. Die Lehrstätte Müritzhof mit ihren Wochenkursen für Naturschutzbeauftragte, Lehrer, Förster, Landwirte, Verwaltungsleute, Kulturbund-Fachgruppen und andere Berufsgruppen wurde national wie international eine bekannte und geachtete Einrichtung der Naturschutzbildung.

1964 wurde auf Initiative von Präsident Stubbe die Vogelschutzstation Serrahn bei Neustrelitz/Mecklenburg im großen NSG „großer Serrahn- und Schweingartensee" dem ILN zugeordnet. Als Leiter wurde der Revierförster Hubert Weber eingesetzt. Wir haben sofort eine Aufgabenerweiterung hin zur „Biologischen Station Serrahn" vorgenommen. Inmitten der naturnahen Buchenwälder der Baltischen Endmoräne gelegen, wurde Serrahn zum Beispielgebiet für komplexe Naturschutzforschung und deren Überleitung in die Praxis entwickelt. Zugleich wurde Serrahn Jagd- und Wildforschungsgebiet.

Eine Anmerkung am Rande: In diesem Gebiet ging Präsident Stubbe auf die Jagd. Für den Direktor des ILN – wie für jeden anderen – war es schwierig, den viel beschäftigten Präsidenten der DAL zu erreichen, um mit ihm in Ruhe über Institutsprobleme zu sprechen. Wenn sich Hans Stubbe deshalb in Serrahn zur Jagd angesagt hatte, rief mich Hubert Weber sofort an: „Morgen kommt der Alte." Das hieß für mich: Sogleich auf nach Serrahn, um beim abendlichen „Hirsch tot" dem Präsidenten unsere Sorgen und Anliegen vorzutragen!

1967 erfolgte die Angliederung einer Arbeitsgruppe „Rekultivierung von Bergbauflächen" des Instituts für Standortkunde als Zweigstelle Dölzig des ILN, mit Herrn Dr. Konrad Werner als Leiter. Wir begannen, die bisherige Aufgabenstellung – Methodik von Meliorationsverfahren der land- und forstwirtschaftlichen Wiedernutzbarmachung der riesigen Kippenflächen des Braunkohlen-Tagebaus im mitteldeutschen und Lausitzer Revier – zu erweitern. Wir erstrebten ein Arbeiten hin zu Methoden landeskultureller Raumplanung für komplexe Bergbaufolgelandschaften. Dem Auftrag- und Geldgeber, dem Ministerium für Land-, Forst- und Nahrungsgüterwirtschaft, war diese erweiterte Zielstellung nur schwer zu vermitteln.

1970 schließlich wurde die Vogelschutzstation Steckby unter der Leitung von Dr. Max Dornbusch dem ILN angegliedert. Steckby liegt im großen NSG „Steckby-Lödderitzer Forst" mit einem noch geschlossenen Komplex naturnaher Auenwälder im

Urstromtal der Elbtalaue unterhalb von Dessau (heutige Kernzone des Biosphärenreservates „Mittlere Elbe" in Sachsen-Anhalt). Wie bei Serrahn wurde auch in Steckby eine Aufgabenerweiterung zur „Biologischen Station Steckby" vorgenommen. So traten z.B. zu den ornithologischen nun populations-ökologische Untersuchungen zum Bestand und den Habitatansprüchen des Elbebibers. Als Ergebnis konnte u.a. die rasche Bestandserholung und räumliche Ausdehnung von „castor fiber alpinus" verzeichnet werden, wie auch die Wiederansiedlung im Peene- und Odergebiet.

Ehe ich zur Nennung einiger Ergebnisse der beiden ersten Jahrzehnte der ILN-Institutsarbeit komme, hier noch einige Worte zur Personalsituation: 1962/63 erfolgten im gesamten Bereich der DAL Umstrukturierungen mit dem Ziel, bisher nebenamtlich tätige Leiter von Akademieeinrichtungen nunmehr durch hauptamtliche Leiter zu ersetzen. Das bedeutete für Hermann Meusel, die Entscheidung zwischen dem Botanischen Institut der Universität Halle und dem ILN der DAL treffen zu müssen. Meusel blieb dem Universitätsinstitut treu, behielt aber weiterhin den Vorsitz der „Ständigen Kommission für Landschaftspflege und Naturschutz" der DAL bei.

Daraufhin wurde ich 1963 zum Direktor des ILN in Halle berufen. Zuvor war ich Leiter der Zweigstelle Jena des ILN gewesen, hatte mich 1959 mit einer Arbeit zur Vergleichenden Hydrogeographie Thüringens habilitiert und war Dozent für Landschaftsökologie und Landschaftspflege an der Friedrich-Schiller-Universität Jena. Auch die Zweigstellen des ILN wurde nun hauptamtlich besetzt:
– Jena mit dem Forstmann Dr. Eberhard Niemann,
– Dresden durch den Zoologen Dr. Hans Schiemens,
– Potsdam durch den Forstmann Dr. Karl-Heinz Grosser,
– Greifswald durch den Geographen Dr. Harry Schmidt,
– Arbeitsgruppe Sachsen-Anhalt (im Institut Halle) durch den Botaniker Dr. Hugo Weinitschke,
– Arbeitsgruppe Terrestrische Ökologie (im Institut Halle) durch den Botaniker Dr. Gerhard Stöcker.

Lassen Sie mich vor der Nennung der Arbeitsergebnisse des ILN noch einmal hervorheben:

Die Naturschutzarbeit in der DDR beruhte von Beginn an – und durch das Naturschutzgesetz von 1954 auch de jure verankert – auf drei Säulen:
1. Die staatliche Naturschutzverwaltung (ZNV), ausgeübt durch das Ministerium für Land-, Forst- und Nahrungsgüterwirtschaft (in praxi durch das Komitee/später HA für Forstwirtschaft); die Bezirksnaturschutzverwaltungen (BNV) bei den Räten der Bezirke; die Kreisnaturschutzverwaltungen (KNV) bei den Räten der Kreise, also Landratsämtern.
2. Die ehrenamtlichen Naturschutzbeauftragten als Fachleute und Regionalkenner: Bezirksnaturschutzbeauftragte (BNB) für die 16 Bezirke, Kreisnaturschutzbeauftragte (KNB) und Naturschutzhelfer. Die Beauftragten wurden durch die Vorsit-

zenden der Bezirke und Kreise ernannt. Das Vorschlagsrecht hierfür lag nach § 12 des Naturschutzgesetzes beim ILN. Die ehrenamtlichen Naturschutzbeauftragten leisteten ihre verantwortungsvolle Aufgabe in der Regel in enger Zusammenarbeit und mit Unterstützung der im Kulturbund – Kommission Natur und Heimat (als gesellschaftliche Organisation) – verankerten Naturfreunde und Heimatforscher. Hier gab es vielfältige Fachgruppen und Arbeitsgemeinschaften, so z.B. für Botanik, Dendrologie und Gartengestaltung, Ornithologie und Vogelschutz, Faunistik, Aquarianer, Entomologie, heimische Orchideen, Geologie oder Höhlen- und Karstforschung.

3. Wissenschaftliche Forschung auf dem Gebiet Naturschutz und Landschaftspflege. Die Koordinierung der Arbeiten und die Verantwortung für die Überleitung in die Praxis lag nach § 13 des Naturschutzgesetzes beim ILN, desgleichen die wissenschaftliche Betreuung und Beratung der ehrenamtlichen Naturschutzbeauftragten. Wir bemühten uns dabei um eine Kooperation mit anderen Forschungseinrichtungen, so z.B. mit:
   - Prof. Dr. Erich Rutschke, Potsdam. Er leitete die „Zentrale für die Wasservogelforschung" der DDR, deren Ergebnisse dem Vogelschutz entsprechend der Internationalen Ramsar-Konvention zum Schutz von Feuchtgebieten dienten (z.B. in der Havelniederung oder u.a. in den Naturschutzgebieten „Schollener See", „Galenbecker See", „Darß-Zingst" und „Stausee Kelbra"),
   - dem Zoologischen Institut der Universität Halle, wo Dr. Piechocki die Totfunde der vom Aussterben bedrohten Tierarten (Adlerarten, Biber, Wildkatze, Großtrappe u.a.) untersuchte und präparierte. Die Ergebnisse dienten der Umsetzung in praktische Schutzmaßnahmen.

Arbeitsergebnisse des ILN in den 1950er und 1960er Jahren
An dieser Stelle ist mir unter Berücksichtigung der historischen Fragestellung unseres aktuellen Themas nur eine kursorische Auswahl möglich.

Eine der ersten Aufgaben war die systematische Zustandserfassung und Dokumentation aller bestehenden Naturschutzobjekte des Landes, insbesondere der Naturschutzgebiete. Auf dieser Basis aufbauend und mit breiter interdisziplinärer Unterstützung vieler anderer naturwissenschaftlicher Institute und ehrenamtlicher Heimatforscher als regionaler Landeskenner wurde planmäßig ein umfassendes Netz von Reservaten des Landes entwickelt, das den staatlichen Naturschutzverwaltungen zur amtlichen Bestätigung und Unterschutzstellung vorgelegt wurde.

Leitgedanke war uns dabei, dass die relativ kleinflächigen Naturschutzgebiete innerhalb der intensiv genutzten umgebenden Kulturlandschaft Repräsentanten der wichtigsten natürlichen bzw. naturnahen Standort- und Landschaftseinheiten mit ihren typischen Biogeozönosen darstellten. In diesen Gebieten sollten langfristig ökologische Untersuchungen und Dauerbeobachtungen/Monitoring möglich sein

("Freilandlaboratorien" nach Meusel). Selbstverständlich sind die Reservate fast immer auch Refugien typischer, z.T. vom Aussterben bedrohter Tier- und Pflanzenarten und -gemeinschaften des Landes.

Parallel zu dieser Auswahlarbeit wurde begonnen, Kriterien für Pflege und Behandlungsrichtlinien (Pflegepläne) der Reservate zu erarbeiten, bezogen auf deren Haupttypen und Zweckbestimmung. Um 1970 existierte daraufhin in der DDR ein Netz von 651 Naturschutzgebieten mit einer Gesamtfläche von ~79.000 ha (~0,7% der DDR-Landesfläche). Davon waren nur 6.000 ha (etwa 8,5% der Reservatsfläche) noli-tangere-Areale, Totalreservatflächen, wie Moore, Dünenheiden, Steilhanglagen oder Naturwaldzellen in Waldschutzgebieten.

Das größte NSG, das „Ostufer der Müritz", hatte eine Größe von rund 6.000 ha; die kleinsten Reservate maßen nur 3 bis 5 ha. 58% aller Reservate waren < 50 ha, rund 24% > 100 ha groß. Die relativ großen NSG (mit > 100 ha) liegen in den Mittelgebirgen (z.B. „Brocken-Oberharz", „Vessertal"), den breiten Urstromtalniederungen (z.B. „Unteres Muldetal", „Steckby-Lödderitzer Forst"), allgemein im agrarisch genutzten Mecklenburg (z.B. „Darß", „Jasmund", „Galenbecker See"). Im dicht besiedelten, industrialisierten Bezirk Leipzig gehören dagegen nur 11 % seiner Reservate zur Größenklasse > 100 ha (vorwiegend kleine, noch mehr oder weniger intakte Restgehölze im offenen Agrarland).

Zur Klassifizierung haben wir die juristisch einheitliche Gruppe der Naturschutzgebiete nach Typen gegliedert. Jedes Reservat wurde in eine Kategorie eingestuft, welche wesentliche Merkmale seiner Naturausstattung und zugleich die Gründe seiner Schutzwürdigkeit angibt. Folgende Kategorien wurden gewählt:
– rein waldbestockte NSG, mit spezifisch waldkundlicher Aufgabenstellung (so genannte Waldschutzgebiete),
– Gewässer- und Moorschutzgebiete,
– NSG mit besonderen typischen Gesteins- oder Oberflächenformen (geologische oder Geotopschutzgebiete),
– NSG mit besonders typischen oder seltenen Tiergemeinschaften (zoologische Schutzgebiete),
– NSG mit besonders typischen und schutzbedürftigen Pflanzengemeinschaften (botanische Schutzgebiete),
– NSG so vielfältiger Naturschutzausstattung und damit komplexen Charakters, dass eine Zuordnung zu einer der Kategorien 1 bis 5 nicht sinnvoll ist (komplexe Schutzgebiete).

Wir waren uns bewusst, dass – wie bei jeder Systematisierung, Typisierung – subjektive Momente bei der Zuordnung jedes Reservates zu einer Kategorie nicht zu vermeiden waren.

Wir bemühten uns jedoch, aus guter Regionalkenntnis heraus und stets mit dem Blick auf das Gesamtsystem der Reservate des Landes, die Zuordnung so objektiv wie möglich vorzunehmen. Ein Beispiel: Das NSG „Galenbecker See", im Gletscherzungenbecken des mecklenburgischen Oderhaffgebietes gelegen, ist von solch großem faunistischem, botanischem, limnologischem, aber auch geomorphologischem Interesse, dass es jederzeit in die Kategorie „komplexe Schutzgebiete" eingestuft werden könnte. Die Unterschutzstellung des Galenbecker Sees mit seinen breiten Verlandungszonen erfolgte aber eindeutig wegen seiner überragenden Bedeutung als Vogelschutzrefugium von internationalem Rang. Wir stuften das NSG daher als „zoologisches Schutzgebiet" ein.

Bei der Auswahl des Systems unserer Reservate waren wir bestrebt, bei jedem der gesamten Typen-Teilsysteme die gesamte Breite der regionalen Differenzierung auf unserem Territorium zu erfassen.

Häufig vereint ein einzelnes NSG mehrere der genannten Typen in sich. So enthalten einige größere Naturschutzgebiete im Thüringer Wald gleichzeitig die regional, etagal und edaphisch charakteristische Abfolge von Wald- und Grünlandgesellschaften sowie jeweils einen unregulierten, naturnah mäandrierenden Gebirgsbach als Wildwassertyp. Vielfach sind Gewässerschutzgebiete zugleich auch zoologische Schutzgebiete.

Am Stichtag 1.1.1968 bestand die folgende Verteilung der Naturschutzgebiete der DDR auf die genannten sechs Kategorien:

Kategorie	Anteil		Anteil	
	nach Anzahl	in %	nach Anzahl	in %
Waldschutzgebiete	326	50,6	17.350	23,0
Gewässer- und Moorschutzgebiete	77	2,0	4.067	5,4
geologische Schutzgebiete	14	12,2	724	1,0
zoologische Schutzgebiete	62	9,6	11.971	15,8
botanische Schutzgebiete	60	9,3	1.440	1,9
komplexe Schutzgebiete	105	16,3	39.997	52,9
gesamt	644	100,0	75.552	100,0

Als Ergebnis dieser vieljährigen Kollektivarbeit aller Mitarbeiter des ILN zur Reservatsforschung erschien 1972–1974 im Urania-Verlag Leipzig das fünfbändige „Handbuch der Naturschutzgebiete der DDR"[4] (ein Band je Bundesland). Um bei der großen Zahl der Bearbeiter verschiedenster Fachdisziplinen eine gewisse Einheitlichkeit und Vergleichbarkeit der einzelnen NSG-Charakteristiken untereinander zu

---

4 Institut für Landesforschung und Naturschutz Halle/S. (Hg. L. Bauer): Handbuch der Naturschutzgebiete der Deutschen Demokratischen Republik. 5 Bde. Urania-Verlag, Leipzig/Jena/Berlin. 1972–1974.

erzielen, lag die gesamte redaktionelle Überarbeitung der Einzelmanuskripte in einer Hand (L. Bauer). Die 2. Auflage des Handbuches erschien 1980–1986 (Redaktion: H. Weinitschke).

Das Handbuch wurde – auch von der internationalen Fachwelt – recht positiv aufgenommen.

Parallel zur Ausweisung des Systems der Naturschutzgebiete erarbeitete das ILN zusammen mit den regionalen Naturschutz-Beauftragten, ein landesweites System der Landschaftsschutzgebiete (LSG), die den Räten der Bezirke zur amtlichen Unterschutzstellung vorgelegt wurden. Damit einher ging die Entwicklung methodischer Grundlagen für Landschaftspflegepläne. Auch auf internationalen Symposien wurden Forschungsschwerpunkte des ILN vorgestellt.[5]

1965 trat das ILN der „International Union for the Conservation of Nature" (IUCN) als Mitglied bei und beteiligte sich an deren Aktivitäten, u.a. im „Committee Eastern Europe" der „Commission on Education".

Ab 1961 erschien im Akademie-Verlag die Quartalszeitschrift „Archiv für Naturschutz und Landschaftsforschung" als zentrales wissenschaftliches Naturschutz-Organ (mit dem Direktor des ILN als Chefredakteur).

Ab 1958 wurden von den Zweigstellen des ILN fünf Regionalperiodika (fünf Bundesländer!) herausgebracht, z.B. „Naturschutzarbeit in Mecklenburg" oder „Landschaftspflege und Naturschutz in Thüringen". Sie boten Anleitungsmaterial für die ehrenamtlichen Naturschutzbeauftragten, waren Publikationsorgane für die naturkundliche Heimatforschung und sind Archive der breiten Naturschutzarbeit. Wir stellen mit Genugtuung fest, dass alle Periodika von den heutigen Umwelt-Landesämtern weitergeführt werden. Die verantwortlichen Redakteure sind meist ehemalige Mitarbeiter des ILN.

An dieser Stelle seien noch einige Fakten genannt, die das Ambiente charakterisieren, in dem das ILN wirkte und taktisch lavieren musste:

1968 wurde in der DAL die so genannte „Wirtschaftliche Rechnungsführung" eingeführt. Dies bedeutete, dass die Forschungsmittel für die Institute von jeweiligen „Auftraggebern" beschafft werden und die Arbeitsergebnisse vor diesen verteidigt werden mussten. Dies war in unserem Fall für die Rekultivierungs-Forschung relativ problemlos. Die Auftraggeber kamen aus den Bereichen Bergbau, Meliorationswesen, Ministerium für Land- und Forstwirtschaft u.a. Existentiell bedrohlich erwies sich die neue Situation für die Finanzierung der Grundlagenforschung für Naturschutz und Landschaftspflege. Wie hoch war z.B. der wirtschaftlich-gesellschaftliche Wert und volkswirtschaftliche Nutzen der Naturschutzforschung einzuschätzen? Die zentrale Naturschutzverwaltung beim Staatlichen Komitee für Forstwirtschaft

---

5 Institut für Landesforschung und Naturschutz Halle (Hg. L. Bauer): Exkursionsführer zum Internationalen Symposium „Landschaftspflege an Gewässern". Erfurt 1967.

war de facto ein Einmannbetrieb. In dieser Situation bemühte ich mich bei unserem Förderer, dem DAL-Präsidenten Stubbe, darum, das ILN der Deutschen Akademie der Wissenschaften DAW (Zentrum der DDR-Grundlagenforschung) anzugliedern. Stubbes Bemühen scheiterte, weil der Minister für Land-, Forst- und Nahrungsgüterwirtschaft keine Einrichtung aus dem Bereich seines Ministeriums abgeben wollte – selbst wenn er deren Aufgaben und Arbeiten nicht schätzte! Naturschutz hielt der Herr Minister für überflüssig, weil angeblich produktionshemmend.

Das ILN sah sich immer – obwohl dazu nicht legitimiert – in einer Art „Fürsorgepflicht" gegenüber den ehrenamtlichen Naturschutzbeauftragten. Insbesondere dann, wenn diese im Zuge ihrer Tätigkeit in Bedrängnis gerieten. Ein Beispiel: Nach dem Bau der Mauer am 13. August 1961 wurde begonnen, entlang der „Staatsgrenze West" rigoros einen 50–100 m breiten Waldstreifen kahlzuschlagen. Dies betraf auch die herrlichen Buchenwälder im LSG „Südharz". Da er örtlich auf taube Ohren stieß, wandte sich daraufhin der ehrenamtliche Naturschutzbeauftragte des Thüringer Kreises Nordhausen, Forstmeister Dr. Elmer, im November 1961 mit einem Schreiben direkt ans Ministerium für nationale Verteidigung in Berlin. Er machte darin konkrete Vorschläge, wie die landeskulturellen Schäden und Folgewirkungen dieser Kahlschlagaktion zu vermeiden oder zu minimieren seien. Sein Betrieb („Staatlicher Forstwirtschaftsbetrieb Nordhausen") wie auch der Rat des Kreises sahen darin ein „republikfeindliches Verhalten". Als Folge wurde die sofortige Rückstufung Dr. Elmers zum Revierförster und die Zwangsumsiedlung von seinem Wohnort Sülzhayn (5-km-Grenzzone) nach Bleicherode veranlasst.

Daraufhin wandte ich mich als damaliger Leiter der Zweigstelle Jena des ILN an den Staatlichen Forstwirtschaftsbetrieb Nordhausen sowie an den Rat des Bezirks Erfurt, um mit Verweis auf die fachliche Qualifikation Dr. Elmers und seine Leistungen als einer der besten Naturschutzbeauftragten Thüringens dessen Bestrafung rückgängig zu machen. Prof. Meusel als ILN-Direktor wandte sich in gleicher Sache an die Zentrale Naturschutzverwaltung nach Berlin. Wir erhielten beide keine Antwort. Die Disziplinierung Dr. Elmers blieb bestehen; immerhin „durfte" er weiter ehrenamtlicher Naturschutzbeauftragter bleiben.

1969 begannen die Vorbereitungen zur Bildung eines „Ministeriums für Umweltschutz und Wasserwirtschaft" beim Ministerrat der DDR. Hierzu führte der designierte Umweltminister, Landwirt Dr. Werner Titel, lange Einzelgespräche mit Wissenschaftlern der einzelnen Umwelt-Fachressorts, um Anregungen zu erhalten für Aufgaben und Arbeitsweisen des neuen Ministeriums (ich fand diese Vorgehensweise, als ich zum Sachgebiet Naturschutz und Landschaftspflege vortrug, angenehm im Hinblick auf die Erfahrungen im Staatlichen Komitee für Forstwirtschaft als zentraler Naturschutzverwaltung der DDR).

Die Beratungen beim neuen Umweltminister flossen auch in das „Gesetz über die planmäßige Gestaltung der sozialistischen Landeskultur in der DDR" ein, das am

14. Mai 1970 in Kraft trat. In ihm ging das Naturschutzgesetz von 1954 als erste Durchführungsverordnung auf.

Dieses Landeskulturgesetz war als Umweltschutz-Rahmengesetz verbal nach Zielsetzung und Inhalt nicht schlecht. In der rauen Praxis der DDR-Wirtschaftsrealität (mit dem Raubbau an Bodenschätzen, dem einseitigen Primat der Chemie- und Schwerindustrie und der Forderung nach Ertragssteigerung in Land- und Forstwirtschaft um jeden Preis) konnte dieses Gesetz nur leider nicht durchgesetzt werden.

In der Präambel des Landeskulturgesetzes von 1970 hieß es: „In der DDR gehören die Natur und ihre Reichtümer dem Volk. [...] Die Schaffung einer der sozialistischen Gesellschaft würdigen Umwelt, die Förderung der Gesundheit und Lebensfreude der Bürger haben die Erschließung, die Pflege und den Schutz der heimatlichen Natur mit ihrer reichen Pflanzen- und Tierwelt und ihren landschaftlichen Schönheiten zur unerlässlichen Voraussetzung. [...] Alle Bürger, Volksvertreter, Staats- und Wirtschaftsorgane sind verpflichtet, im Interesse der heutigen wie künftigen Generationen die heimatliche Natur zu schützen sowie die Naturreichtümer umsichtig und wirtschaftlich zu nutzen."

Als berufenes Mitglied im „Wissenschaftlichen Beirat des Ministeriums für Umweltschutz und Wasserwirtschaft", konfrontiert mit den als geheim/streng vertraulich eingestuften Fakten der Umweltbelastung, war mir bald klar: Die DDR konnte sich die Umsetzung ihres Landeskulturgesetzes ökonomisch nicht leisten!

Abschließende Bemerkungen zu Naturschutz und Landschaftspflege in der DDR bis in die 1970er Jahre

Verglichen mit heute fällt dabei die zahlenmäßig sehr geringe bis absolut unzureichende Anzahl hauptamtlicher Kräfte und Planstellen in den staatlichen Verwaltungen auf.

Es steht mir nicht zu, eine Wertung der persönlichen Aktivitäten oder Leistungen Einzelner in diesem Rahmen abzugeben. Für den historischen Rückblick als „Zeitzeuge", der uns hier interessiert, seien mir aber vielleicht noch einige Fakten und Namen stichwortartig gestattet:

Die Zentrale Naturschutzverwaltung (ZNN), verankert beim Staatlichen Komitee für Forstwirtschaft, war mit Gartenbauingenieur Fritz Wernicke de facto ein Einmannbetrieb. Sein oberster Dienstherr, Generalforstmeister Heidrich, war ein biederer, dem Naturschutz durchaus gewogener Mann, mit dem man sachlich reden konnte. Beim zweiten Mann, Oberlandforstmeister Hans Schotte, dem Leiter der Jagdinspektion (dem die ZNV zugeordnet war), war dies nur eingeschränkt möglich. Schotte war ein cholerischer Politfunktionär, der den Naturschutz nur als mehr oder weniger unliebsamen Störfaktor für die Jagd ansah. Das Arbeitsklima in der ZNV war entsprechend. Auch auf mittlerer und unterer Ebene, bei den Bezirks- (BNV) und Kreisnaturschutzverwaltungen (KNV), litt die Arbeit der Referenten meist am Desin-

teresse der jeweiligen Ratsvorsitzenden gegenüber den Aufgaben von Landschaftspflege und Naturschutz. Wenn trotzdem auch von Verwaltungsseite einzelne vorbildliche Ergebnisse zu vermelden sind, so lag das am persönlichen Engagement und an der Qualifikation der betreffenden Referenten. Hier seien als Beispiele nur genannt:
- Gartenbauingenieur Horn, BNV Magdeburg, Mitglied der Sektion Landeskultur und Naturschutz der DAL (Betreuung und Weiterbildung der ehrenamtlichen Beauftragten, Durchsetzung von Landschaftspflegeplänen etc.),
- Ofm. Ruthenberg, BNV Neubrandenburg (Aufbau bezirkseigener Naturschutzstationen in großen NSG, aktiver Vogelschutz, Durchsetzung des Naturschutzgedankens im Rat des Bezirkes etc.).

Unbestritten und inzwischen auch oft gewürdigt: die Leistungen der Ehrenamtlichen, der Naturschutzbeauftragten und ihrer Helfer, der Natur- und Heimatfreunde, der naturkundlichen Heimatforscher.

Rückwirkend ist festzustellen: Die Aktivitäten und die Arbeitsergebnisse auf dem Gebiet der Landschaftspflege und des Naturschutzes in der ehemaligen DDR waren vielseitig und umfangreich. Sie lassen sich nicht reduzieren auf eine kurze Kampagne im Sommer 1990, die zur Ausweitung einiger Nationalparke führte (leider wird dies in den letzten Jahren von interessierter Seite systematisch versucht). Diese Verengung der Sicht ist unhistorisch und missachtet die jahrzehntelange, verantwortungsbewusste Arbeit vieler einst geachteter Naturwissenschaftler, Natur- und Heimatfreunde und aktiver Naturschützer. Deren Leistungen genossen seinerzeit – auch international – Wertschätzung und Anerkennung.

Georg Sperber

Entstehungsgeschichte eines ersten deutschen Nationalparks im Bayerischen Wald

Vorbemerkung
Der Autor war vom November 1969 bis Juni 1972 als stellvertretender Leiter im Nationalparkamt Bayerischer Wald tätig, verantwortlich vor allem für Wildtiere und Öffentlichkeitsarbeit. Dieser Aufsatz folgt der „Chronik einer Idee", in der Hubert Weinzierl wichtige Stationen der Entstehungsgeschichte aus seinem Blickwinkel als Naturschutzbeauftragter der Regierung von Niederbayern und als Vorsitzender des Bund Naturschutz in Bayern festgehalten hat. Seine Unterlagen umfassten bis zur Einweihung des Nationalparks 38 Aktenordner; heute, im 30. Jahr seines Bestehens, ist die Weinzierlsche Dokumentation auf 80 Ordner angewachsen. Zitate im folgenden Text, die nicht mit Autor und Erscheinungsjahr belegt sind, finden sich überwiegend in der Weinzierlschen „Chronik", publiziert in: Weinzierl, H./Bibelriether, H./ Sperber, G.: Nationalpark Bayerischer Wald. Morsak Verlag, Grafenau 1972.

Als weitere wichtige Quelle diente die Schrift: „Eine Landschaft wird Nationalpark", 1983 für das bevorstehende 15-jährige Jubiläum veröffentlicht. Darin schildert Michael Haug, Landschaftsarchitekt und Mitarbeiter seit dem ersten Jahr, ausführlich die Vorgeschichte und stellt in einem Anhang wichtige Dokumente und Materialien zusammen (Bayerisches Staatsministerium für Ernährung, Landwirtschaft und Forsten 1983).

1 Frühe Geschichten 1898–1933

Hundert Jahre Nationalparkwünsche in Deutschland
Am 11. Juni 1969 beschloss der bayerische Landtag einstimmig, im Bayerischen Wald einen Nationalpark zu errichten. Zu diesem Zeitpunkt gab es in Europa bereits 98 dieser Großschutzgebiete. Forderungen, auch in Deutschland größere Gebiete vor weiterer menschlicher Nutzung zu schützen, wurden schon vor mehr als hundert Jahren gestellt.

Am 30. März 1898 hatte Wilhelm Wetekamp (1859–1945) als Parlamentarier vor der preußischen Abgeordnetenkammer eine Aufsehen erregende Rede über die Notwendigkeit eines gezielten Schutzes der bedrohten Natur gehalten. Darin forderte er: „[…] wenn etwas wirklich Gutes geschaffen werden soll, so wird nichts übrigbleiben, als gewisse Gebiete unseres Vaterlandes zu reservieren, ich möchte den Ausdruck gebrauchen: in ‚Staatsparks' umzuwandeln, allerdings nicht in Parks in dem Sinne, wie wir sie jetzt haben, das heißt eine künstliche Nachahmung der Natur durch gärtnerische Anlagen, sondern um Gebiete, deren Hauptcharakteristik ist, daß sie unantastbar sind." Auch über die Größenordnung solcher Staatsparks machte er sich Gedanken: „[…] ich glaube, einige Quadratkilometer werden wir doch an verschiedenen Stellen reservieren können, und das wird um so leichter sein, als alle Gebiete, auf die es hier ankommt, ja zu den weniger ertragreichen gehören" (Piechocki 1998).

Vorbilder in Nordamerika
In Gang gekommen war die Diskussion um Großschutzgebiete in Europa, seitdem am 1. März 1872 die Bundesregierung der USA in der grandiosen Naturlandschaft des Yellowstone einen ersten „Nationalpark" geschaffen hatte.

Nachdenkliche Bürger hatten bereits seit der zweiten Hälfte des 18. Jahrhunderts Überlegungen angestellt, wie zumindest Reste der großartigen nordamerikanischen Wildnis vor der rasch nach Westen vordringenden Zivilisation bewahrt werden könnten.

Erstmals in aller Klarheit formulierte 1832 George Catlin das Ziel, dass Urlandschaften mitsamt der indianischen Bewohner „in Zukunft in ihrer ursprünglichen Schönheit und Wildheit erhalten werden sollten in Gestalt eines großartigen Parks." Der Naturphilosoph Henry Thoreau (1817–1862) griff diese Idee auf und unterstützte sie: „Warum sollten wir zu unserer Erhebung und wahren Erholung nicht […] unsere nationalen Schutzgebiete haben, in denen Bär und Berglöwe sowie Angehörige der Jägerrasse weiter leben können und wo das ursprüngliche Antlitz der Erde nicht fortzivilisiert wird?" (Thoreau 1858 nach Schönichen 1954).

„Systematische Verwilderungsversuche"
1901 hatte der bedeutende süddeutsche Pflanzengeograph Robert Gradmann (1865–1950) die Nationalparkdiskussion um den für unsere zivilisierten Breiten interessanten Vorschlag bereichert, nicht nur Reste ursprünglicher Natur nach nordamerikanischem Vorbild, „nur in sehr verkleinertem Maßstabe", dauerhaft zu erhalten, sondern darüber hinaus durch „systematische Verwilderungsversuche" herauszufinden, wie europäische Landschaften vor dem Eingreifen des Menschen wohl ausgesehen hatten (Gradmann 1901).

Verein Naturschutzparke 1909 gegründet
Am 23. Oktober 1909 wurde der Verein Naturschutzparke e.V. gegründet. 1910 kündigte er als Ziel an, drei Naturschutzparke anzustreben, einen im Hochgebirge der Alpen (im Karwendel, wo der Verein große Flächen aufkaufte), einen zweiten in einem typischen deutschen Mittelgebirge und einen in der norddeutschen Tiefebene, der dann in der Lüneburger Heide verwirklicht wurde. Man hoffte, dass damit „alle

Tier- und Pflanzenarten deutschen Bodens eine sichere Zufluchtstätte finden können." Belebt wurde die Nationalparkdiskussion aufs Neue, als am 1. August 1914 in Graubünden der Schweizer Nationalpark als erster im zentralen Europa entstand.

Der Bayerische Wald, das urigste deutsche Mittelgebirge
Der Bayerische Wald wurde erstmals im Jahr 1911 als geeignetes Gebiet für ein großes Naturreservat genannt. Die ausgedehnten geschlossenen Wälder entlang dem bayerisch-böhmischen Grenzgebirgskamm waren später als alle anderen Waldgebiete Mitteleuropas für eine intensive Forstwirtschaft erschlossen worden. Ausgedehnte Bereiche wiesen noch um die Mitte des 19. Jahrhunderts Urwaldcharakter auf. Ohne Zweifel war der Innere Bayerische Wald das naturnaheste deutsche Mittelgebirge.

In einem bemerkenswerten Beitrag der niederbayerischen Monatshefte wetterte Dr. Dr. Emmerich gegen den materialistischen Geist seiner Zeit und begründete die Notwendigkeit, in großen Naturschutzparks Reste unseres Naturerbes für die Zukunft zu sichern: „Nutzen ist Trumpf! Seen und Flüsse haben nur Wert hinsichtlich der in ihnen aufgespeicherten Pferdekräfte, der Wald als Institution für Holzerzeugung, die Flora als Futter fürs liebe Vieh, das Wild als Fleischlieferant. So urteilt das Volk der Dichter und Denker! Den Amerikanern hat noch niemand Gefühlsduselei vorgeworfen. Sie aber haben erkannt, daß es auch außer dem rollenden Dollar noch Werte gibt, die höher stehen als jene, die Rost und Motten fressen. Ideale, an denen das Herz sich erfreut und aufrichtet, die Schwungkraft verleihen in den Kämpfen des Lebens. Güter, die wertvoller sind als die Konsumartikel des Augenblicks. Und in dieser richtigen Erkenntnis schufen sie große Reservationen, darunter den Yellowstone-Park, der allein die Größe des Königreiches Sachsen einnimmt, um der Natur, allem was da kreucht und fleucht, dauernden, ewigen Schutz zu gewähren. […] Wir haben ein Recht zu leben, aber wir haben nicht das Recht, unser Vaterland zu einer Wüste zu machen, unseren Kindern und Enkeln ein verödetes, schematisiertes, von Paragraphen und Nützlichkeitstheorien, die so schnell vergehen, wie sie gekommen sind, regiertes Land zu hinterlassen. Zur wirksamen Abhilfe gibt es nur ein Mittel: Die Schaffung großer Naturschutzparke, in denen die gesamte, in diesen Gebieten einheimische Tier- und Pflanzenwelt ein dauerndes Asyl erhält" (Emmerich 1911 nach Weinzierl/Bibelriether/Sperber 1972).

Drei Jahre später richtete die Staatsforstverwaltung mit Entschließung vom 22. Januar 1914 im Inneren Bayerischen Wald fünf „Schonbezirke" mit zusammen 343 ha Fläche ein. Jede Art von Waldnutzung, selbst die Jagd, wurde hier unterlassen, dem Bestand an Pflanzen und Tieren war „möglichster Schutz gegen Eingriffe aller Art zuzuwenden". Drei urige Glanzstücke des späteren Nationalparks, Rachelseewand, Höllbachgspreng und Mittelsteighütte, verdanken wir dieser ersten Anstrengung, zumindest Reste dieser Urwaldlandschaft zu retten.

1910 war auf Betreiben des Münchner Forstbotanik-Professors Karl Freiherr von Tubeuf (1862–1941), Mitbegründer und Vorsitzender des Bund Naturschutz in Bayern, ein zunächst 8.300 ha großer „Pflanzenschonbezirk Berchtesgadener Alpen" am Königsee ausgewiesen worden, der später auf 20.000 ha erweitert und schließlich 1978 zum zweiten deutschen Nationalpark ausgestaltet wurde.

Frühe Schutzbestrebungen im Böhmerwald
Auf der böhmischen Seite hatte man frühzeitig beachtliche Anstrengungen unternommen, Teile der urigen Waldlandschaft besonders zu schützen. So ließ Fürst Johann von Schwarzenberg auf Vorschlag von einem seiner Forstleute 1859 den Urwald im Kubany auf einer Fläche von 143 ha vom weiteren Holzeinschlag ausnehmen. Durch einen Jahrhundertorkan 1870 wurde das Reservat auf 46,6 ha verkleinert, 1958 jedoch aus Anlass des hundertjährigen Jubiläums das Schutzgebiet auf 666 ha ausgedehnt. Der berühmte Schriftsteller des Böhmerwaldes, Karel Klostermann, forderte zu Beginn des 20. Jahrhunderts, im Böhmerwald nach dem Vorbild des Yellowstone einen Nationalpark zu errichten. 1911 besuchte Hugo Conwentz (1855–1922), der Begründer des wissenschaftlichen Naturschutzes, die Besitzungen der Hohenzollern im Böhmerwald, und auf seinen Vorschlag hin wurden die eiszeitlichen Karseen mit wertvollen Urwäldern an ihren Einhängen unter Schutz gestellt.

Visionen eines genialen Forstmanns über Naturschutz im Wald
In einem Vortrag vor dem Bund Naturschutz hatte 1928 Geheimrat Dr. Karl Rebel (1863–1939), langjähriger und bis heute bedeutendster Waldbaureferent der bayerischen Ministerialforstabteilung, in einer geradezu genialen Vision alle die Möglichkeiten für Naturschutz in Wäldern aufgezeigt, die erst in unserer Zeit erkannt und allmählich umgesetzt werden. Seine Vorschläge zum Naturschutz im Wald durch eine flächenhafte naturverträgliche Art der Bewirtschaftung ergänzte er mit Forderungen nach kleinen „Sonderreservaten" für Forschung und Kunst, den heutigen Naturwaldreservaten und Bannwäldern, und „Volksnaturschutzparken" für Erholung und Volksbildung, den Naturparken unserer Zeit. Seine Vision gipfelte im Wunsch nach einem Nationalpark nordamerikanischen und schweizer Vorbilds, „wo keine Axt hallt, keine Sense klingt, kein Schuss fällt, kein Vieh weidet" (Rebel 1928, in: Hatzfeldt 1994).

Erster deutscher Naturschutztag 1925 fordert Urwaldreservat in Franken
1925 fand in München der erste deutsche Naturschutztag statt, wobei der Wald ein zentrales Thema war. Nach dem für die anwesenden 400 Naturschützer enttäuschenden Hauptreferat des Waldbauprofessors Ludwig Fabricius über „Forstwirtschaft und Naturschutz" fasste die Versammlung auf einen wohl begründeten Antrag des Arztes, Naturforschers und Naturschützers Dr. Hans Stadler nahezu einstimmig die Resolution, 500 ha der unterfränkischen Buchen-Eichen-Altbestände unter Schutz zu stellen,

um sie vor weiterer Übernutzung durch die staatliche Forstverwaltung zu retten. Die beiden Gegenstimmen kamen von den Vertretern der bayerischen Forstverwaltung.

Im anschließenden Referat lieferte Professor Dr. Hermann Dingler aus Aschaffenburg zusätzliche wissenschaftliche Argumente dafür, „daß der heutige Notschrei nach einem ausgiebigen, absolut und dauernd geschützten Reservat und dem Schutz seines ganzen Organismenkomplexes voll berechtigt ist." Er forderte ein Urwaldreservat in den berühmten Traubeneichen-Buchen-Wäldern des Hochspessarts.

Bis 1927 hatten sich in einer beispiellosen Bürgerinitiative 40 Körperschaften und Universitätsinstitute der Resolution des ersten Naturschutztages angeschlossen und die Forderung nach einem Urwaldreservat in Franken dem bayerischen Landtag vorgelegt. Im Januar 1928 erklärte schließlich die bayerische Regierung zwei zusammen 17,5 ha kleine Bestände aus den 40.000 ha großen Staatswäldern des Spessarts zu „Schutzgebieten" (Sperber 2000 b).

2 Planungen im „Dritten Reich"

Reichsnaturschutzgebiete Hermann Görings – Vorläufer der Nationalparke?
Nach der Machtergreifung der Nationalsozialisten hatte der preußische Ministerpräsident Hermann Göring die bisher in der Zuständigkeit der Länder befindlichen und auf verschiedene Ressorts verteilten Kompetenzen für Forstwesen, Jagd und endlich auch für den Naturschutz „mit Brachialgewalt" (Piechocki 2000 a) an sich gezogen und in einem „Reichsforstamt" organisiert. Diesem stand er als „Reichsforstmeister", „Reichsjägermeister" und „Oberster Beauftragter für den Naturschutz" mit den Befugnissen eines Reichsministers vor.

Das Reichsnaturschutzgesetz von 1935 sah auch die Möglichkeit vor, „Reichsnaturschutzgebiete" auszuweisen, die zumindest von der Flächenausdehnung europäischen Nationalparken ähnelten. 1936 bis 1939 wurden die früheren kaiserlichen Hofjagdreviere Schorfheide und Rominten, der Darß und der „Elchwald" am Kurischen Haff mit zusammen 173.000 ha zu „Reichsnaturschutzgebieten" deklariert. Dass es sich bei diesen Gebieten um Vorläufer der späteren deutschen Nationalparke gehandelt habe, wie Günther W. Zwanzig in einem Rückblick 50 Jahre nach Inkrafttreten dieses Gesetzes behauptete, widerlegt Piechocki. Er urteilt zusammenfassend: „Von der Größe her ähnelten die ‚Reichsnaturschutzgebiete' durchaus Nationalparken. Auch wären mit der gegebenen Naturausstattung gute Voraussetzungen für die Entwicklung von Nationalparken gegeben gewesen. Von der Einrichtung, Nutzung und Bewirtschaftung her waren sie allerdings das Gegenteil von dem, was man heute unter einem Nationalpark versteht" (Piechocki 2000 a).

Das Reichsnaturschutzgesetz enthielt ungewöhnlich weitgehende Bestimmungen, um Grundflächen, die von einem Reichsnaturschutzgebiet umschlossen waren oder daran angrenzten, zu enteignen und die Betroffenen umzusiedeln. „In Wirklichkeit jedoch waren diese Gebiete keine Reichsnaturschutzgebiete, sondern feudale Jagdgebiete Hermann Görings und seiner Freunde auf Kosten des Reiches und des deutschen Volkes" (Schwenkel 1945, in: Piechocki 2000 b). Jagdleidenschaft war die Triebfeder für Görings Interesse am Naturschutz. Dies hatte auch Adolf Hitler durchschaut, der nach dem im Schnellverfahren gefassten Kabinettsbeschluss über das Reichsnaturschutzgesetz zu Göring anmerkte: „Nun schützt Ihr die Tiere, und nachher schießt Ihr sie tot" (Klose 1943, in: Piechocki 2000 b). So war es auch folgerichtig, dass die „Reichsnaturschutzgebiete'" ausschließlich durch die Oberste Jagdbehörde betreut wurden und die Naturschutzbehörden dort nichts zu sagen hatten.

Als 1941 die juristischen Rahmenbedingungen geschaffen waren, machte Göring diese „Naturschutzgebiete" zu dem, wozu sie von Anfang an bestimmt waren, zu „Staatsjagdrevieren", direkt seinem Reichsjagdamt unterstellt. Zugleich wurden weitere Gebiete wie die Colbitz-Letzlinger Heide mit 40.000 ha, die Staatsgebiete Pleß in Oberschlesien, Karwendel, Mürzthal und Lobau in Österreich als Staatsjagdreviere eingerichtet. Hier konnte Göring seine ins Krankhafte übersteigerte feudale Trophäensucht und Besitzgier ausleben. Die Jagd hatte absoluten Vorrang sowohl vor der Forstwirtschaft als auch vor dem Naturschutz (Gautschi 1998).

Erster konkreter Plan für Nationalpark Böhmerwald

Es gab jedoch während des „Dritten Reiches" auch ernsthafte Absichten, Nationalparke einzurichten. Neben Projekten für Gebiete bei Berchtesgaden und auf dem Darß war im Grenzgebiet von Bayerischem Wald und Böhmerwald ein großzügig ausgelegter Nationalpark geplant. In den folgenden Jahren weckten die Annexion Österreichs und die Eroberungen im Osten weitere Wünsche nach „großdeutschen Nationalparken".

Bereits 1935 berichtete der Naturschutzbeauftragte der Regierung von Niederbayern, Oberstudienrat Eichhorn, der Reichsstelle für Naturschutz in Berlin, er habe „die Grenzen des künftigen Nationalparks" abgefahren. 1937 legte er dem Reichsforstamt einen Kartenentwurf vor, in dem der bayerisch-böhmische Grenzgebirgskamm mit einer Fläche von gut 100.000 ha als Nationalpark vorgeschlagen wird. Einen Antrag des bekannten Bayerwaldkenners und Naturforschers Georg Priehäußer aus Zwiesel, ein „Reichsnaturschutzgebiet Böhmerwald" zu schaffen, lehnte die bayerische Landesforstverwaltung am 9. Juli 1936 jedoch ausdrücklich ab (Rubner 1997).

Am 8.12.1938 fand in München unter Leitung des einflussreichen Berliner Zoodirektors Professor Lutz Heck eine Nationalpark-Besprechung statt mit Vertretern interessierter Verbände wie dem Deutschen Alpenverein und dem Bund Naturschutz, der bayerischen Landesstelle für Naturschutz und dem Naturschutzbeauftragten für die Ostmark, Vertretern des Reichsforstamtes sowie Professor Alwin Seifert, dem Botanikprofessor Gams aus Innsbruck und Professor Schwenkel aus Stuttgart. Das

Sitzungsprotokoll schließt mit der Feststellung: „Die Durchführung der Nationalpark-Errichtung stößt auf keine wesentlichen Fragen."

Vom 9.–11. Juni 1939 bereiste die Oberste Naturschutzbehörde im Reichsforstamt unter Beteiligung der zuständigen Dienststellen das vorgesehene Nationalparkgebiet. Nunmehr sollte auch der Urwald Kubany und das Tal der Ottawa einbezogen werden. Den Rotwildbestand des ursprünglich Fürstlich Schwarzenbergschen Wildgatters wollte man nach den Zwecken des Nationalparks behandeln. Insgesamt sollte „ein natürlicher, vielartiger, aber nach der Zahl geringer Wildbestand einschließlich Urwildes geschaffen werden. Hinsichtlich der Jagd sollte ein artenreicher Wildbestand geschaffen werden." Im Gegensatz zur Überhege des Rotwildes sei im Interesse der Nationalpark-Besucher das Vorhandensein mannigfacher Wildarten wünschenswert.

Einigkeit herrschte bei allen Teilnehmern darüber, dass die Erklärung zum Nationalpark auch eine Hebung des Fremdenverkehrs zur Folge haben würde. Ministerialdirigent Professor Heinrich Ebert, Leiter der Zentral- und Personalabteilung im Reichsforstamt, erläuterte den Landräten, Kreisjägermeistern, Forstmeistern, Naturschutzbeauftragten und Bürgermeistern die Idee des Nationalparks und trat nachdrücklich Befürchtungen entgegen, „der Nationalpark könne eine Beeinträchtigung des Gebietes bewirken." Professor Heck bezeichnete „die Idee des Nationalparks als die Krönung des Naturschutzgedankens; diese große Planung des Naturschutzes sei gegenüber der Gefahr für die Natur seitens der Technik notwendig" (Weinzierl et al 1972).

Die ganz besondere Geschichte des Rotwilds im bayerisch-böhmischen Wald (Hirschgeschichte Teil I)
Hier muss einiges zum Problem des Rotwilds angemerkt werden, das in den Diskussionen um einen Nationalpark im Bayerischen Wald in den folgenden Jahrzehnten immer wieder Anlass zu Auseinandersetzungen bot. Bereits anfangs des 19. Jahrhunderts war im Bayerisch-Böhmischen Grenzgebirge das Rotwild noch vor dem Großraubwild Bär, Wolf und Luchs ausgerottet worden. Bemerkenswert war die Begründung hierfür: Die unvorstellbare Wilderei, „die häufigen Einfälle verwegener Raubschützen aus Bayern", hatten Fürst Schwarzenberg bewogen, 1807 den Auftrag zu erteilen, das bereits selten gewordene Hochwild im Böhmerwald „im Interesse von Leben und Eigentum des fürstlichen Jagdpersonals zur Gänze abzuschießen" (Zeithammer 1896, in: Weinzierl et al. 1972).

1874 beschloss ein späterer Schwarzenberger Fürst, das Edelwild wieder einzubürgern. Am 27. November 1878 wurden 29 Stück Rotwild aus einem Gehege in der Nähe des Urwaldreservats Kubany frei gelassen. Um die Jahrhundertwende tauchten einzelne Tiere auch auf bayerischer Seite auf, wurden dort aber auf strikte Anweisung der königlichen Forstverwaltung ohne Rücksicht auf Alter und Geschlecht abgeschossen.

Erst unter der Ära des Reichsjagdgesetzes konnte sich ein geringer Rotwildbestand im bayerischen Teil des Grenzwaldes entwickeln.

So blieb die Situation dieser Jagdwildart im Grenzgebirgskamm bescheiden, und andere attraktive Trophäentiere fehlten. Dies erklärt wohl, warum der Reichsjägermeister und seine jagdlichen Handlanger nicht daran interessiert waren, den bayerisch-böhmischen Wald in den Kreis ihrer „Reichsnaturschutzgebiete" und „Staatsjagdgebiete" einzubeziehen. So konnte hier der staatliche Naturschutz ganz ernsthaft und mit bemerkenswertem Sachverstand einen Plan entwickeln, der auch heutigen Kriterien für die Ausweisung eines Nationalparks durchaus entspräche.

Nationalpark „bis nach Kriegsende zurückgestellt"
Selbst nach Ausbruch des Zweiten Weltkriegs im September 1939 wurde weiterhin am Nationalparkprojekt Böhmerwald gearbeitet. Am 3. April 1941 wurde Professor Lutz Heck, dem Ehepaar Göring freundschaftlich verbunden und bekannt vor allem durch sein Eintreten für Großwildarten (z.B. Schutz der Wisente, Rückzüchtung der ausgestorbenen Auerochsen und Tarpane), nach der Umorganisation des Reichsforstamtes zum Leiter der neu eingerichteten Naturschutzabteilung bestellt. Er fand drei Nationalparkprojekte vor: Berchtesgaden, Darß und den Böhmerwald.

Am 29. Juli 1941 wurde dem Reichsforstamt eine Karte mit der inzwischen ausgehandelten Grenzziehung für das Böhmerwald-Projekt vorgelegt. Am 23. Januar 1942 schrieb Göring an die Regierung in Niederbayern: „Wenn auch die Errichtung von Nationalparks unter den heutigen Verhältnissen zurückgestellt werden muss, bitte ich doch die Vorarbeiten weiterzuführen, damit nach Kriegsende die Errichtung des Nationalparks ohne weitere Verzögerung erfolgen kann. Für die Schaffung des Nationalparks halte ich es für zweckmäßig, daß vorerst das gesamte Gebiet unter Landschaftsschutz gestellt wird." Ein Verordnungsentwurf zum Schutz des Böhmerwaldes wurde am 14. Oktober 1942 gefertigt.

Am 4. Oktober 1943 bat schließlich der Regierungspräsident das Reichsforstamt um Verständnis, „daß die Verhandlungen wegen der Schaffung eines Nationalparks im Bayerischen Wald bis nach Kriegsende zurückgestellt werden."

In seiner umfassenden „Deutschen Forstgeschichte 1933–1945, Forstwirtschaft, Jagd und Umwelt im NS-Staat" urteilt Geschichtsprofessor Heinrich Rubner (1997) abschließend: „Während die Jagd im ‚Dritten Reich' ein Kernthema im Selbstverständnis maßgeblicher Führer war und als solches noch an Bedeutung gewinnen sollte, geriet die Naturschutzbewegung zunehmend zu einem braven Dekorationsorgan, wohlorganisiert, aber letztlich entbehrlich."

3 Neubeginn nach 1945

Wiederaufnahme des Verfahrens?

Der Plan eines großflächigen, die bayerischen und böhmischen Teile des Grenzgebirgskammes umfassenden ersten deutschen Nationalparks ging 1945 mit dem „Dritten Reich" unter. Zwischen Bayerwald und Böhmerwald trennte der Eiserne Vorhang nun die verfeindeten Machtblöcke des Westens und des Ostens. Ein Nationalpark Böhmerwald wurde für absehbare Zeit unvorstellbar.

Doch als sich die Verhältnisse allmählich zu normalisieren begannen, schlug am 23. November 1950 der Naturschutzbeauftragte der Bezirksregierung Niederbayern Professor Eichhorn vor, das durch die Zeitumstände abgebrochene Verfahren wieder aufzunehmen. 1954 begrüßte Landrat Brandl vom Landkreis Wolfstein im Bayerischen Wald die erneute Initiative Eichhorns. 1952 trat Professor Hans Klose, der frühere Leiter der Reichsstelle für Naturschutz in Berlin und nunmehr Gründer und Vorsitzender der Arbeitsgemeinschaft deutscher Naturschutzbeauftragter, auf einer Tagung in Frankfurt dafür ein, nach nordamerikanischem Vorbild Nationalparke in der Lüneburger Heide, im Berchtesgadener Land und im Bayerischen Wald zu schaffen.

1955 griff Professor Hans Krieg, Gründungspräsident des Deutschen Naturschutzrings (DNR), wieder die Idee eines Nationalparks im Königseegebiet auf und legte eine 40-seitige Denkschrift vor, in der er ausführte: „Es ist töricht, zu meinen, ein Nationalpark widerspreche den Interessen des Fremdenverkehrs. Je mehr die Zivilisation sich allenthalben der Landschaft bemächtigt, umso wertvoller werden solche Inseln der ungestörten Ursprünglichkeit. Wir wollen die Menschen nicht davon fernhalten, sondern hinführen und dazu helfen, dass der Besuch im Nationalpark ihnen zum Erlebnis wird. Wir bitten sie nur, aus diesem Land keinen Rummelplatz zu machen …"

Die Zeit der Naturparke

Ein Jahrzehnt lang blieb es ruhig um den Nationalparkgedanken. Die Naturpark-Bewegung, getragen vom Verein Naturschutzparke unter Führung seines einflussreichen Vorsitzenden Dr. h.c. Alfred Toepfer, beherrschte jetzt die Diskussion um den künftigen Naturschutz in Deutschland. War der Verein Naturschutzparke zunächst von Vorstellungen ausgegangen, die den Nationalparkplänen der Naturschützer im Reichsforstamt entsprachen, so tendierte er mit der Zeit mehr und mehr zu großflächigen Einrichtungen, die vorrangig der Erholung und dem Fremdenverkehr dienen sollten. Die Naturnutzergruppierungen, insbesondere auch die Forstverwaltungen, hatten ihre bis Ende der 1950er Jahre bewahrte ablehnende Haltung erst aufgegeben, als die ursprünglich anspruchsvollen „Naturschutzparke" zu „Naturparken" umgewertet wurden. Man begnügte sich damit, diese als Landschaftsschutzgebiete auszuweisen, wo weder Land- und Forstwirtschaft noch die Jagd zu Gunsten des Naturschutzes eingeschränkt werden.

4 Weinzierl und Grzimek werden initiativ

Hubert Weinzierl greift Nationalparkgedanken wieder auf

1966 wurde der Diplomforstwirt Hubert Weinzierl Naturschutzbeauftragter an der Regierung von Niederbayern. Zeitgleich wurde Weinzierl in das Präsidium des Deutschen Naturschutzringes an die Seite dessen Präsidenten Professor Dr. Bernhard Grzimek gewählt. Er stieß bei der Amtsübernahme in Landshut auf die umfangreichen Aktenvorgänge über den Nationalpark Böhmerwald und übernahm nun dessen Realisierung sozusagen als „Dienstaufgabe". Als entscheidender Initiator, Propagandist, Organisator und Regisseur entwickelte er sich zur unermüdlich treibenden Kraft, die von nun an das Geschehen bestimmte. Der erste Nationalpark im Bayerischen Wald wurde zu der Herausforderung, an der Hubert Weinzierl zu einer der tragenden Persönlichkeiten im deutschen Naturschutz der zweiten Hälfte des 20. Jahrhunderts reifte. Erstmals wurde die Bedeutung von Naturschutzverbänden als neuer Kraft im gesellschaftspolitischen Geschehen erkennbar. Professor Dr. Otto Kraus (1905–1984), Leiter der bayerischen Landesstelle für Naturschutz von 1945–1967 und Pionier des Schutzes bedrohter Landschaften in Bayern, bestärkte als Lehrer Weinzierls diesen in seinem Vorgehen.

Nationalpark statt Skizirkus

Unmittelbar ausgelöst wurde Weinzierls Vorstoß durch landesplanerische Überlegungen, im wirtschaftlich unterentwickelten hinteren Bayerischen Wald über den Fremdenverkehr zusätzliche Einnahmequellen zu erschließen. Besonders aussichtsreich erschien im schneesicheren Grenzgebirge der aufkommende Skitourismus. So sollte der Rachel mit einer Seilbahn und der Lusen mit einem Sessellift erschlossen werden. In Waldhäuser war ein Skizentrum geplant.

Der Naturschutzbeauftragte Weinzierl wollte dem Herzstück dieser Landschaft, den Bergmassiven Rachel und Lusen, ein Schicksal ersparen, das den Arber bereits zum Rummelplatz gemacht hatte. Er musste eine Attraktion bieten, die Besucher im Sommer und Winter anzog, ohne die Natur zu gefährden. Den Planern riet er: „Probiert es doch mit Tieren; Deutschland hat zwar 600 Landschaftsschutzgebiete, fast 900 Naturschutzgebiete und 33 Naturparks, aber nicht einen echten Nationalpark" (Weinzierl 1968).

Denkwürdige Sitzung bei Ministerpräsident Goppel am 15. Juli 1966

Auf Anregung einiger Abgeordneter bat der bayerische Ministerpräsident Dr. h.c. Alfons Goppel am 15. Juli 1966 das Präsidium des DNR mit den Professoren Bernhard Grzimek und Wolfgang Engelhardt sowie dem Dipl. Forstwissenschaftler Hubert Weinzierl, dazu als Vertreter des Bund Naturschutz dessen Geschäftsführer Luitpold Rueß und Oberregierungsdirektor Dr. Heigl von der Regierung von Niederbayern zu einem vertraulichen Gespräch. Die DNR-Vertreter überreichten eine Denkschrift, in der es hieß:

„Es ist ein echtes Anliegen, auch in unserem Lande einen Nationalpark nach dem großen Vorbild anderer Länder zu schaffen […]. Die Resignation, es sei zu spät für einen deutschen Nationalpark, ist nicht notwendig." Entlang der bayerisch-tschechischen Grenze gebe es prächtige Waldgebiete, Hochschachten, Filze mit unberührten Naturschutzgebieten, aus denen sich ein deutscher Nationalpark gestalten ließe. Als Wildarten, die erhalten oder auch wieder eingebürgert werden sollten, wurde eine Liste ausschließlich heimischer Arten aufgeführt, neben Rot- und Rehwild und Schwarzwild der Wisent, Elch, Biber, Luchs und in Gehegen der Braunbär. Die Denkschrift bezeichnete die Verwirklichung eines Nationalparks in Bayern als „eine staatsmännische Tat von großer Weitsicht."

Noch am selben Tag veröffentlichte die Staatskanzlei folgende Pressemitteilung: „Ministerpräsident Dr. h.c. Alfons Goppel erörterte heute Nachmittag in der Staatskanzlei mit dem Präsidenten des Deutschen Naturschutzringes e. V. Prof. Dr. Bernhard Grzimek den Plan, im Bayerischen Wald einen deutschen Nationalpark zu schaffen. Dieser Nationalpark, der ein starker Anziehungspunkt für viele Naturfreunde aus dem In-und Ausland wäre und den Fremdenverkehr wesentlich beleben würde, wäre die beste Einrichtung dieser Art in der Bundesrepublik. Deutschland, das in der Begründung und Entwicklung des Naturschutzes einst international führend war, besitzt zwar 33 Naturparks und zahlreiche Naturschutz- und Landschaftsschutzgebiete. Nationalparke, wie sie in USA, der Schweiz, Polen und Tschechoslowakei bestehen, sind bisher aber nicht vorhanden. Ministerpräsident Goppel sagte zu, die Möglichkeiten zur Errichtung eines Nationalparks in Bayern zu prüfen."

Professor Grzimek wirbt für deutschen Nationalpark
Diese Pressemeldung löste eine unvorstellbare Reaktion in den bundesdeutschen Medien aus. Drei Jahre lang prallten die unterschiedlichen Meinungen unversöhnlich in schonungsloser Härte aufeinander, gegenseitige Unterstellungen der abwegigsten Art lösten einander ab. In der Haugschen Dokumentation sind Beiträge der örtlichen und überregionalen Presse wiedergegeben – eine aufschlussreiche Lektüre (Haug 1983).

Besonders umstritten war die Rolle Professor Dr. Bernhard Grzimeks. Nach einem gemeinsamen Aufenthalt in den berühmten Nationalparks Ostafrikas konnte Weinzierl den Professor bei einem Begang im Bereich des Lusens von seiner bisherigen Meinung abbringen, es gäbe in Deutschland keine natürlichen Voraussetzungen mehr für einen Nationalpark. Grzimek wurde nun zum öffentlichkeitswirksamsten

Vertreter der deutschen Nationalparkbewegung. So begeisterte er etwa bei einer Großkundgebung im Juni 1967 in Freyung 700 Bayerwäldler für die Nationalparkidee.

Der Frankfurter Zoodirektor stand damals im Zenit seines Ruhmes. Grzimek war eine international anerkannte Institution in Fragen des Natur- und Tierschutzes. Vor allem galt er als die Kapazität in allen Nationalpark-Angelegenheiten. Seine regelmäßigen Tiersendungen im Fernsehen waren überaus populär. Der gemeinsam mit seinem Sohn Michael gefertigte Dokumentarfilm „Serengeti darf nicht sterben" wurde in Hollywood als erster deutscher Beitrag mit dem Academy Award, dem Oscar, ausgezeichnet. Seine Bücher wurden in viele Sprachen übersetzt und in großen Auflagen verbreitet. Überaus erfolgreiche Naturschutzaktivitäten vor allem in Afrika gingen auf seine Initiativen zurück. Als Präsident des Deutschen Naturschutzrings entwickelte er sich auch zur Leitfigur im deutschen Natur- und Umweltschutz. Die sozialliberale Koalition unter Bundeskanzler Willy Brandt ernannte Grzimek zum Bundesbeauftragten für den Natur- und Umweltschutz (1969–1973).

Ein Safaripark als Nationalpark für den Bayerischen Wald?
Als Grzimek sich publikumswirksam für einen deutschen Nationalpark einsetzte, war sein Name unmittelbar zuvor im Zusammenhang mit einem spektakulären Projekt in Hessen in aller Munde geraten. Aus diesem zufälligen Zusammentreffen ergaben sich erhebliche Missverständnisse und immer wieder neue Anknüpfungspunkte für abwegige Unterstellungen der Nationalparkgegner. Ministerpräsident Oswald hatte Grzimek gebeten, dem Land Hessen ein Gutachten für ein großes Freigelände mit exotischen Wildtieren in den Staatsforsten des Taunus zu erstellen. Die SPD-Regierung wollte minderbemittelten Bevölkerungskreisen im eigenen Land Wildtierbegegnungen ermöglichen, wie man sie aus den populären Fernsehsendungen von Bernhard Grzimek, Eugen Schuhmacher und Heinz Sielmann kannte. Da zur gleichen Zeit die hessische Landesforstverwaltung als erste betriebswirtschaftlich rote Zahlen schrieb, hatte man politisch wenig Bedenken, ein größeres Staatswaldgebiet zu einer Savanne aufzulichten und mit Herden afrikanischer Pflanzenfresser zu besetzen. Grzimek erstellte auftragsgemäß ein entsprechendes Gutachten, im Haushaltsplan war bereits ein Betrag von 12 Mio. DM vorgesehen. Nach heftigem Widerstand, vor allem des Taunusclubs und der Schutzgemeinschaft Deutscher Wald, wurde der Plan aufgegeben.

Grzimek schrieb darüber in seinen Lebenserinnerungen: „Die Gegner des Nationalparks Bayerischer Wald vermischten den Gedanken des ersten deutschen Nationalparks gern mit meinen früheren Plänen, eine ‚Tierfreiheit', einen großen eingezäunten Freigelände-Zoo in Hessen zu schaffen, wo auch fremdländische Tiere mit Winterbehausungen leben und von den Besuchern nur aus dazu geeigneten Fahrzeugen heraus besichtigt werden sollten. Sie behaupteten, wir würden im Bayerischen

Wald Giraffen und Elefanten laufen lassen und ein Stück echten deutschen Waldes verhunzen. Ein Nationalpark aber wird nicht eingezäunt, es ist ein Stück Landschaft, in dem nur einheimische Tiere und Pflanzen leben, die Tiere allerdings unbejagt, der Wald vollkommen sich selbst überlassen ohne Holzwirtschaft, also ein Stück echter Wildnis" (Grzimek 1974).

Trotz eindeutiger Aussagen Grzimeks wurde von den Gegnern eines Nationalparks immer wieder unterstellt, Grzimek wolle sein im Taunus gescheitertes Projekt eines Safariparks nach Bayern übertragen. In deren Gegenargumenten stand deshalb ganz obenan, der innere Bayerische Wald sei wegen der klimatischen Verhältnisse mit lang anhaltenden Wintern, extremen Schneehöhen und tiefen Temperaturen als Tierlebensraum ungeeignet. Da wurde ernsthaft erörtert, ob nicht bedauernswerte Wisentbullen an Harnverhaltung sterben müssten, wenn diesen in der hohen Schneedecke das Geschlechtsteil einfriere.

Die weiteren Befürchtungen galten den Wäldern. Wenn Herden Pflanzen fressender Großsäuger dort leben müssten, würde der Waldnachwuchs total verbissen und die jungen Bäume durch Rindenschälen zerstört werden. Dabei gingen die Nationalparkgegner davon aus, dass auch der Bestand der bereits vorhandenen Pflanzenfresser Rot- und Rehwild stark zum Schaden der Waldvegetation vermehrt werden müsste, sollten die Tiere für die Besucher eines Nationalparks sichtbar werden.

5 Der Dritte im Bunde: Landrat Karl Bayer

Landrat, Forstmann und Anwalt der „Waldler"

Unbeirrt von unqualifizierten Attacken der Gegner formierten sich unter der geschickten Regie Hubert Weinzierls die Befürworter. Entscheidend für den späteren Erfolg wurde das von Anfang an entschiedene Engagement der kommunalen und regionalen Politik über Parteigrenzen hinweg, das breite Akzeptanz dieses neuartigen Vorhabens in der örtlichen Bevölkerung sicherte. Bereits im August 1966 stimmten die betroffenen Landkreise und die Bezirksregierung von Niederbayern einmütig dem Nationalparkvorhaben zu. Regierungspräsident Johann Riederer war von Anfang an ein überzeugter Befürworter.

Mit dem Landrat von Grafenau Karl Bayer hatte die Nationalparkidee einen besonders durchsetzungsfähigen Mitstreiter gefunden. Der studierte Forstmann aus Unterfranken war zuvor als staatlicher Forstmeister im vorgesehenen Nationalparkgebiet tätig gewesen. Er war in Waldfragen fachlich bewandert und genoss als starke, bodenständige Persönlichkeit das uneingeschränkte Vertrauen der „Waldler". Sicher war die entscheidende Triebfeder für sein Engagement die politische Absicht, seinen Mitbürgern wirtschaftlich neue Perspektiven zu öffnen. Und doch ging es ihm auch darum, künftigen Generationen ein letztes Stück uriger Waldnatur in einem natürlichen Zustand zu erhalten.

Der Naturschutzstratege Hubert Weinzierl, der populäre Nationalparkexperte Bernhard Grzimek und der Pragmatiker Karl Bayer ergänzten sich ideal zur Führungsspitze der Nationalparkbewegung.

Unter der Federführung Karl Bayers kam es am 14. Februar 1967 zu einer gemeinsamen Sitzung der Kreistage von Grafenau, Wolfstein und Wegscheid in Anwesenheit zahlreicher Mitglieder von Landtag und Bundestag. Nach Referaten von Weinzierl und Grzimek beschloss man eine Forderung, den Nationalpark zu errichten und dessen Trägerschaft einem Zweckverband zu übertragen, an dem neben den Landkreisen das Land Bayern und der Bund beteiligt werden sollten. Am 20. Februar 1967 sprachen sich alle 22 niederbayerischen Landräte einstimmig für den Nationalpark aus. Am 3. Mai 1967 legte Karl Bayer eine umfassende „Nationalpark-Dokumentation" vor, später Grundlage eines Zweckverbandes, zu dessen Vorsitzenden er gewählt wurde.

Bereits am 8. September 1966 hatte Regierungspräsident Riederer zu einer großen Besprechung geladen, neben den Befürwortern eines Nationalparks auch die Staatsforstverwaltung, um deren Wälder es ging und die den Plan von vornherein mit aller Entschiedenheit ablehnte. Die Meinungen prallten unvereinbar aufeinander.

Nationalpark auf 75.000 ha erweitern?
Im Mai 1968 verhandelten die Bayerwald-Landräte von Grafenau, Wolfstein, Kötzting und Viechtach mit der Regierung von Niederbayern, ob man nicht den Nationalpark auf den gesamten Bereich des inzwischen großräumig ausgewiesenen Landschaftsschutzgebietes „Innerer Bayerischer Wald" mit nicht weniger als 75.000 ha ausweiten könne. Der Vorsitzende des Bayerwaldvereins Dr. V. Schmid, zugleich Vizepräsident der Regierung von Niederbayern, begrüßte diesen Vorschlag.

Auch Innenminister Dr. Bruno Merk als oberste Naturschutzinstanz schlug in einer Note an den Ministerpräsidenten vor, das Nationalpark-Projekt auf das gesamte großräumige Landschaftsschutzgebiet Innerer Bayerischer Wald auszudehnen, den Grenzgebirgskamm vom Osser über Arber, Falkenstein, Rachel und Lusen bis zum Dreisessel. Über die dort bereits bestehenden 19 Naturschutzgebiete mit 860 ha hinaus sollten in den Hochlagen weitere Schutzgebiete ausgewiesen werden, „in denen die forstwirtschaftlichen Eingriffe nur auf pflegerische Maßnahmen beschränkt werden und in denen die Bejagung des Wildes weitgehend eingeschränkt oder völlig verboten ist". Die Direktion der Naturwissenschaftlichen Sammlungen des Bayerischen Staates sollte hierfür einen Landschaftsplan erstellen.

6 Von Hirschen und anderen großen Tieren

„Aura des Irrationalen"
Die nachfolgende Einschätzung eines niedersächsischen Staatsforstmeisters leitete ein besonderes Kapitel der Nationalpark-Geschichte ein, ohne dessen ausführliche Darstellung der erbitterte Widerstand von Forstverwaltungen und Jägern gegen Großschutzgebiete weder im Bayerischen Wald noch anderswo zu verstehen ist:
„Der Rothirsch ist nicht nur das männliche Tier irgendeiner zoologischen Spezies. Das ist auch nicht irgendein jagdbares Wild. Der Rothirsch ist umrankt von Legende und Mythos. Ihn umgibt etwas Ungewöhnliches, etwas Geheimnisvolles, eine Aura des Irrationalen. […] Hier packt es die Jäger; hier liegt ihr großes Tabu, das sie selbst oft nicht erklären können. Hier sind sie verwundbar" (Dieckert 1982).

Die „hohe Jagd", in deren Mittelpunkt stets der Rothirsch stand, war früher als Standesvorrecht den Landesherren vorbehalten. Einst war es den jagdlichen Interessen fränkischer Herrscher zu verdanken, dass während der großen Rodungsperioden ein Drittel der ursprünglichen Wälder als Bannforste und königliche Jagdreservate erhalten blieb. Dazu Wilhelm Heinrich Riehl (1823–1897), der Begründer der wissenschaftlichen Volkskunde: „Ein eklatanteres aristokratisches Privilegium als das der Bannforste ist gar nicht denkbar, und doch hat es Deutschland diesem Privilegium zu danken, dass es noch so grün bei uns aussieht, daß unsere Berge nicht entwaldet sind wie die italienischen. […] Die alte Zeit hatte einen richtigen Instinkt von diesem aristokratischen Charakter des Waldes, indem sie denselben zum privilegierten Tummelplatz fürstlicher Jagdlust erkor und das Weidwerk adelte, obgleich es beim Licht einer philosophischen Studierlampe gesehen, doch eigentlich gar so etwas Nobles nicht ist …" (Riehl 1852).

Die adligen Jagdvorrechte gingen in der 1848er Revolution unter. In der Folgezeit wurde diese Geisteshaltung in erstaunlicher Weise wieder belebt. Es war in erster Linie der aus dem Stand adliger Berufsjägerei hervorgegangene deutsche Förster, der diesen geschichtlich überholten Jagdfeudalismus in bürgerliche Zeiten tradierte. Unter Reichsjägermeister Göring sollte es dann gelingen, das reaktionäre, neofeudalistische Ideengut einer Jagd nach Gutsherren- und Försterart auch in das Jagdgesetz zu übertragen, wo es bis heute nachwirkt (Bode/ Emmert 2000).

Wird das Rotwild den Nationalpark ruinieren?
(Hirschgeschichte Teil II)
Nach dem Treffen 1966 bei Regierungspräsident Riederer setzte sich Professor Grzimek als Wortführer der Nationalparkbefürworter in einem ausführlichen Schreiben an Ministerpräsident Goppel mit der ablehnenden Haltung der Forstverwaltung auseinander: „Bei der Diskussion, die während der letzten Wochen um dieses Projekt in der deutschen Öffentlichkeit geführt worden ist, sind im wesentlichen zustimmende,

ja begeisterte Stimmen laut geworden; Ablehnung und negative Kritik erfolgte meines Wissens nur von solcher Seite, bei der Missverständnisse über die tatsächliche Planung gegeben waren.

Es war von vorne herein klar, daß die Forstverwaltung eine negative Stellungnahme abgeben würde. So gut wie alle jene wundervollen Nationalparke, die heute alljährlich von Hunderttausenden besucht werden, konnten seinerzeit nur gegen den erbitterten Widerstand der betroffenen Forstverwaltungen errichtet werden, die sich gegen eine lokale Einschränkung ihres Machtbereiches wehrten.

Ich bin jedoch außerordentlich überrascht, wie sehr die von der Bayerischen Forstverwaltung gegen die Errichtung eines Nationalparks im Bayerischen Wald vorgebrachten Argumente an der tatsächlich vorgesehenen Planung vorbeigehen. [...] Im ganzen genommen sind die Argumente, welche die Staatsforstverwaltung gegen den Nationalpark vorbringt, offensichtlich darauf abgestellt, Nichtfachleute zu erschrecken." Grzimek setzte sich zunächst mit den Vorbehalten wegen der Ungunst des Klimas im bayerischen Wald auseinander, kam dann sehr ausführlich zur Frage der Wildbestände zu sprechen. „Die Forstverwaltung behauptet insbesondere, der mit einem Nationalpark verbundene hohe Wildbestand, insbesondere große Mengen von Rotwild, würden den Wald auf längere Sicht völlig vernichten. Schälschäden größten Ausmaßes, als Folge Borkenkäferkalamitäten, Vernichtung des Unterwuchses, kurz eine völlige Verwüstung des heute schönen Landschaftsbildes würden unausbleiblich folgen. Ich muß gerade bei diesem Punkt nochmals wiederholen, wie sehr betroffen ich von den völlig falschen Vorstellungen der Forstverwaltung bin."

Grzimek: Vorhandenes Rotwild mehr als ausreichend
Grzimek fuhr fort: „Offensichtlich werden hier Verhältnisse, wie sie in engen, eingegatterten Wildgehegen mit zu hohem Wildbestand herrschen, mit einem Nationalpark verwechselt, wie er jedem, auf diesem Gebiet erfahrenen Biophylaktiker vorschweben muß. Es kann selbstverständlich keineswegs die Absicht sein, das Rotwild zu überhegen und dadurch das Aufkommen des Waldes in Frage zu stellen. In einem Nationalpark haben nach der internationalen Begriffsbestimmung Tier- und Pflanzenwelt völlige Gleichberechtigung. Niemals darf ein so hoher Wildbestand gehalten werden, daß der Lebensraum der Tiere selbst oder gar das Landschaftsbild zerstört würden. Ich würde niemals vorschlagen, Rotwild in so großer Menge zu halten, daß dies zu befürchten ist. Die bereits vorhandenen Bestände sind mehr als ausreichend.

Der Herr Forstpräsident betonte immer wieder, wenn die Besucher überhaupt Rotwild sehen können sollten, müßten gewaltige Mengen dieses Wildes vorhanden sein. Diese Aussage widerspricht völlig den Erfahrungen, die wir allerorten in Nationalparken gemacht haben. Große Scheu der derzeitigen Wildbestände ist selbstverständlich die Folge der jahrhundertelangen Bejagung und der Menschenleere. Sobald Wild auch nur einige Jahre nicht bejagt wird und zusätzlich – was bei einem Nationalpark gegeben ist – an das Auftreten größerer Mengen von Menschen gewöhnt wird, wird es so vertraut, daß es sich am hellen Tage ohne Scheu auf offenen Weideflächen zeigt. Es ist also keineswegs notwendig, große Mengen von Tieren zu hegen. […] Es kann keineswegs Ziel eines Nationalparks sein, einseitig die Wildbestände in biologisch ungesunder Weise zu vermehren auf Kosten der Vegetation, also primär auch des Waldes. Es soll sich ja ein naturgemäßes Gleichgewicht einstellen, das einen Ausschnitt der deutschen Landschaft in einem Bild zeigt. Also ein Bild, das sich ergibt, wenn die Eingriffe des wirtschaftenden Menschen auf das unbedingt Notwendige verringert werden."

Diese grundlegenden Ausführungen Grzimeks als Wortführer der Nationalparkinitiatoren zur besonders strittigen Frage des Rotwildes lassen an Deutlichkeit nichts zu wünschen übrig. Und doch wurde von den Nationalparkgegnern, vor allem von der Staatsforstverwaltung, unbeirrt mit Hartnäckigkeit behauptet, die Nationalparkpläne würden zu Wildbeständen führen, die den Wald vernichten. Der Inhalt von Grzimeks Brief an den Ministerpräsidenten wurde nicht zur Kenntnis genommen oder schlichtweg abgestritten.

Elche im Bayerischen Wald?
Dieser Streit hatte die allgemeine Aufmerksamkeit auf die großen Tiere gelenkt. Trotz Grzimeks unzweideutigen Ausführungen entstand in der Bevölkerung eine Erwartungshaltung, auch ein Waldnationalpark würde reichlich Gelegenheiten zu Begegnungen mit Großtieren bieten, wie man es aus afrikanischen Savannen kannte. Gefördert wurden solche Illusionen auch durch eine Tierspendenaktion, zu der der Bund Naturschutz seine Mitglieder und die tierliebende Bevölkerung aufgerufen hatte. Unterstützt wurde diese populäre Aktion von den Medien, insbesondere von der Radiozeitschrift „Gong". Es wurden Patenschaften angeboten für Wildtiere, die entweder (wie Biber, Otter, Luchs und Uhu) im Nationalpark eingebürgert oder (wie der Braunbär) in Großgehegen gehalten werden sollten. Nach kurzer Zeit war das Geld für zehn Bären und eine weitere Bärenfamilie gespendet. (So spendete 1970 der neue und weiterhin für Naturschutz zuständige Bundeslandwirtschaftsminister Josef Ertl nach einer Führung durch den Nationalpark spontan einen Luchs für die Wiedereinbürgerung. Diese ist allerdings bis heute noch nicht genehmigt, und aus Böhmen zuwandernde Luchse werden heute noch illegal von Jägern abgeknallt, wie im November 2000 der weitere Fund eines mit Schrotschuss getöteten Tieres im Inneren Bayerischen Wald belegt).

Ungeklärt blieb die Frage, ob attraktive Großtiere wie Wisent und Elch für die freie Wildbahn oder, wie die Bären, für Gehege bestimmt waren. Als ein Elch in Niederbayerns Wäldern auftauchte, war dies Anlass zu wilden Spekulationen, ob dies nicht bereits auf erste illegale Aussetzaktionen von Nationalparkenthusiasten zurückzuführen sei.

7 Die Gegenkräfte und ihre Alternativen

Wald- und Jagdschützer vereint dagegen

Die bayerische Staatsforstverwaltung hatte von Anfang an jeden Plan für einen Nationalpark im Bayerischen Wald mit aller Entschiedenheit abgelehnt. Dabei war in den Überlegungen der Befürworter der Umstand, dass es sich bei den Wäldern des Grenzgebirgskammes praktisch ausschließlich um Staatseigentum handelte, ein Kernpunkt.

Am 31. August 1966 reagierte das Staatsministerium für Ernährung, Landwirtschaft und Forsten auf die Aufsehen erregende Besprechung beim Ministerpräsidenten mit einer umfangreichen Note an die Staatskanzlei, in der der Park abgelehnt wurde. Als wichtigste Vorbehalte wurden die später gebetsmühlenhaft wiederholten ungeeigneten Existenzbedingungen im schneereichen, rauen Grenzgebirge für Elch, Wisent, Biber und Wildschwein vorgetragen und bei einer zu erwartenden Überhege des Rotwildes unabsehbare Verwüstungen in den Wäldern sowie einschneidende Holznutzungsausfälle vorhergesagt.

Expertenmeinungen

Die Forstverwaltung hatte den Fragenkatalog der Regierung von Niederbayern zum Entwurf des Zweckverbandes vier „maßgeblichen" Wildbiologen vorgelegt: Dr. Heinz Brüll, bekannt vor allem als Greifvogelexperte, Dr. Peter Krott, der als Einziger zoologische Erfahrungen in europäischen Nationalparken gesammelt hatte, Professor Fritz Nüßlein, Inhaber des Lehrstuhls für Jagdwissenschaft in Göttingen, und Dr. Türcke, Leiter des Forstamts Saupark Springe.

Einig war man sich, dass die vorgesehenen 9.000 ha für einen Nationalpark zu klein seien. Krott sprach sich gegen Holznutzung und Jagd aus, auch gegen die Einbürgerungsversuche mit früher heimischen Tierarten. Nüßlein lehnte das Nationalparkprojekt am entschiedensten ab. „Ich meine, man sollte aufgreifen, daß das vorgesehene Gebiet ein Nationalpark, wie man ihn sich sonst vorstellt, nicht ist. [...] Ich meine, es ist auch für die deutsche Rolle innerhalb der Naturschutzbewegung nicht förderlich, wenn sich im Zuge eines Vokabelstreites etwas mit einem Begriff bezeichnet, unter dem man anderswo etwas anderes versteht." Zusammenfassend schlug Nüßlein vor: „Kann man das Gebiet nicht heißen ‚Deutscher Naturpark Bayerischer Wald?'" Ansonsten müsse es mit Forstwirtschaft und Jagd weitergehen wie gewohnt. Das Bedürfnis nach Tiererlebnis solle man durch Schaugatter befriedigen, in denen die vom Zweckverband zur Einbürgerung vorgesehenen Arten ebenso wie die bereits vorhandenen gehalten werden könnten.

Die Vorschläge des Wildparkexperten Türcke liefen daraus hinaus, das vorgesehene Gebiet als großes Gatterrevier einzurichten und dafür mindestens 20 %, besser noch 40 % des Waldes für Wildwiesen zu roden. Im Übrigen müsse man „eine klare

Entscheidung darüber treffen, welche Rolle das Wild und welche Rolle die Bäume zu spielen haben. Auf lange Sicht hin müsste jedenfalls die Forstwirtschaft nach den Tieren zurücktreten."

Forstverein organisiert Widerstand
Unterstützt wurde die Forstverwaltung an vorderster Front vom Bayerischen Forstverein. Argumente gegen den drohenden Verlust eines Herzstücks staatlicher Wälder an den ungeliebten Naturschutz sammelte man bei Exkursionen in den Schweizer Nationalpark. Der Vereinsvorsitzende Hermann von Unold, Referent an der Oberforstdirektion in Regensburg, engagierte sich leidenschaftlich und suchte den Schulterschluß mit dem bayerischen Jagdschutzverband. Er forderte: „Es gilt den Wald in allen seinen Besitzarten und -größen als köstlichstes Gut dieses Landstriches zu schützen und zu pflegen, nicht aber um schillernder Ideen willen ihn zu ruinieren." Im November 1967 wandte sich der Bayerische Forstverein an Bundespräsident Dr. Eugen Gerstenmaier. Man hoffte, der prominente Großwildjäger würde den Kampf gegen den Nationalpark unterstützen.

Der bayerische Jagdschutzverband hielt sich in der Öffentlichkeit noch zurück und überließ den Konflikt zunächst der Jagdpresse. Es häuften sich Beiträge von Jägern, die verhindern wollten, dass in Deutschland ein Schutzgebiet entstand, in dem die Jagd als Nutzungsform ausgeschlossen war.

Die Nationalparkfreunde schlugen mit drastischen Formulierungen zurück. Der Landrat und ehemalige Staatsforstmeister Karl Bayer hielt unmissverständlich fest: „Wir wollen diese letzte ursprüngliche Landschaft mit ihrem fast unberührten Waldbestand vor den staatlichen Forstmännern schützen. Was sie angerichtet haben, kann man in Brandenburg und im Nürnberger Reichswald sehen. Der Forst ist heute des bayerischen Staates teuerstes Kind. Es wäre das beste Geschäft für den Steuerzahler, wenn unser Naturschutzgebiet endlich von den Segnungen der Forstverwaltung verschont bliebe."

Verein Naturschutzparke gegen Nationalpark im Bayerischen Wald
Zu den Gegnern des Nationalparkprojektes zählte der Verein Naturschutzparke e.V., der Konkurrenz für seine bundesweit eingerichteten Naturparke befürchtete (auch im Bayerischen Wald entstand in diesen Jahren unter tatkräftiger Mithilfe der Staatsforstverwaltung ein Naturpark). Dr. h.c. Alfred Toepfer, der verdienstvolle Vorsitzende dieser ursprünglich für die Schaffung großer Naturschutzgebiete gegründeten Organisation, schrieb in einer Stellungnahme: „Der Deutsche liebt im allgemeinen den gepflegten Wald. Für Nationalparke nach dem Vorbild menschenleerer überseeischer Kontinente oder des Ostens ist der Raum der BRD vielleicht doch zu klein […]. Nach unserer Ansicht dürfte der deutschen Landschaft mit der Errichtung von Naturparken unendlich viel mehr gedient sein als mit einem Vorhaben der vorgesehe-

nen Art, dessen Verwirklichung nach den Plänen seiner Urheber bei näherer Betrachtung als sehr fragwürdig bezeichnet werden muß." Toepfer empfahl, früheren Plänen seines Vereines folgend, mit der Nationalparkidee auf das Alpengebiet auszuweichen. Bei seiner Hauptversammlung am 10. Mai 1968 in Osnabrück wandte sich der Verein Naturschutzparke erneut gegen einen Nationalpark im Bayerischen Wald und schlug einen „Europa-Park" im Watzmanngebiet der Alpen vor.

Toepfer war zwar persönlich der Nationalparkidee durchaus aufgeschlossen, er stand aber unter dem Einfluss forstlicher Berater. Insbesondere Oberlandforstmeister Dr. Herbert Offner, Naturschutzreferent im Bundeslandwirtschaftsministerium, später Gründer der Föderation Natur- und Nationalparke, lehnte als Vertreter der Forst- und Jagdinteressen Nationalparke in Deutschland mit Entschiedenheit ab und förderte nach Kräften die Naturparksache. Am 8. April 1968 schrieb er an Weinzierl, im Bayerischen Wald könne keines der international gebräuchlichen Kriterien eines Nationalparks erfüllt werden. „Was geschaffen werden kann, ist meines Erachtens nichts anderes als ein Naturpark. […] wobei im Bayerischen Wald Fremdenbetten in Bauernhäusern, gute Gaststätten und Fremdenpensionen in den Ortschaften wichtiger wären als Wildgehege."

Nicht nur der Verein Naturschutzparke war gegen einen Nationalpark im Bayerwald. Der Deutsche Naturschutzring versuchte unter dem Einfluss der Nutzerorganisationen die Entwicklung des Nationalparks zu behindern. Bei einer Sitzung am 25. November 1967 beschloss das Präsidium gegen die Stimmen Grzimeks und Weinzierls, sich für das Projekt „Nationalpark Bayerischer Wald" als nicht zuständig zu erklären und sich künftig jeder Diskussion dazu zu enthalten. Auch die Deutschen Gebirgs- und Wandervereine lehnten das Projekt ab.

8   Befürworter gründen Zweckverband

„Zweckverband zur Förderung des Projektes eines Nationalparks"
Bereits im Februar 1967 hatte die Regierung von Niederbayern die Gründung eines „Zweckverbandes" angeregt. Im Mai legte Landrat Karl Bayer eine „Nationalpark-Dokumentation" vor und entwarf gleichzeitig die Satzung für einen Zweckverband mit Fachbeirat.

Am 6. Juli 1967 wurde der Nationalpark-Zweckverband offiziell gegründet. Mitglieder waren die Landkreise Grafenau, Wolfstein und Wegscheid, die Kreisstädte Grafenau und Freyung, sechs an den geplanten Nationalpark angrenzende Gemeinden, der Bund Naturschutz in Bayern und Grzimeks altehrwürdige Zoologische Gesellschaft Frankfurt. Mit einem Flugblatt wandte man sich an die Bevölkerung und bat um Unterstützung.

Im Oktober wurde ein Konzept für den Nationalpark erarbeitet, der nunmehr weit über das ursprünglich vorgesehene Gebiet um den Lusen mit bescheidenen 4.000 ha hinüber bis zum Rachel auf 9.000 bis 11.000 ha erweitert werden sollte. Man einigte sich auf eine Liste der für den Park vorgesehenen größeren Tierarten, um den immer wieder verbreiteten Spekulationen über Herden exotischer Tiere den Boden zu entziehen. Die Artenliste benannte Wisent und Elch, Rotwild, Schwarzwild, Rehe, Gämsen und Murmeltiere, Biber und Luchs, Dachs, Marder und Otter, Auer-, Birk- und Haselwild, Uhu und Wanderfalke neben den vorhandenen Eulen- und Greifvogelarten. Auch die Kosten für Einrichtung und laufenden Unterhalt des Parks wurden kalkuliert.

Zweckverband beantragt Nationalpark beim Landtag
Am 13. Dezember 1967 stellte der Zweckverband einen Antrag an den Bayerischen Landtag: Der bayerische Staat möge im Gebiet um Rachel und Lusen einen mindestens 9.000 ha großen Nationalpark ausweisen. Eine eigene Nationalparkverwaltung sollte der Verwaltung der staatlichen naturwissenschaftlichen Sammlungen im Bayerischen Kultusministerium unterstellt werden. Dieser Vorschlag war ein Versuch, die Zuständigkeit für den Nationalpark dem soeben zum Generaldirektor dieser Staatssammlungen ernannten Professor Dr. Wolfgang Engelhardt zu übertragen. Neben Weinzierl war Engelhardt einer der Vorkämpfer der Nationalparksache seit der ersten Stunde. Ab 1969 löste er Grzimek als Präsident im Deutschen Naturschutzring ab und übte diese Funktion bis 2000 aus.

Der Antrag des Zweckverbands sah weiter vor: Der Nationalpark solle der Erholung, der Volksbildung sowie der Förderung von Wissenschaft und Forschung dienen, bodenständige Tiere und Pflanzen beherbergen und im Besonderen der Erhaltung natürlicher Landschaften dienen. Zum Schutz gefährdeter Waldflächen und landwirtschaftlicher Nutzflächen sollten Abweiszäune errichtet werden. Die notwendigen Holznutzungen und die Maßnahmen der Waldpflege hätten den besonderen Zwecken des Nationalparks zu dienen. Im Übrigen wurde die gutachtliche Stellungnahme des Zweckverband-Beirats vom 5.12.1967 dem Projekt zugrunde gelegt.

9   Entwicklungen auf politischer Ebene

Der politische Reifungsprozess
Bereits am 22. Juni 1967 hatten zwei niederbayerische Abgeordnete der NPD dem bayerischen Landtag einen Antrag ihrer Fraktion vorgelegt, die Staatsregierung zu ersuchen, der Errichtung eines Nationalparks im Bayerischen Wald zuzustimmen. In den Staatswäldern um den Lusen solle ein Nationalpark als Kernstück eines großflächigen Landschaftsschutz- und Erholungsgebietes in die Landesplanung und die Raumordnungspläne „Mittlerer und Unterer Bayerischer Wald" aufgenommen werden.

Am 17. Januar 1968 legten dann niederbayerische Abgeordnete der CSU und der SPD ähnlich lautende Anträge dem Landtag vor. Beide forderten zusätzlich, den

Bund für eine finanzielle Beteiligung zu gewinnen. Daraufhin beriet der Landwirtschaftsausschuss stundenlang, kam jedoch zu keinem Ergebnis. Die CSU-Fraktion des Landtags hatte zwar die Idee eines Nationalparks schon im Oktober 1967 einhellig unterstützt, allerdings mit der Einschränkung, dass die Holznutzung des Waldgebietes unter keinen Umständen ausgeschaltet werden dürfe.

Ein bedeutender Schritt war der Beschluss des Bezirkstags von Niederbayern am 27. November 1967, nach 15-jährigem zähem Ringen im Inneren Bayerischen Wald ein großräumiges Landschaftsschutzgebiet auszuweisen. Die Nationalparkbefürworter konnten jetzt argumentieren, dass ihr Plan diesem 75.000 ha großen Schutzgebiet zu einem besonders wertvollen Kern- und Glanzstück verhelfen würde.

Am 5. März 1968 äußerte sich Landwirtschaftsminister Dr. Alois Hundhammer bei der Beratung des Forstetats vor dem Landtag: „Das Landwirtschaftsministerium und die Staatsforstverwaltung hätte recht behalten mit der Auffassung, daß man keinen Nationalpark nach ausländischen Vorbildern schaffen könne" (Weinzierl et al 1972). Dazu eigne sich der Bayerische Wald nicht. Man könne höchstens Wildgehege für einheimische Tierarten einrichten. Die Landwirtschaft müsse vor Schaden bewahrt bleiben, deshalb dürfe es auf keinen Fall „Besatz etwa mit Wölfen und Auerochsen" geben.

Im Mai 1968 empfing Hundhammer eine zwölfköpfige CSU-Delegation aus den Kreisverbänden Grafenau und Wolfstein. Als Ergebnis einigte man sich, dass das seit dem 2. Februar vorliegende Gutachten von Professor Wolfgang Haber und die daraus gezogenen Schlussfolgerungen des Deutschen Rates für Landespflege Grundlage für das weitere Vorgehen und der Zweckverband Gesprächspartner des Ministers sein solle. Offen blieb die Bezeichnung für dieses Schutzgebiet. Hundhammer wollte einem Beschluss des Landtags nicht vorgreifen, persönlich habe er keine grundsätzlichen Bedenken gegen die Bezeichnung „Nationalpark Bayerischer Wald".

Das „Haber-Gutachten"
In diesem Ergebnis sahen die Nationalpark-Anhänger ein hoffnungsvolles Zeichen. Der Zweckverband hatte das im Auftrag des Deutschen Rates für Landespflege (1962 von Bundespräsident Heinrich Lübke erstmals berufen) erstellte „Haber-Gutachten" erfreut aufgenommen und den Weihenstephaner Landschaftsplaner Professor Wolfgang Haber um Mithilfe bei der Realisierung seines Planes gebeten.

Das Gutachten hatte einige wesentliche Forderungen des Zweckverbandes berücksichtigt, eine Mindestgröße von 9.000 ha festgeschrieben, den Park zum Vollnaturschutzgebiet erklärt und die Holznutzung den Erfordernissen des Nationalparks untergeordnet. Darüber hinaus sei der Park durch eine Selbstverwaltungskörperschaft zu verwalten.

Nachdem sich der Zweckverband zu Beginn des Jahres 1969 erneut an den Landtag gewendet hatte, stimmte im Februar erst der Landwirtschaftsausschuss und dann der Grenzlandausschuss einstimmig für einen Nationalpark. Das Eis brach, und so verweigerte sich im Mai auch der Wirtschaftsausschuss nicht mehr. Der Staatssekretär im Wirtschaftsministerium Sackmann hatte eine Finanzierung des Nationalparks hartnäckig abgelehnt.

10 Fürsorge um Wald oder doch nur Jagdinteressen?

Warum Förster keine Nationalparke wollen – Forstliche Reaktion und ihre Gegenkonzepte

Die von Anfang an strikt ablehnende Haltung der Staatsforstverwaltung verstärkte sich nach der Gründung des Zweckverbandes und mit dessen zielstrebigen Aktivitäten. Am 21. Dezember 1967 nahm die Ministerialforstabteilung Stellung zu dem Zweckverbandsantrag an den Bayerischen Landtag. Wieder standen die großen Pflanzen fressenden Tiere und die zu befürchtenden Folgen für den Wald im Mittelpunkt der Argumentation: „Mit den Vorstellungen des Zweckverbandes über die Wilddichte bei Rehwild (vier bis sechs Stück je 100 Hektar) und Rotwild (drei Stück je 100 Hektar) besteht keine Übereinstimmung. Vom forstwirtschaftlichen Standpunkt und wegen der klimatischen Verhältnisse kann der derzeitige Bestand an Rehwild von zwei Stück und der Rotwildbestand von 1,5 Stück je 100 Hektar nicht angehoben werden." In den angrenzenden Privatwäldern wären bei winterlicher Abwanderung des Rotwildes (trotz der vorgesehenen Abwehrzäune) Schäden in einem „katastrophalen Ausmaß" zu erwarten. „Auch für die Waldungen des Nationalparkgebietes wäre dieser Wildbestand untragbar (Verbiss- und Schälschaden)."

Eine Provokation der besonderen Art musste der Vorschlag des Zweckverbandes sein, die Nationalparkverwaltung dem Kultusministerium zu unterstellen. Für die Ministerialforstverwaltung konnte, da das Nationalparkgebiet im Eigentum des Staates stand, „sowie aus Gründen der Verwaltungsvereinfachung und Kostenersparnis nur eine Übertragung der Verwaltung und des Betriebes auf die Staatsforstverwaltung in Frage kommen." Diese verquere Logik, dass man zwar einen Nationalpark keinesfalls wollte, diesen dann jedoch in alleiniger Zuständigkeit zu verwalten gedachte, sollte den Werdegang des ersten Nationalparks über weite Strecken seiner Geschichte belasten.

Insgesamt war die Ministerialforstabteilung überzeugt, dass die Konzeption des Zweckverbandes nicht zu realisieren sei. Man unterbreitete eigene Vorschläge:
1. Ausweisung eines großräumigen Landschaftsschutzgebietes, zugleich Naturpark oder Nationalpark, zum Schutz der Landschaft mit ihrer Tier- und Pflanzenwelt.
2. Hebung des Fremdenverkehrs durch die Einrichtung zeitgemäßer preiswerter Unterkünfte. Bewahrung des Bayerischen Waldes vor „Verrummelung".
3. Maßnahmen zur Förderung des Waldwanderns (Verdichten des Wanderwegenetzes, Anlage weiterer Parkplätze, Anlage von Waldlehrpfaden, Errichten von Wet-

terschutzhütten, gezielte waldbauliche Maßnahmen zur Erhöhung des Erholungswertes des Waldes, Offenhalten waldfreier Flächen).
4. Anlage von Wildschaugattern (je 5 bis 10 ha).

Immer noch glaubte die forstliche Führung, sie könne mit diesem Angebot, das inzwischen geradezu Standard für Naturparke war, die Nationalparkinitiative ins Leere laufen lassen. Man war fest überzeugt, in hergebrachter Weise weiter Holz nutzen und Hirsche jagen zu können.

„Vollnaturschutzgebiet mit Reservatscharakter" statt „Nationalpark"?
Als Hubert Weinzierl in einem „Vermittlungsvorschlag" den strittigen Begriff „Nationalpark" durch „Vollnaturschutzgebiet mit Reservatscharakter" ersetzte, sah die Ministerialforstabteilung in einer Stellungnahme vom 15. Mai 1968 keine Veranlassung, von ihrer Position abzurücken, auch als Weinzierl ihn nachträglich präzisierte. Er verstehe darunter ein Naturschutzgebiet im Sinne des Reichsnaturschutzgesetzes, jedoch mit vier Hauptkriterien:
1. die forstliche Bewirtschaftung müsse dem Naturschutz dienen (Pflege geht vor Nutzen),
2. die Jagd dürfe nur als regulierender Hegeabschuss betrieben werden,
3. bei der Einrichtung des Parks solle man sich an das „Haber-Gutachten" halten,
4. die Verwaltung müsse in einer Landesverordnung festgelegt sein. Wer sie letztlich durchführe, sei zweitrangig.

Zwar hatten damit die Nationalparkanhänger ihre bisherige für die Forstverwaltung besonders provozierende Forderung auf ressortmäßige Ausgliederung in diesem neuen Forderungskatalog abgemildert. Doch die Vorstellungen zu Holznutzung und Jagd trafen das forstliche Selbstverständnis im Mark. Der Forst würde daher alles versuchen, in den beruflichen Kernbereichen hergebrachter Holznutzung und Jagd keinerlei Zugeständnisse zu machen.

Naturschutz traditionell kein Ziel deutscher Forstwirtschaft
Verständnis für Naturschutz im Wald war kein Kennzeichen im Berufsbild deutscher Forstleute. Zwar gab es von Anbeginn moderner Forstwirtschaft und Forstwissenschaft immer wieder einzelne Stimmen, die einen vermehrten Schutz der Waldnatur befürworteten. Die Liste der Vordenker enthält Namen angesehener Vertreter der Forstzunft; es sei an das bereits genannte Beispiel des Geheimrats Dr. Karl Rebel erinnert oder an so herausragende Persönlichkeiten wie die Klassiker Gottlieb K. König (1849), Heinrich Burckhardt (1855), oder Heinrich von Salisch (1885), den wichtigsten Vertreter der Forstästhetik, und Arnold von Vietinghoff-Riesch (1940), der ab 1953 an der Forstfakultät in Göttingen einen Lehrstuhl übernahm, der erstmals auch den Naturschutz einbezog. Doch war deren Einfluss insgesamt gering.

Das lange Zeit vorherrschende Verständnis gibt die Definition des Begriffes „Wald" im bekannten Forst- und Jagdlexikon des langjährigen Direktors der bayerischen Forstlehranstalt Aschaffenburg, Hermann von Fürst (1837–1917), wieder: „Eine größere, mit wildwachsenden Holzarten bestockte und den Zwecken der Holzzucht gewidmete Fläche nennen wir Wald" (Fürst 1904). Stichworte wie „Urwald" oder „Nationalpark" fehlen ebenso wie der bereits 1888 von Ernst Rudorff geprägte Begriff „Naturschutz".

Geregelte Forstwirtschaft war einst aus Furcht vor drohender Holznot entstanden. Im Mittelpunkt der Bemühungen stand seit jeher die Holzzucht, die Absicht, möglichst viel Holz zu produzieren und dieses tunlichst nachhaltig zu nutzen. Bemühte man sich im Waldbau um mehr Naturnähe, dann stets in der Absicht, Holzproduktion gegen Naturgewalten sicherer und durch Nutzen der kostenlosen Naturkräfte rentabler zu machen. Die Waldnatur in ihrer natürlichen Vielfalt zu erhalten, Biodiversität zu sichern, wie man heute fordert, hatte keinen Stellenwert im Försterwald, im praktischen Berufsgeschehen so wenig wie in Forschung und Lehre.

Die bayerische Staatsforstverwaltung stellte sich 1963 erstmals in einer großzügig farblich bebilderten Broschüre öffentlich dar und beschrieb ihre Naturschutzaufgaben so: „Die Sicherung des Waldes als Naturobjekt zur Wahrung seiner landeskulturellen Funktionen braucht nicht allein durch naturschutzgesetzliche Maßnahmen erreicht zu werden. Die Forstwirtschaft selbst kann in ihrer waldbaulichen und sonstigen Betriebsführung den Wald so bewirtschaften, daß gleichzeitig den Forderungen der Landschaftspflege und ästhetischen Waldgestaltung Rechnung getragen wird. So lassen sich zwanglos die Eingriffe in den Wald gestalten, daß sie das Landschaftsbild nicht stören und den Wünschen der erholungssuchenden Bevölkerung entgegenkommen. Mit der Vermeidung von großen Kahlflächen, der Erhaltung von Aussichtspunkten, der Errichtung von Sitzgelegenheiten läßt sich bei einiger Einfühlungsgabe mit bescheidenen Mitteln viel erreichen" (Bayerisches Staatsministerium für Ernährung, Landwirtschaft und Forsten 1963).

Die Förster und der jagdliche Neofeudalismus
Wo das Interesse deutscher Förster am Wald über die Holzzucht hinausging, war dieses überwiegend durch die Jagd besetzt. Forstleute spielten im vorigen Jahrhundert die tragende Rolle, als aus Überresten der untergegangenen Feudaljagd in reaktionärer Weise eine typisch deutsche, durch die Begriffe Waidgerechtigkeit und Hege geprägte neofeudalistische Form der Jagd sich entwickelte. Die nach der 1848er Revolution entstandene bäuerlich-bürgerliche Jägerei wurde diskreditiert, und schließlich erhob Görings Reichsjagdgesetz das Jagen nach Gutsherren- und Försterart zur verbindlichen Norm. Das heute gültige Bundesjagdgesetz hat wesentliche Inhalte des Reichsjagdgesetzes unverändert übernommen (Syrer 1987).

Wie anderen Jägern waren auch Förstern Waldtiere dann interessant, so man sie als Lustobjekte der Jagd hegen und erlegen konnte. Dabei hatte man im Laufe der letzten 200 Jahre einige wenige „Nutzwildarten" wie Hirsch, Reh oder Gams einseitig gehegt, bis diese als Waldverderber zu einem der drückendsten forstlichen Berufsprobleme wurden. Gleichzeitig wurden „Schädlinge" wie Großraubtiere oder große Greifvögel, Uhu und Kolkrabe bis zu deren Ausrottung bekämpft. Als eigentliche „Waldschädlinge" betrachtet wurden insbesondere einige zur Massenvermehrung neigende Insektenarten, auch Mäuse, deren Feinde wiederum wurden als „Nützlinge" umhegt (mit besonderer Vorliebe „Arbeitsvögel" wie Meisen und Schnäpper, Fledermäuse oder die Kleine Rote Waldameise). Dieses schlichte Waldweltbild beherrschte lange Zeit das forstliche Verständnis von „Naturschutz" im Wald.

Kein Platz für Nationalparke im forstpolitischen Lehrgebäude

Der renommierte Münchner Forstpolitikprofessor Dr. Viktor Dieterich (1879–1971), dessen heute noch gültige Waldfunktionenlehre die lange vorherrschende Bodenreinertragslehre ablöste, vertrat die Meinung, dass die Forstpolitik „Trägerin des Naturschutzgedankens im Wald" sei. Wenn sich auch zu kurzfristigen Belangen der Holzversorgung Gegensätze ergeben könnten, so bestünde doch „weitgehender Übereinklang [...] zwischen langfristigen Zielen nachhaltiger Forstwirtschaft, den Wohlfahrtswirkungen und den Interessen des Heimat- und Naturschutzes, der Landespflege." Im Sinne der „Kielwassertheorie" wurde als selbstverständlich angenommen, dass die Gemeinwohlfunktionen in der Regel zwangsläufig im Gefolge ordnungsgemäßer Forstwirtschaft mit erledigt werden.

Für Wälder, die wie Nationalparke anderen Zielen dienen könnten, war in dieser Vorstellungswelt kein Raum. „Andererseits verbietet die Rücksichtnahme auf vordringliche Wirtschaftsbelange, daß sich der Forstwirt nicht in Träumereien über die Schönheit uralter Baumbestände verliert, vielmehr um den Einklang der verschiedenen Funktionen sich bemüht. Daher ist zu prüfen, inwieweit auch der planmäßig gepflegte ‚Forst' landschaftlichen und volksgesundheitlichen Interessen entsprechen kann, ja vielleicht besser gerecht wird als urwüchsige, vollends als ungepflegte, nur ausgenutzte Wälder" (Dieterich 1953). Aus Erfahrungen im „Dritten Reich" heraus hatte Dieterich, der stets die verheerenden Folgen jagdlicher Wildhege schonungslos anprangerte, auch weitere Vorbehalte gegen Großschutzgebiete: „Manche Naturschutzgebiete werden als Wildreservate oder Jagd-Schutzbereiche verwendet. Da wird die Bewegungsfreiheit des Wanderers meist stark beschnitten, ja der Zutritt zeitweise untersagt, der Wald selbst aber schweren Wildschäden ausgeliefert. Anders ausgedrückt: Wesentliche Funktionen des Waldes werden mehr oder weniger ausgeschaltet zugunsten der Interessen einiger Jagdherren, Jagdpächter und Jagdgäste."

Dieterich präzisierte weiter: „Da es im allgemeinen nicht möglich ist, urwüchsigen Waldzustand wieder herzustellen, oder, wo er noch vorhanden sein sollte, auf großer Fläche beizubehalten, muß sich die forstliche Kunst ‚naturnah' um die Sicherung des Einklangs wirtschaftlicher und landschaftlicher Belange annehmen, auch beim Waldwegebau und anderen Betriebsanlagen." Nach seinem Verständnis ließen sich „schöne" Waldbilder und Landschaften nur erhalten durch „stetige Eingriffe der Waldpflege, um Waldbeschädigungen und Epidemien oder Versumpfung zu vermeiden." Nur ausnahmsweise konnte sich Dieterich für Zwecke der Forschung Waldschutzgebiete ohne landschaftspflegerische Eingriffe vorstellen: „Deutschland kann es sich nicht gestatten, ganze Waldgebiete aus der regelmäßigen Nutzung auszuschließen" (Dieterich 1953).

Im forstpolitischen Lehrgebäude dieses bedeutenden Vordenkers war ein Nationalpark in Deutschland nicht vorgesehen. So war nicht verwunderlich, dass es einer staatlichen Forstverwaltung unzumutbar erschien, auch nur auf 1 % der von ihr verwalteten Waldfläche auf ihre tradierten Aufgaben und Vorrechte zu verzichten.

Widerstand aus Bonn

Am 28. März 1969 bemängelte der Bundeslandwirtschaftsminister Hermann Höcherl in einer Fragestunde des Bundestags, der geplante Nationalpark im Bayerischen Wald entspreche nicht den von der IUCN (International Union for Conservation of Nature and Natural Resources) festgelegten internationalen Richtlinien. Er hielt „einen Nationalpark mit dem Charakter eines Totalreservats mit einem vollständigen Jagdverbot und einer Einschränkung der land- und forstwirtschaftlichen Nutzung im Bayerischen Wald für schwerlich durchführbar."

Höcherl war nicht grundsätzlich gegen einen Nationalpark, zum Beispiel in den Alpen. Sein Widerstand gegen einen Nationalpark im Hinteren Bayerwald erklärt sich auch aus seinen persönlichen politischen Interessen. Er stammte aus dem Landkreis Cham im Vorderen Bayerischen Wald und er wollte seiner Heimatregion mit einem Sonderprogramm helfen. Der Bayerische Wald, nicht nur der Bereich entlang der böhmischen Grenze, war schon immer ein wirtschaftliches Problemgebiet, traditionell mit der bundesweit größten Arbeitslosigkeit und dem niedrigsten Pro-Kopf-Einkommen. Landesplaner und Strukturpolitiker waren sich einig, dass der Tourismus als neue Einkommensquelle entwickelt werden müsse. So plante das Ministerium Höcherls 1968 im Bayerischen Wald, in Teilgebieten der Landkreise Cham, Grafenau und Wolfstein, das Modell eines Erholungszentrums für ein landwirtschaftliches Problemgebiet. Die Nationalparkpropaganda durchkreuzte diese Absichten. Auch war der Jungjäger Höcherl wohl den Einflüsterungen der Nationalparkgegner unter seinen forstlichen und jagdlichen Mitarbeitern ausgesetzt. In einer ausführlichen Stellungnahme hatte sein Naturschutzreferent Oberlandforstmeister Dr. Offner am 23. Januar 1969 erklärt, „die Errichtung von Nationalparken sei in Deutschland undurchführbar", und er regte deshalb an, „Naturparke zu schaffen und zu entwickeln".

11 Der Wendepunkt: Personalwechsel im Landwirtschaftsministerium

Dr. Hans Eisenmann wird Landwirtschaftsminister

Kurz zuvor, am 11. Mai 1969, war Alois Hundhammer als bayerischer Landwirtschaftsminister von dem jungen Dr. Hans Eisenmann abgelöst worden, bisher Vorsitzender des Ausschusses für Staatshaushalt und Finanzfragen. Damit nahm die Entwicklung eine entscheidende Wendung. Eisenmann befürwortete vom ersten Tag an entschieden einen Nationalpark im Bayerischen Wald, der auch internationalen Maßstäben standhalten sollte.

Zwar war sein als erzkonservativ geltender Vorgänger der Nationalparkidee und deren Vertretern durchaus aufgeschlossen, auch wenn er im Landtag immer nur vom „Plan des Frankfurter Zoodirektors" sprach. Grzimek überlieferte amüsiert seine Erinnerungen an ein mehrstündiges vertrauliches Gespräch am 23. Mai 1967, bei dem er den streng gläubigen ehemaligen Kultusminister Hundhammer mit seinen detaillierten Kenntnissen zur Lehre der katholischen Kirche verblüffte. Grzimek reizte den Minister mit der Unterstellung: „Natürlich können Sie als politischer Minister niemals etwas gegen den Willen einer so verdienten und so eingefahrenen Sonderverwaltung wie der bayerischen Forstverwaltung erreichen. […] Als Nicht-Forstmann werden Sie gar nicht wagen, die Verantwortung zu tragen. […] Wenn die bayerische Forstverwaltung ein Stück Wald an eine andere bayerische Verwaltung abgeben soll, so bedeutet das für sie dasselbe wie für die Niederlande, drei Landkreise an Preußen abzugeben. Da wird mit allen Mitteln gekämpft." Grzimek, auch als Verwaltungsbeamter erfahren, sollte Recht behalten. Hundhammer konnte sich über die starr ablehnende Haltung seiner forstlichen Fachbehörde nicht hinwegsetzen (Grzimek 1974).

Als versöhnliche Geste spendete Hundhammer nach seiner Abdankung dem Bund Naturschutz im Rahmen der Tieraktion ein Wildschwein für den Nationalpark.

Eisenmann hatte früh den säkularen Wandel der Waldfunktionen erkannt, den Forstpolitikprofessor Karl Hasel im Herbst 1968 bei einer Großveranstaltung des Deutschen Forstvereins in Nürnberg in einer richtungweisenden Rede formuliert hatte. „Die landespflegerischen Leistungen des Waldes zur Sicherung und Pflege der natürlichen Lebensgrundlagen, seine Bedeutung für Klima, Wasserhaushalt und Wasserversorgung, für Bodenerhaltung und Bodenfruchtbarkeit und seine Eignung als Erholungsstätte der Bevölkerung, die früher als selbstverständliche Nebenwirkung einer geordneten Waldbewirtschaftung galten, gewinnen in der Industriegesellschaft zunehmend an Wert. Neben den Holzproduktionsbetrieb tritt, aufs engste mit diesem verbunden, der Dienstleistungsbetrieb. Beide zusammen bilden den Forstbetrieb moderner Prägung" (Hasel 1968).

Historischer Paradigmenwechsel:
Vom Wald des Königs und Forst des Staates zum Wald des Volkes

Landtagspräsident Rudolf Hanauer sollte diesen Wandel in Bezug auf die Staatswälder später bei der Einweihung des ersten Nationalparks so erklären: „Einst Wald des Königs, vornehmlich der Jagd dienend, dann Wald des Staates, vornehmlich um des Holzgewinnes beziehungsweise des Staatshaushaltes willen, und jetzt Wald des Volkes. Auch der Wald des Volkes muß forstlich bewirtschaftet werden, aber diese forstliche Bewirtschaftung ist eher eine forstliche Betreuung. Sie ist ausschließlich dem Gedeihen und den Zwecken der Gesellschaft gewidmet, das heißt der Erholung von Körper und Seele, der Forschung und dem Schutz des Wildes. Also ein Reservat für Mensch und Tier."

Diesem Paradigmenwechsel gemäß wollte Eisenmann die nun seit vier Jahren dauernde Auseinandersetzung um den Nationalpark zielstrebig zu einem guten Ende bringen.

In den Jahren danach wurde er zum Wegbereiter einer zeitgemäßen Forstpolitik. Gemeinsam mit dem ihm freundschaftlich verbundenen Landtagspräsidenten, der zugleich Vorsitzender der Schutzgemeinschaft Deutscher Wald in Bayern war, initiierte er einen Waldfunktionsplan für Bayern und setzte 1975 mit einem ersten „Wald"-Gesetz einen Meilenstein in der deutschen Forstgesetzgebung.

Ein Nationalpark des Freistaates Bayern

Vorab einigte sich Eisenmann am 9. Mai 1969 mit Bundeslandwirtschaftsminister Hermann Höcherl über den Nationalpark. Am selben Tag legte Weinzierl bereits Staatsminister Eisenmann den Entwurf einer Landesverordnung für den Nationalpark vor. Am 22. Mai 1969 wurde im Ausschuss für Staatshaushalt und Finanzfragen des Landtags der Rahmen für die künftige Organisation des Nationalparks abgesteckt. Zu dieser denkwürdigen Sitzung reisten einige hundert Zuhörer aus dem Bayerischen Wald mit Bussen an. Eisenmann erläuterte dabei seine Vorstellungen. Er stellte klar, dass im Bayerischen Wald nicht bloß ein „Naturpark" errichtet werden solle.

Am 19. und 20. Mai bereiste Eisenmann das Nationalparkgebiet bei einer Pressefahrt. Dabei gab er eine Erklärung ab, die entscheidende Eckpunkte seiner weiteren, mit dem Haushaltsausschuss abgestimmten Politik erkennen ließ. Er stand dem Vorschlag, einen Nationalpark im Bayerischen Wald zwischen Rachel und Lusen zu errichten, grundsätzlich positiv und ohne Voreingenommenheit gegenüber. Träger dieses Nationalparks würde allein der Freistaat Bayern sein. Eisenmann plädierte daher zunächst für die Bezeichnung „Bayerischer Nationalpark".

Das Bayerische Staatsministerium für Ernährung, Landwirtschaft und Forsten solle die Aufgaben der Trägerschaft übernehmen und eine Nationalparkverwaltung einrichten, die so zu besetzen sei, „daß die zoologischen und waldbiologischen Erfordernisse gewährleistet sind." Ein Gremium werde gebildet, dem Sachverständige,

Vertreter der zuständigen Behörden und Körperschaften sowie der Zweckverband angehören. Dieses Gremium solle nach Beschlussfassung im Landtag auf Grundlage dessen Entscheidung Vorschläge ausarbeiten und den Trägern des Nationalparks beratend zur Seite stehen. Damit hatte Eisenmann Konsequenzen aus den bisherigen Diskussionen gezogen, Vorstellungen des Zweckverbandes ebenso wie denen des „Haber-Gutachtens" Rechnung getragen, aber in Bezug auf die Organisation und ressortmäßige Zuordnung klare eigene Positionen bezogen.

Konkurrenz beschleunigt die Entscheidung
Diese eindeutige Haltung Eisenmanns und die ungewöhnliche zeitliche Beschleunigung des Vorgangs wird verständlicher, wenn man die umweltpolitischen Neuerungen dieser Zeit einbezieht. Aus Anlass des bevorstehenden ersten europäischen Naturschutzjahres 1970 war Bayern dabei, ein Umweltministerium auf den Weg zu bringen, das erste in der Bundesrepublik. Minister sollte ein politischer Hoffnungsträger, der CSU-Generalsekretär Max Streibl, werden. In der Planungsphase hatte Ministerpräsident Goppel seinem künftigen Umweltminister die staatliche Forstverwaltung als flächendeckenden organisatorischen Unterbau zugesagt. Wollte Landwirtschaftsminister Eisenmann nicht die Zuständigkeit für den Staatsforst und den künftigen Nationalpark verlieren, musste er noch im Jahr 1969 unübersehbare Zeichen seiner umweltpolitischen Kompetenz setzen. Hierfür bot sich eine vorbildliche Lösung des nun so lange anstehenden Nationalparkproblems an. Durch die jahrelangen medienwirksamen Auseinandersetzungen war dies längst ein öffentliches Anliegen geworden, für das weit über die Grenzen Bayerns hinaus die Republik außergewöhnlichen Anteil nahm. So ergab zum Beispiel eine Umfrage der Fernsehillustrierten „Gong" bei ihren Lesern im März dieses Jahres eine Zustimmung von 99 % für die Errichtung dieses Nationalparks.

Eisenmann setzte sich entschlossen über die Vorbehalte seiner forstlichen Ministerialbürokratie hinweg und traf Entscheidungen, die Hubert Weinzierl später als staatsmännische Tat von großer Weitsicht würdigen sollte.

12 Entscheidung im bayerischen Landtag

Historischer Beschluss am 11. Juni 1969:
Nationalpark Bayerischer Wald ist Wirklichkeit
Am 11. Juni 1969 beschloss der Bayerische Landtag einstimmig die Errichtung eines Nationalparks im Bayerischen Wald. Es war ein historischer Wendepunkt in der Geschichte des Naturschutzes in Deutschland, als mit diesem Beschluss ein beinahe Jahrhunderte lang gehegter Wunschtraum deutscher Naturschützer in Erfüllung ging.

Der Landtag ersuchte die Staatsregierung, nach dem als Anlage beigefügten „Gutachten zum Plan eines Nationalparks" von Professor Haber einen Nationalpark im

Bayerischen Wald zu errichten, mit der Verwirklichung im Jahre 1969 zu beginnen, die notwendigen Mittel bereitzustellen und in Verfolg der Errichtung des Nationalparks zusätzliche Maßnahmen für den Fremdenverkehr im gesamten Bayerischen Wald durchzuführen.

In der Anlage zu diesem lapidaren Beschluss wurden im „Haber-Gutachten" die Details aufgeführt.

Der Park wurde tatsächlich nicht auf das ursprünglich vorgesehene Gebiet zwischen Lusen und Mauth beschränkt, sondern nach Nordwesten mit dem Rachel auf rund 10.000 ha ausgedehnt. Als wichtiger Grund für diese Verdoppelung der Fläche wurde genannt, dass damit „auch erheblich mehr von den für den Wintereinstand des Wildes günstigen Hang- und Verebnungslagen zwischen 750 und 900 m" erfasst würden.

In diesem Gebiet würden an der südlichen, klimatisch und verkehrsmäßig begünstigten Grenze mindestens fünf Großwildschaugehege von jeweils 6 bis 15 ha Größe für Rothirsche, Wildschweine, Wisente, Elche und Bären eingerichtet.

Der frei lebende Großwildbestand solle im Wesentlichen aus Rotwild, daneben aus Rehen und den noch auszusetzenden Gämsen und Mufflons (!) bestehen, zusammen eine Stückzahl von 220 bis 230 Stück nicht überschreiten. Deren Lebensbedingungen seien durch Äsungsverbesserung (Wildwiesen und Weichholzbestände) und weitere zehn bis zwölf Winterfütterungen zu verbessern. Die Bestandsregulierung könne eine Bejagung nicht ausschließen, doch müssten hierfür Sonderbestimmungen, etwa Beschränkung der Jagd auf bestimmte Gebietsteile, erlassen werden.

Der Wald werde weiterhin naturgemäß gepflegt und die Holznutzung fortgesetzt, doch habe diese sich den Erfordernissen des Parks unterzuordnen, z. B. durch Erhöhung der Umtriebszeit. Hierbei wurde erwähnt, dass sich der niederländische Nationalpark „De Hoge Veluwe" aus Eintrittsgeldern und Holzerlösen selber trüge.

Die Erschließung des Gebietes mit Fahr- und Wanderwegen werde fortgesetzt und durch Reitwege ergänzt. Eine kleine Zahl von Fahrwegen seien für den Kraftfahrzeugverkehr freizugeben, weitere Parkplätze seien anzulegen.

Mindestens fünf Wald- und Wildlehrpfade sollten den Wald mit seinen Pflanzen und Tieren den Besuchern näherbringen. Dazu könnten auch die vorhandenen Naturschutzgebiete herangezogen werden, vor allem die urwaldartigen Bestände in der Rachelseewand, am Lusen sowie im Bärenriegel.

Nationalpark nach dem „Haber-Gutachten" ein Etikettenschwindel?
Diese ersten Vorgaben waren unübersehbar stärker an einem anspruchsvollen Naturpark ausgerichtet als an einem ernst zu nehmenden Nationalpark internationalen Zuschnitts. Professor Haber ging unverkennbar von der Grundannahme aus, in Deutschland seien die Voraussetzungen für einen echten Nationalpark nicht mehr gegeben. „Auf Grund der geschilderten Voraussetzungen wird der Park weniger

einem Vollnaturschutzgebiet als einem Naturpark – freilich mit einigen Besonderheiten – ähneln. Die Vieldeutigkeit des Begriffs ‚Nationalpark' trägt ihrerseits dazu bei, der Frage der Bezeichnung weitgehend ihre grundsätzliche Bedeutung zu nehmen und sie eher zu einer Vokabelfrage zu machen ..." (Haber 1968). Nicht ohne Absicht führt Haber immer wieder den Nationalpark Hoge Veluwe als Vorbild für seinen geplanten „Nationalpark" an, eine Erholungseinrichtung, die bis heute internationalen Vorstellungen nicht entspricht.

Bereits im Anschreiben, mit dem der Sprecher des Deutschen Rates für Landespflege, Graf L. Bernadotte, das „Haber-Gutachten" dem Bayerischen Ministerpräsidenten sowie den Präsidenten von Landtag und Senat zugeleitet hatte, steht unzweideutig: „Das Ergebnis einer kritischen Untersuchung der Möglichkeiten läßt eindeutig erkennen, daß die Voraussetzungen für einen deutschen Nationalpark im Bayerischen Wald nicht gegeben sind. Der Rat ist der Auffassung, daß sich auch im internationalen Bereich die Tendenz abzeichnet, zu ‚Nationalparken' künftig nur solche Gebiete zu erklären, die wirklich noch als natürliche Landschaften gelten können und sich durch ihre besondere Ursprünglichkeit und ihr vielfältiges Naturpotential, ihre landschaftliche Eigenart, ihre Größe und beschränkte Jagdausübung für einen umfassenden Schutz eignen und weitgehend sich selbst überlassen bleiben können. Der Bayerische Wald ist in diesem Sinne keine ursprüngliche Landschaft, die nach internationalem Gebrauch als ‚Nationalpark' deklariert und anerkannt werden könnte, sondern durch systematische, doch naturnahe Forstwirtschaft gestaltete wertvolle Kulturlandschaft, deren teilweise und mit der Zeit zunehmende Zerstörung durch den geplanten Großwildbestand nicht verantwortet werden könnte. [...] Aus diesem Grund sollte im Bayerischen Wald jedenfalls von der Bezeichnung ‚Nationalpark' abgesehen werden, weil einmal die Voraussetzungen fehlen und zum anderen damit Erwartungen verbunden werden, die nicht erfüllbar sind. Im vorliegenden Fall handelt es sich in der Tat um einen echten ‚Naturpark' mit dem deutlichen Schwerpunkt für das Wild, das zusätzlich zu einem normalen freilebenden Bestand auch in abgegrenzten Gehegen gehalten werden sollte" (Bernadotte 1968).

In der Folgezeit sollten Befürworter wie Gegner des Nationalparks sich stets auf das mehrdeutige „Haber-Gutachten" berufen und sich daraus nach ihrem Bedarf mit Argumenten versorgen. Der Landtagsbeschluss hatte nur scheinbar einen Schlusspunkt unter die vier Jahre dauernde Auseinandersetzung gesetzt. Ganz im Sinne Bert Brechts galt nach dem historischen Landtagsbeschluss: „Vorhang zu und alle Fragen offen!"

Verordnung über Nationalparkamt und Beirat

Bereits am 22. Juli 1969 wurde die Verordnung über die Einrichtung eines Nationalparkamtes erlassen. Wie von Eisenmann beabsichtigt, wurde diese Behörde im Geschäftsbereich seines Ministeriums angesiedelt und ihm unmittelbar unterstellt.

Das Nähere über ihre Aufgaben und die Zusammenarbeit mit den fünf weiterhin im Nationalparkgebiet bestehenden Forstämtern sowie der zuständigen Oberforstdirektion Regensburg regelte eine Geschäftsanweisung.

In der Verordnung wurde auch die Institution eines Nationalpark-Beirats geregelt. Ihm gehörten je ein Vertreter des Bundesministeriums für Landwirtschaft und Forsten (in Person des als Nationalparkgegner hervorgetretenen Oberlandforstmeisters Dr. Offner), der Obersten bayerischen Naturschutzbehörde, damals noch im Innenministerium angesiedelt, und der Höheren Naturschutzbehörde der Regierung von Niederbayern an. Die Staatsforstverwaltung hatte anfänglich mit je einem Vertreter der Oberforstdirektion, der fünf Forstämter und der Forstlichen Forschungsanstalt München sowie einer Reihe von Referenten der Ministerialforstabteilung erhebliches Gewicht. Die Landkreise waren mit je einem Vertreter von Grafenau und Wolfstein beteiligt. Zweckverband, Fremdenverkehrsverband Ostbayern, Bauernverband und Schutzgemeinschaft Deutscher Wald stellten je einen Delegierten.

Einen Experten für Jagdwissenschaft und Wildbiologie durfte das Ministerium für Ernährung, Landwirtschaft und Forsten vorschlagen. Die Wahl fiel auf den Göttinger Jagdkundeprofessor Fritz Nüßlein, über den Wilhelm Bode schreibt: „Der ehemalige Referent für die Verwaltung der Staatsjagdreviere in Scherpings Reichsjagdamt, Fritz Nüßlein, wurde 1953 Professor eben jenes Lehrstuhls, der in Vorbereitung der internationalen Jagdausstellung 1937 an der Universität Göttingen gegründet wurde, das Institut für Jagdkunde. Damit war der einzige deutschsprachige Lehrstuhl, der sich überhaupt mit diesem Gegenstand befasste, fest in der Hand der alten, neuen Seilschaft" (Bode & Emmert 2000).

Das Institut für Landschaftspflege der Technischen Hochschule München war durch dessen Leiter Professor Wolfgang Haber, Verfasser des Nationalpark-Gutachtens, beteiligt.

Den Verbands-Naturschutz vertrat allein der Bund Naturschutz Bayern, der jedoch mit Hubert Weinzierl, soeben zum neuen Vorsitzenden gewählt, auch in diesem Gremium den weiteren Werdegang des Nationalparks maßgeblich beeinflussen sollte.

In den späteren Jahren wurde der Kreis der Nationalpark-Beiräte grundlegend geändert (Haug 1983).

Erste Beiratssitzung am 2. Oktober 1969
Unter dem Vorsitz von Staatsminister Hans Eisenmann trat der Beirat zu seiner konstituierenden Sitzung zusammen. Es fiel die Entscheidung über die Besetzung der Leiterstelle des Nationalparkamtes. Drei Bewerber standen zur Auswahl: Die Ministerialforstverwaltung schlug Oberforstmeister Dr. Hans Bibelriether vor, der Bund Naturschutz, unterstützt vom Landesbund für Vogelschutz und dem Landesjagdverband, empfahl Oberforstmeister Dr. Georg Sperber, örtliche Fremdenverkehrsorga-

nisationen und die Vertreter der Forstämter im Nationalpark favorisierten Oberforstmeister Fritz Herzinger aus Freyung.

Im Vorfeld einigten sich Bibelriether und Sperber, die Aufgabe nach Möglichkeit gemeinsam anzugehen, wobei Bibelriether als Dienstälterer den Leiterposten, Sperber für die schwierige Anfangszeit die Stellvertretung übernehmen sollte. Eisenmann griff diesen Vorschlag auf und schlug ihn dem Beirat vor, ein Wahlgang erübrigte sich darauf.

Auf Anregung des Ministers bildete der Beirat ein kleines Gremium, das eine detaillierte Gesamtkonzeption für die Gestaltung des Nationalparks ausarbeiten sollte.

13 Besorgte Anhänger fordern „echten" Nationalpark

Weitergehende Forderungen des Bund Naturschutz
Bereits am 27. September 1969 legte der Bund Naturschutz ein Programm vor, um die aus seiner Sicht auffälligsten Defizite des Landtagsbeschlusses und des diesem zu Grunde liegenden „Haber-Gutachtens" zu beheben.

Der Fachbeirat sollte im Benehmen mit seinen Gutachtern die Konzeption für einen „echten" Nationalpark erarbeiten, eine Einrichtung im Sinne des internationalen Naturschutzes, einen Park, der sich von den in Deutschland bekannten Naturparken durch folgende Merkmale unterscheiden sollte:
– Eigene Verwaltung mit Fachbeirat, der die Richtlinien für den Park festlegt.
– Unterschutzstellung wesentlicher Teile des Parkes nach § 4 des Naturschutzgesetzes. Dies bedeutet, dass zu den vorhandenen Naturschutzgebieten weitere Voll-Naturschutzbereiche auszuweisen waren.
– Die Pflege des Waldes sollte eindeutigen Vorrang vor dessen forstwirtschaftlicher Nutzung genießen. Eine wesentlich höhere Umtriebszeit war beispielsweise festzusetzen mit dem Ziel, die Wälder möglichst in ihre ursprüngliche Form zurückzuentwickeln.
– Jagd dürfe nur zur etwa notwendig werdenden Regulation der Wildbestände durch die Parkverwaltung im Benehmen mit dem Fachbeirat und in der den besonderen Belangen des Nationalparks entsprechenden Form ausgeübt werden.
– Neben den touristischen Aufgaben wie Wildgehege, Waldlehrpfade usw. seien im Nationalpark echte Aufgaben des Naturschutzes zu erfüllen, z. B. Vollnaturschutz für alle Hochlagen und Filze und die Hege einheimischer, vorhandener oder einzubürgernder, für Land- und Forstwirtschaft indifferenter Tierarten, wie alle Rauhfußhühner, Fischotter, Murmeltier, Wildkatze, gegebenenfalls Luchs, Biber, Uhu usw. Rot-, Gams- und Rehwildbestände sollten nur bis zu der für die Pflege des Waldes tragbaren Dichte gehegt werden, wobei allerdings alle erprobten Möglichkeiten der „Reviergestaltung" auszunützen seien.

- Der Nationalpark sei als Kernstück eines großräumigen Schutzsystems aufzufassen, das heißt, dass alle auftretenden Fragen des Tourismus, des Naturschutzes, der Wildhege und der Jagd sowie der Land- und Forstwirtschaft im Benehmen mit den Trägern des angrenzenden Naturparks, des großräumigen Landschaftsschutzgebietes Innerer Bayerischer Wald sowie den Organen des Sumava-Schutzgebietes in der CSSR zu koordinieren seien.
- Erweiterungen des Nationalparks durch Flächenzukauf, insbesondere in den Tallagen (z. B. Hochmoore im Süden) seien anzustreben.
- Im Vollzug des Landtagsbeschlusses seien die Holzerlöse und etwaigen Eintrittsgelder dem Etat des Nationalparks zuzuführen, die Hege, Wiedereinbürgerung und die Verhaltensforschung der Wildtiere besonders zu beachten und zu gewährleisten, dass Motorverkehr vom Park ferngehalten wird. Dasselbe gelte für die Anlage jeglicher Lifte und Seilbahnen, die generell im Parkgebiet auszuschließen seien.

Vorarbeiten für Eröffnung im Herbst 1970

Bereits am 2. November 1969 nahm das Nationalparkamt, zunächst nur aus dem Leiter und dessen Vertreter bestehend, in Spiegelau seine Tätigkeit auf. Man hatte einige Mühe, die vom Finanzministerium für das laufende Haushaltsjahres bereitgestellten 400.000 DM in den wenigen verbleibenden Wochen noch sinnvoll auszugeben.

Bei der Eröffnungsfeier zum Europäischen Naturschutzjahr am 19. März 1970 unterstrich Ministerpräsident Goppel die Bedeutung des Nationalparks Bayerischer Wald, der noch in diesem Jahr als Bayerns herausragender Beitrag feierlich eröffnet werden sollte.

Mit Nachdruck wurde die Nationalparkverwaltung aufgebaut und weiteres Personal eingestellt. Revierförster Hartmut Strunz, ein um den Aufbau des Nationalparks hochverdienter Mitarbeiter, plante das Wanderwegesystem und gestaltete die Besucherzone. Mit Hilfe geschickter Waldarbeiter der Nationalpark-Forstämter baute Betriebsleiter Hermann Puchinger, das unentbehrliche Universaltalent, die ersten Schaugehege für Wisente, Hirsche und Luchse.

Forstverwaltung und der wildbiologische Experte bestanden darauf, das Rotwildgatter mit Wildfängen der einheimischen Böhmerwaldhirsche zu besetzen, die man rassisch für besonders wertvoll hielt.

Die Städte und Gemeinden des Nationalpark-Vorfeldes gründeten eine Planungsgemeinschaft, um insbesondere Fehlentwicklungen im Tourismus zu vermeiden und die angelaufene Grundstücksspekulation und ungeregelte Bautätigkeit im Nationalpark-Vorland zu steuern. Bereits am 24. Juli legte die Planungsgemeinschaft ihr Konzept für die Ausgestaltung des Nationalpark-Vorfelds vor. Landschaftsarchitekt Michael Haug vom Nationalparkamt erarbeitete hierfür einen Entwicklungsplan.

Ein Bergwald-Nationalpark für den Bayerischen Wald
Die Nationalparkleitung machte sich von Anfang an die Zusatzforderungen der Naturschützer zu Eigen und versuchte gezielt, das Interesse auf die großartigen Wälder als eigentliches Schutzobjekt zu lenken. Die in den Jahren der Auseinandersetzung so hochgespielte Verknüpfung des Nationalparkgedankens mit großen Tieren wurde aufgelöst. Am Rand des Parkes gestaltete man eine großzügige Gehegezone mit unauffällig in eine naturnahe Waldlandschaft eingefügten Schaugattern. Hier konnten die vordergründigen Wünsche der Besucher nach Tierbeobachtungen befriedigt werden, ohne sie mit üblichen Zooerlebnissen abzuspeisen.

In unermüdlicher Öffentlichkeitsarbeit, in zahllosen Vorträgen, Publikationen und bei Führungen warb die Nationalparktruppe für ihr Konzept eines Wald-Nationalparks. Nicht mehr Elch, Wisent und Bär waren die Stars dieses Nationalparks, sondern Bergmischwälder, Fichtenhochwald und Aufichtenwald, Bergbach und Spirkenmoor. Typische Bewohner, wie Haselhuhn und Auerwild, Sperlings- und Rauhfußkauz, Dreizehen- und Weißrückenspecht, Birkenzeisig und Birkenmaus, Otter und Bachamsel rückten in den Vordergrund des Interesses. Deren Aussehen, Lebensweise und Überlebensprobleme wurden dem Publikum in Wort, Bild und bald darauf meist auch über Gehege nahegebracht. Anklang fand dieser Themenwechsel nicht nur bei den Nationalpark-Initiatoren und bei Minister Eisenmann. Auch die örtliche Bevölkerung und die Besucher zeigten sich aufgeschlossen, namhafte Publizisten trugen die Idee von einem Wald-Nationalpark weiter.

Das so erstaunlich interpretationsfähige „Haber-Gutachten" hatte, was in der öffentlichen Debatte übersehen wurde, tatsächlich auch diese nun vom Nationalparkamt verfolgte Variante eines „echten" Nationalparks angesprochen. Haber schrieb: „Die unvoreingenommene Prüfung der landschaftsökologischen Voraussetzungen des Projektes ergibt, daß es als ‚Bergwald-Nationalpark' mit dem vorhandenen Wildbestand relativ leicht zu verwirklichen wäre. Dies ist bereits von dritter Seite angeregt worden, sei aber hier wiederholt: Wenn man der Meinung ist, in der Bundesrepublik ein großes Stück Landschaft und Natur, das allgemein als besonders typisch, wertvoll und interessant anerkannt wird – und dessen Schutz und Pflege ein nationales Anliegen wäre –, zum Nationalpark erheben zu wollen, dann würde sich der Hintere Bayerische Wald allein schon auf Grund seiner Eigenschaft als größtes, wildreiches deutsches Waldgebiet vorzüglich dazu eignen, und nicht nur der zur Zeit dafür ausersehene Ausschnitt von 50 Quadratkilometer im Umkreis des Lusens" (Haber 1968).

Haber war der Meinung, dieser Wald mit seinem reichen Wildbestand sei bei den Forstleuten ohnehin in guten Händen: „So betrachtet, ist gerade das mitteleuropäische Hochwild unter der Obhut der Forstleute und Jäger tatsächlich gut aufgehoben, und man kann unsere großen Waldgebiete, sofern sie keine reinen Holzkulturen sind, durchaus als eine Art von Wildreservaten ansprechen, wie bereits von forstlicher

Seite betont wurde …" (Haber 1968). Der Gutachter verfolgte die Idee eines Bergwald-Nationalparks nicht weiter.

Zur Nagelprobe musste es erst kommen, als die Nationalparkleute Zweifel an dieser besonderen Art deutscher „Wildreservate" weckten. Sie entlarvten die bisherige jagdliche Hege von Rothirschen als folgenschweres Wald-Wild-Problem. Sie forderten, man müsse den überhegten Rotwildbestand und auch das Rehwild drastisch vermindern, nur dann könne um Rachel und Lusen ein echter Wald-Nationalpark entstehen. Dies war die Kampfansage an die vorherrschende deutsche Jäger- und Försterideologie. Völlig offen war, wie die tierliebende Gesellschaft auf diese überraschende Wendung in der Nationalparkdiskussion reagieren würde.

Strittige Holzeinschläge: Waldpflege oder Holznutzung?
Neben der Jagd war die Frage der weiteren Holznutzung zwischen Staatsforstverwaltung und Nationalparkamt strittig. Trotz einer aufwendigen Planung der weiteren Waldpflege kam es fortlaufend zu Streit über Art und Ausmaß der Holzeinschläge zwischen den fünf staatlichen Forstämtern, der Nationalparkverwaltung und dem Naturschutz. Als Weinzierl und Bundeslandwirtschaftsminister Josef Ertl 1971 bei einem gemeinsamen Begang Zeugen eines groben Hiebes in einem sensiblen Bereich am Lusen wurden, entwickelte sich daraus eine heftige Pressekampagne. Der betroffene Forstamtschef wurde abgelöst und durch Dr. Hubert Zierl ersetzt, den späteren langjährigen Leiter des Nationalparks Berchtesgaden.

Die Entscheidung über diesen Kernpunkt der Nationalparkproblematik fiel zwei Jahre später, am 27. Juli 1973. An diesem Tag verabschiedete der Bayerische Landtag ein neues Naturschutzgesetz, das erstmals für Deutschland den Begriff „Nationalpark" bestimmte und Ziele und Aufgaben festschrieb. „Nationalparke dienen vornehmlich der Erhaltung und wissenschaftlichen Beobachtung natürlicher und naturnaher Lebensgemeinschaften sowie eines möglichst artenreichen heimischen Tier- und Pflanzenbestandes. Sie bezwecken keine wirtschaftsbestimmte Nutzung" (Bayerischer Landtag 1973). Damit war das bisher bereits vom Nationalparkamt verfolgte Ziel eindeutig durch den Gesetzgeber abgesegnet und das „Haber-Gutachten" als brauchbare Vorstufe auf dem langen Weg zu einem „echten" Wald-Nationalpark überlebt. Entscheidend für die künftige Entwicklung wurde der kurze Satz über den Ausschluss wirtschaftsbestimmter Nutzungen, den Alois Glück beigesteuert hatte, damals Vorsitzender des Umweltausschusses, heute Fraktionsvorsitzender der CSU im Landtag. Damit war dem Nationalparkamt eine Rechtsgrundlage gegeben, den ständigen, als „Waldpflege" deklarierten Eingriffen in die Waldsubstanz mit der Zeit dauerhaft einen Riegel vorzuschieben.

Auf Bundesebene wurden erst mit dem am 20. Dezember 1976 verabschiedeten Bundesnaturschutzgesetz Regelungen über Nationalparke geschaffen, die über die „Reichsnaturschutzgebiete" aus Görings Gesetz hinausführten.

Zweckverband und Bund Naturschutz in Sorge:
Behindert Forstverwaltung Nationalpark-Ausbau?

Kurz vor der Eröffnungsfeier wandte sich am 4. September 1970 der Zweckverband besorgt an Minister Eisenmann. Man hegte den Verdacht, dass entgegen den anerkannt guten Absichten des Ministers „auf übergeordneten Verwaltungsebenen versucht wird, das Projekt Nationalpark zu hemmen." Der Zweckverband mahnte eine effektivere Organisationsform für den Nationalpark an und drängte darauf, den erklärten Zielen des Nationalparks tatsächlich Vorrang vor Holz- und Jagdnutzung zu sichern. Insbesondere hätten alle Maßnahmen zu unterbleiben, die einer natürlichen Entwicklung der Pflanzen- und Tierwelt entgegenstehen, wie Straßenbauten, die noch in jüngster Zeit ausgeführt wurden. Die Tätigkeit des Nationalparkamtes wurde ausdrücklich anerkannt, die Vorwürfe richteten sich gegen die Forstverwaltung.

Der Bund Naturschutz legte wenige Tage vor der Eröffnungsfeier eine Erklärung nach, in der er die Sorgen des Zweckverbandes aufnahm. Zwar wurde der Landtagsbeschluss einmal mehr als weitblickende staatspolitische Entscheidung gewürdigt und in der bevorstehenden Eröffnung des Parkes der großartigste Beitrag Bayerns zum Europäischen Naturschutzjahr gesehen. Doch wurden die sechs noch offenen Wünsche des Naturschutzes hartnäckig wiederholt, damit dieser Nationalpark den internationalen Richtlinien der IUCN, beschlossen im November 1969 in New Delhi, entsprechen könne.

Wieder wurde der Status des Vollnaturschutzes gefordert, nunmehr für das gesamte Parkgebiet, da ja sonst der Nationalpark weniger geschützt sei als die großen bayerischen Naturschutzgebiete am Königsee, im Karwendel oder Ammergebirge. Die Pflege des Waldes müsse eindeutigen Vorrang vor der forstwirtschaftlichen Nutzung bekommen. Die Regulierung der Wildbestände dürfe ausschließlich vom Nationalparkamt vorgenommen werden. Jagd im hergebrachten Sinne habe ein für allemal zu ruhen. Die Bevölkerung hätte kein Verständnis, würde der Nationalpark zur Züchtung starker Rotwildtrophäen missbraucht.

Der Nationalpark solle um die ökologisch besonders wertvollen Moorgebiete „Großer Filz" und „Klosterfilz" im Süden und die Rachelnordseite bis hin zu den Hochmooren und Hochschachten im Forstamt Buchenau erweitert werden. Dem Nationalparkamt müsten ausreichend Mittel zur Verfügung gestellt werden, um schützenswerte Grundstücke im Randbereich anzukaufen. Auch für den Dauerbetrieb sollten die Mittel auf wenigstens zwei Mio. DM im Jahr aufgestockt werden. Und ein Informationszentrum müsse in großzügigen Dimensionen „von europäischem Rang" konzipiert werden, wobei ein Betrag genügen würde, „bei dem man im Rahmen der olympischen Kosten gar nicht erst lange feilscht."

Bereits 1967 hatte der Bundestagsabgeordnete Franz Xaver Unertl, ein niederbayerisches Original, gemeint, „was den Münchnern die kostspielige Olympiade, muß uns im Bayerischen Wald jedenfalls der viel billigere Nationalpark wert sein."

14 Jagdliche Restauration: Eine ostbayerische Hirschgeschichte (Hirschgeschichte Teil III)

Trophäenjägerinteressen gegen Nationalpark

Nach außen mit äußerster Diskredition behandelt, in der Realität jedoch von ganz ausschlaggebender Bedeutung in der Auseinandersetzung um den Nationalpark war die Jagd. Bis heute ist der Öffentlichkeit wie dem Naturschutz kaum bewusst, welches Gewicht in der Geschichte des Zustandekommens oder der Verhinderung deutscher Schutzgebiete jagdlichen Interessen zukommt.

Die unterschiedliche Gewichtung der Anliegen von Jagd und Naturschutz im Wald kommt allein schon darin zum Ausdruck, dass es einer staatlichen Forstverwaltung einerseits unzumutbar schien, auch nur ein Prozent der staatseigenen Waldflächen für einen ersten Nationalpark freizugeben, man aber andererseits noch Ende der 1980er Jahre ohne Skrupel bereit war – und dies in einer Anweisung den Forstämter auch vorgab – ein bis zwei Prozent eben dieser Wälder in Wildäsungsflächen, also Wildwiesen und Wildäcker, umzuwandeln, um so dringenden Jägerforderungen nachzugeben.

War im „Dritten Reich" ausschließlich die unersättliche Jagd- und Besitzgier Görings und seines Anhangs Anlass zur Bildung von „Reichsnaturschutzgebieten" gewesen, so war es im Nachkriegsdeutschland die jagdliche Restauration, die mit allen Mitteln das Entstehen von Nationalparken zu unterbinden suchte, in denen Sportjagd nicht mehr zulässig ist.

Das Rotwildvorkommen im Bayerischen Wald war selbst in den jägerfreundlichen Zeiten des „Dritten Reiches" unbedeutend geblieben. Auch jenseits der Landesgrenze entwickelte sich die neue Population des Böhmerwaldrotwildes zunächst nicht auffällig, hatte doch 1930 der tschechische Staat die Schwarzenberger Besitzungen um den Kubany enteignet.

Dies änderte sich grundlegend, als in den 1950er Jahren Oberforstmeister Dr. Götz von Bülow die Leitung des Staatsforstamts St. Oswald übernahm, Herzstück des späteren Nationalparks. „Ein unbeschreiblicher Zauber lag über diesem unendlichen Wäldermeer, damals noch abseits von Zivilisation und Nationalpark-Rummel", schrieb er später in seinen jagdlichen Erinnerungen „Einst in weiten Revieren" (von Bülow 1988). Er übertrug den neofeudalistischen Trophäenjagdkult nach ostelbischer Gutsherrenart, der im „Dritten Reich" unter Reichsjägermeister Göring in den „Reichsnaturschutzgebieten" und „Staatsjagdrevieren" zu grotesken Auswüchsen entartet war, in seine neue dienstliche Heimat.

Wiederaufbau der besonderen Art: Bayerwald als Ersatz für Rominten und andere verlorene Jagdparadiese des Ostens

Bei der Jahrestagung des Bayerischen Forstvereins im September 1961 zelebrierte von Bülow den neuen mystischen Zauber um die Bayerwald-Hirsche in einem vom forstlichen Publikum (der Autor war als beeindruckter Forstreferendar dabei) begeistert aufgenommenen Vortrag, untermalt mit Tonbandaufnahmen brunftig schreiender Hirsche, und einem selbst produzierten Farbfilm, unterlegt mit heroisch-dramatischer Musik.

„Wir haben unersetzliche Verluste im Osten unseres Vaterlandes hinnehmen müssen, so vor allem die Rotwildvorkommen Ostpreußens, an ihrer Spitze das unvergessliche Rominten mit den stärksten deutschen, ja europäischen Hirschen. [...] Es erscheint daher vielleicht an der Zeit und berechtigt, sich eines der wertvollsten noch verbliebenen Rotwildgebiete zu erinnern und dort – im wesentlichen im Forstamt Sankt Oswald – gemachte Beobachtungen und Erfahrungen wiederzugeben." Das Grenzgebirge wurde zu einem Rotwild-Lebensraum der ganz besonderen Art hochstilisiert: „So ergeben die Umweltfaktoren im ganzen ausgesprochen günstige Voraussetzungen für das Gedeihen unseres Wildes und lassen Vergleiche mit den besten und urtümlichsten europäischen Rotwildgebieten, vor allem mit den Karpaten zu."

Als besonderen Glücksfall wertet von Bülow, dass eine Blutlinie des Böhmerwald-Rotwildes dorthin führte. 1874, als Fürst Adam Schwarzenberg sich entschloss, das ausgerottete Rotwild im Urwald auf dem Kubany wieder einzubürgern, bildete der Hirsch „Hansel" mit sechs weiblichen Tieren aus dem im Gatter überlebenden Rest der bodenständigen Rasse den Grundstock der neuen Wildpopulation. Als der einst mit der Milchflasche aufgezogene „Hansel" 1878 von „bayerischen Raubschützen" im Gatter mit dem Speer gewildert wurde, besorgte man als Ersatz einen Vierzehnender, den so genannten „Radautzer", „ein karpato-ukrainischer Hirsch mit sehr langen, wuchtigen und verhältnismäßig eng gestellten Stangen und großer Wildbretstärke." Noch Jahrzehnte später werden „Experten", meist Förster bei den jährlichen Trophäenschauen, bei jedem einzelnen Prachtgeweih ernsthaft abwägen, welcher Blutanteil originäres Böhmerwalderbe sei oder vom sagenhaften Stammvater aus den Karpaten herrühre. „Es ist unzweifelhaft das Verdienst der Fürsten Schwarzenberg, daß das gut veranlagte bodenständige Edelwild erhalten blieb und mit einer adäquaten Blutlinie eingekreuzt wurde. Diese zwei Stämme aus urwüchsigen Gebieten sind dem starken Typ des Osthirschen zuzuschreiben" (von Bülow 1960/61).

Damals bereits hatte von Bülow gute Gründe, sich bei der vorgesetzten Behörde in Regensburg „für die stete Hilfsbereitschaft und materielle Unterstützung" seiner hegerischen Wiederaufbauarbeit zu bedanken. Er wandte sich nun an Ministerialforstabteilung und Parlament: „Ich kann versichern: die hier aufgewendeten Mittel bringen eine ideelle und materielle Rendite, die sich nicht nur in höheren Wildpretgewichten und stärkeren Trophäen ausdrückt, sondern vor allem durch die Gesunderhaltung des Waldes unschätzbar wird! Die Betreuung unseres Edelwildes erfordert Mühe, Arbeit und Opferbereitschaft. Sie erscheint aber als verpflichtende kulturelle Aufgabe! Lohn ist oft allein der so seltene Anblick des Königs dieser Wälder, der jedem Besucher zum unvergesslichen Erlebnis wird. Man unterschätze diese ideellen Werte nicht! Lohn ist aber auch nicht zuletzt die Genugtuung, den Wald gesund und die Biozönose im Gleichgewicht erhalten zu haben. Uns ist diese große und urwüchsige Lebensgemeinschaft anvertraut und wir haben jedem ihrer Glieder gerecht zu werden. Wem ist mehr Leben in solcher Vielfalt in die Hand gegeben als dem Forstmann und wem ist hier mehr Sorge und Verantwortung aufgebürdet als ihm? Wer ist aber auch – um mit Adalbert Stifter zu sprechen – in der weiten Stille dieser Wälder der göttlichen Offenbarung teilhaftiger als er?" (von Bülow 1960/1961).

Waldbauern und Bauernjäger widersetzen sich
Diese schwülstig-wundersame neue Heilslehre, mit der schönste Erinnerungen an kaum verflossene, bis heute bei Jägern unvergessliche herrliche Zeiten mit des Reichsjägermeisters Jagdparadiesen in Rominten, Schorfheide und Elchwald reaktiviert wurden, nahmen bodenständige Förster wie Jäger im bayerischen Wald zunächst sehr unterschiedlich auf. Entschieden ablehnend verhielt sich die bäuerliche Jägerschaft. Die Freibauern im Lamer Winkel, die von ihren großartigen tannenreichen Plenterwäldern leben, hielten das Gebiet nordwestlich des Arbermassivs frei von Rotwild. Ja, vor von Bülows aufopfernder Hegearbeit war Schreckliches passiert: „Nach dem Zweiten Weltkrieg erfolgte wiederum ein erheblicher Aderlass, der infolge der hohen Schneelage und unzureichender Fütterung im Winter 1952 durch Herausdrücken des Rotwildes und wahlloses Zusammenschießen im Flachland katastrophale Ausmaße annahm. Vor allem ist uns dadurch ein großer Teil unserer alten und starken Hirsche verloren gegangen" (von Bülow 1960/1961).

Das sollte nun anders werden, denn „als im Winter 1956/57 wieder ein großer und wertvoller Teil unseres Rotwildes infolge der hohen Schneelage abzuwandern drohte, legten wir in Sankt Oswald über die Bezirke verteilt eine Futtersperre [...], die Abwanderung war damit unterbunden." Entgegen der Rechtslage waren die Bayerwaldhirsche nicht mehr herrenlose Tiere, sondern als „unser" Wild persönlicher Besitz des Herrn von Bülow und seiner mitjagenden Herrenjäger. Mit einem gewaltigen Aufwand an Steuergeldern wurde „unser" Wild künftig an Futterkrippen gehalten und damit Sorge getragen, dass keines der ein Jahrzehnt und länger herangehegten Edeltiere von einem angrenzenden Bauernjäger unstandesgemäß umgelegt wurde.

Nach von Bülows Erfolgsrezept wurden (und werden heute noch) auch andere staatliche „Jagdbordelle" betrieben, zum Beispiel ein niedersächsisches Forstamt im Solling, dessen Amts- und Jagdleiter eine von keinerlei Zweifeln angekränkelte

Selbstdarstellung eines unvorstellbaren Trophäenkults byzantinischer Ausmaße samt der Verstrickung führender Landespolitiker und der Forsthierarchie sogar in Buchform hinterlassen hat. In Ostpreußen im Bannkreis Romintens aufgewachsen, träumte er schon im Knabenalter davon, Forstmann in Görings „Elchwald" zu werden. Nach der „Vertreibung" hatte er schließlich im Solling ein Forstamt übernommen, das „den fast heimatlich-ostpreußisch klingenden Namen Knobben" trägt. „Das Forstamt allmählich zu einem jagdlichen Spitzenrevier zu machen, hat mir nicht nur tägliche Mühe, sondern in erster Linie Freude bereitet" (Dieckert 1982). Das berufliche Credo dieses Trophäen-Züchters im Staatsdienst haben wir bereits zur Einstimmung auf die unsägliche Hirschgeschichte zitiert.

Forstlicher Widerstand
Es waren indes nicht nur Waldbauern und ländliche Jäger, die sich der neuen alten Hegeideologie verweigerten. Am Gebirgsstock des Arber verhielt sich die Fürstlich Hohenzollernsche Forstverwaltung gegenüber dem Hirschkult wie ihre bäuerlichen Nachbarn. Um den neuerdings in den Nationalpark einbezogenen Falkenstein herum, hatte der bekannte Vertreter einer naturgemäßen Waldwirtschaft Konrad Klotz als Leiter des Forstamts Zwiesel-Ost mit harter Hand verhindert, dass Reh- und Rotwild seine waldbaulichen Bemühungen um die Rückkehr der so selten gewordenen Weißtanne, des Charakterbaums im Grenzgebirge, gefährdeten (Klotz 1959). Für Förster war diese konsequente Haltung nicht selbstverständlich, war doch „der Vorwurf der Jagdfeindlichkeit bisher einer der schwerwiegendsten für einen deutschen Forstmann", so Köstler (1953), der bedeutendste süddeutsche Waldbaulehrer der Nachkriegszeit.

Forsthierarchie als Nutznießer waldverderblicher Hirschzucht
Auf freudige Zustimmung stieß von Bülows „Aufbauarbeit" auf höheren Ebenen forstlicher Hierarchie. Als besonderer Schutzherr und Nutznießer des Rotwildes (und zugleich verbissener Nationalpark-Gegner) tat sich der spätere Leiter der Oberforstdirektion Regensburg, Forstpräsident Richard Tretzel, hervor. Jahr für Jahr erlegte er stärkste Trophäenträger. Doch auch die Referenten seines Kollegiums bedienten sich bevorzugt aus den neuen Schätzen in den Tiefen des Bayerwaldes. Der Wald um Lusen und Rachel wurde dank der Entwicklungsarbeit von Bülows zu einer der ersten Adressen in Trophäenjägerkreisen.

Eine Landtagsanfrage auf dem Höhepunkt des alsbald nach der Nationalparkgründung eskalierenden Streits um das Rotwild deckte das beschämende Ausmaß auf, in dem Staatsforstbeamte landesweit Nutznießer der waldzerstörenden Rotwildhege waren: Hatten doch in den bayerischen Staatsjagden in den Jahren 1969 bis 1973 Verwaltungsangehörige unentgeltlich 69 % der heiß begehrten 355 Hirsche der Stärkeklassen Ia und Ib geschossen, nur 18 % waren von zahlenden Jagdgästen, 7,6 % von

Angehörigen der US-Streitkräfte und 5 % von Mitgliedern des Landtages erlegt worden. Um die insgesamt gesehen bescheidene Zahl an Kapitalhirschen heranzuzüchten, musste ein Rotwildbestand gehegt werden, zu dessen „Kontrolle" im selben Zeitraum 18.350 Stück geschossen wurden. Wie aus der Antwort auf die Landtagsanfrage hervorgeht, waren die Kapitalhirsche vorwiegend den oberen Rängen der Forsthierarchie vorbehalten. Diese brisanten Ergebnisse drangen damals nicht an die Öffentlichkeit.

Diese skandalträchtigen Zustände in Bayern waren jedoch, gemessen am Rotwildkult west- und norddeutscher Staatsforste, von eher provinzieller Qualität, wie auch spätere Nationalparkobjekte im Harz oder Kellerwald belegen (u. a. Meister/Schütze/Sperber 1983). In der ehemaligen DDR war Görings Schorfheide, wie andere heutige Großschutzgebiete, „Sonderjagdgebiet" der Parteibonzen und der Wald durch maßlose Wildüberhege ruiniert.

Bayerns Landesforstchef Woelfle gegen Nationalpark und gegen Jagdlobby
Eine bemerkenswerte Rolle spielte in diesen Jahren der jagdlichen Restauration Ministerialdirektor Dr. Max Woelfle (1902–1977), der von 1956 bis 1967 die bayerische Staatsforstverwaltung leitete, nachdem man ihm als einem der wenigen politisch unbelasteten Forstbeamten von 1946 an bereits mehrere Referate in der Ministerialforstabteilung übertragen hatte. Er lehnte zwar mit aller Entschiedenheit einen Nationalpark im Bayerischen Wald als Professor Grzimeks vermeintliche „Tierfreiheit" ab und war selbst der Naturparkbewegung mit größter Skepsis begegnet. Doch andererseits bot er ein seltenes Beispiel von Mannesmut, als er sich im Alleingang gegen die unerträglich werdenden jagdlichen Nachkriegsverhältnisse stellte.

In einer Jagdzeitung schrieb Woelfle 1963: „Mit Nachdruck muß festgestellt werden, daß die bayerischen Staatswaldungen dem ganzen Volk gehören und nicht den egoistischen Belangen einer kleinen Gruppe von Jagdscheininhabern geopfert werden dürfen. […] Es steht fest, daß auf sehr großen Waldflächen eine geregelte Forstwirtschaft wegen des Auftretens unvorstellbarer Wildschäden nicht mehr möglich ist." Ein Aufsehen erregender „Rehwildkrieg" mit dem Jagdschutzverband brach aus, den Woelfle letztlich verlor. Mitgewirkt hatten unaufgeklärte Pressevertreter. Eine Münchner Zeitung hatte auf der Titelseite, unterlegt mit einem schwarzen Kreuz, Woelfle als „Eichmann der Jagd" diffamiert.

Woelfle konnte an den untragbaren Verhältnissen auch im Staatswald nichts ändern, da seine eigene Verwaltung ihm die nötige Unterstützung verweigerte. Rubner (1994) sah Woelfles entscheidenden Fehler darin, dass er es versäumt hatte, sich im Konflikt mit der Jagd Bundesgenossen in Naturschutzkreisen zu suchen.

Als im Herbst 1967 mit Woelfles Pensionierung die Forstverwaltungsspitze wechselte, änderte sich auch unter dem Nachfolger Hermann Hagen nichts am Widerstand gegen den Nationalpark, man paßte sich jedoch in der Wald-Wild-Frage dem Druck der einflussreichen Jägerlobby an, die unter Woelfle deutlich angestiegenen Abschusszahlen im Staatsforst ging zurück.

Bereits vorher hatte der Waldbaureferent im bayerischen Forstministerium Friedrich Elsner kritisch angemerkt: „Leider gibt es unter den berufenen Vertretern forstlicher Belange immer Persönlichkeiten, die überwiegend oder ausschließlich jagdlich eingestellt sind, mit einem mäßigen Wildschaden sich nicht begnügen wollen, eine Überhege begünstigen und vor dem dadurch dem Wald entstehenden Schaden und seinen finanziellen Auswirkungen geflissentlich die Augen verschließen."

Bayerns Widerstand gegen jagdliche Restauration der Nachkriegszeit

Bayern war nach Ende der Nazidiktatur das einzige Bundesland, das gegen die Restauration einer „Jagdtradition", wie sie sich unter der Schirmherrschaft des Reichsjägermeisters etabliert hatte, Widerstand leistete. Bereits am 8. September 1948 war der Jagdreferent im Bayerischen Landwirtschaftsministerium Freiherr Dr. von Beck zurückgetreten. Er hatte Material vorgelegt und Namen genannt von „Personen, die während des Dritten Reiches im Jagdwesen großen Einfluß hatten, und die nun wieder Einfluß hätten oder zu gewinnen suchten." Der bayerische Jagdschutz- und Jägerverband publizierte ein übles Pamphlet gegen von Beck (Syrer 1987). Am 5. November 1949 wandte sich der bayerische Landwirtschaftsminister Dr. Alois Schlögl, Chef und Förderer Dr. Woelfles, an seine Ministerkollegen in Hessen, Baden-Württemberg und Bremen: „Eine weitergehende Einflußnahme kann solchen Verbänden nicht zuerkannt werden, ganz besonders nicht auf dem Gebiet des Jagdwesens." Doch am 30. November 1949 wurde der Deutsche Jagdschutzverband gegründet. Geschäftsführer wurde Ulrich Scherping, Vater des Reichsjagdgesetzes und als Görings Oberstjägermeister Leiter des Reichsjagdamts in Berlin.

Am 1. April 1953 trat das Bundesjagdgesetz in Kraft, auf den Weg gebracht von Jägern, die maßgeblich am Zustandekommen des Reichsjagdgesetzes gewirkt hatten, wie Dr. G. Mitzschke, Agrarreferent im Reichsjustizministerium und Erstkommentator des Reichsjagdgesetzes, nun als Ministerialrat Jagdreferent in Hessen. Als einziges Bundesland hatte sich Bayern der Wiederauflage dieses vor allem für den Wald so verderblichen Gesetzes widersetzt und bis in den Vermittlungsausschuss dagegen gestimmt. Wiederum verfasste Mitzschke, inzwischen auch Justitiar des Deutschen Jagdschutzverbandes, mit Koautor K. Schäfer den ersten und bekanntesten Kommentar zum Bundesjagdgesetz (Syrer 1987).

15 Feierliche Nationalpark-Eröffnung am 7. Oktober 1970

Krönung des Europäischen Naturschutzjahres

Als Krönung des Europäischen Naturschutzjahres wurde am 7. Oktober 1970 mit einem Staatsakt der erste deutsche Nationalpark durch Staatsminister Dr. Hans Eisenmann eröffnet. Am Vorabend war ein Verein der Freunde des Nationalparks Bayerischer Wald gegründet worden, der künftig meist im Stillen finanziell und ideell segensreich wirkte (Bibelriether 2000).

Gefeiert wurde zünftig mit Volksfest und feierlichen Reden im Bierzelt auf einer Waldlichtung inmitten von von Bülows Hirscheinständen bei prächtigem Herbstwetter nach langem Dauerregen.

Der Minister würdigt die Verdienste Professor Grzimeks „als mächtigen und wortgewaltigen Advokat des Nationalpark-Gedankens" und Hubert Weinzierl als „wohl leidenschaftlichsten Verfechter eines Nationalparks im Bayerischen Wald."

Den jüngst geäußerten Zweifeln an der Ernsthaftigkeit bei der Verwirklichung hielt er entgegen, es sei „der Bayerischen Staatsregierung ein echtes Anliegen, daß der Nationalpark seiner Zielsetzung gerecht wird. Als Aufgabe des Naturschutzes soll dieses herrliche, größte geschlossene Waldgebiet Mitteleuropas mit einer Vielzahl seltener Tier- und Pflanzenarten auch späteren Generationen als ursprüngliche Naturlandschaft erhalten bleiben."

Als wichtigste Zweckbestimmung des Parks benannte er nach dem Naturschutz dessen Bedeutung für Wissenschaft und Forschung, seine Bildungsaufgabe, wofür ein Informationszentrum und ein Waldjugendheim vorgesehen sei, und schließlich die Förderung des Fremdenverkehrs.

Weinzierl, Grzimek und Bayer bedankten sich bei der Politik für ihre zukunftsträchtige Entscheidung, versäumten aber nicht, wiederum um Unterstützung der weiteren Entwicklung zu bitten. Landtagspräsident Hanauer stellte einmal mehr den geschichtlichen Bedeutungswechsel vom Wald des Königs und Forst des Staates hin zum Wald der Bürger heraus und wusste die bayerische Heimat bei Staatsminister Eisenmann in den besten Händen. Das Nationalparkanliegen sei als echte Bürgerbewegung entstanden, zum Politikum herangewachsen und schließlich vom Landtag entschieden worden. Kabinettskollege Dr. Bruno Merk, noch als Innenminister für den Naturschutz zuständig, stellte das bleibende Verdienst Eisenmanns heraus, ohne dessen Einsatz dieses großartige Vorhaben nicht in so kurzer Zeit zustande gekommen wäre.

Der rechte Mann am rechten Ort: Hans Bibelriether

Zum 25. Jubiläum urteilte rückblickend Professor Hannes Knapp, Leiter der Internationalen Naturschutzakademie des Bundesnaturschutzamtes: „Mit der Schaffung des Nationalparks Bayerischer Wald wurde das Eis engherziger Befangenheit des Naturschutz in Deutschland gebrochen, eine Bresche für die Entwicklung weiterer Nationalparke geschlagen und ein neues Kapitel in der Geschichte des Naturschutz in Deutschland eröffnet. Jedoch das Projekt hätte zur Randglosse oder Fußnote verkümmern können, wenn nicht die richtigen Menschen zur rechten Zeit an die rechte Stelle gesetzt worden wären und den Beschluß des Landtags und die Verordnung des

Ministers unter Beachtung internationaler Standards in die Praxis umgesetzt hätten" (Knapp 1996).

Es war der waldfreundliche und weitblickende Forstminister Eisenmann, der über Bedenken und Widerstand seiner forstlichen Ministerialbürokratie hinweg dem Leiter des Nationalparkamtes Hans Bibelriether und dessen Mitarbeitern die nötigen Freiräume sicherte. Bibelriether prägte als verantwortlicher Leiter den weiteren Weg des Nationalparks bis zu seiner Pensionierung 1998. Beharrlich, unbeirrbar verfolgte er seine Philosophie in diesem bedeutendsten Schutzgebiet, einprägsam mit der Kurzformel definiert: „Natur Natur sein lassen."

Nationalpark Sumava und erweiterter Bayerwald-Park als grünes Dach Europas

Mit dem Fall des Eisernen Vorhangs konnte der alte Traum, einst unter politisch unglückseligen Zeichen in den 1930er Jahren angedacht, unverhoffte Wirklichkeit werden: ein bilateral sich ergänzendes System aus zwei Nationalparken, ein grünes Dach Europas, das die wertvollsten Naturräume des bayrisch-böhmischen Grenzgebirges schützt. Auf tschechischer Seite wurde 1991 das seit 1962 bestehende Landschaftsschutzgebiet Sumava auf 68.500 ha zum Nationalpark aufgestuft. Allerdings ist hier die Holznutzung nur auf 7.000 ha eingestellt, verteilt auf 135 Teilflächen, und selbst dort wird zur Borkenkäferbekämpfung Holz geschlagen.

Hubert Weinzierl hatte den Kontakt zum Naturschutz auf tschechischer Seite seit Beginn seines Nationalpark-Engagements intensiv gepflegt. Er konnte Bayerns Ministerpräsident Edmund Stoiber überzeugen, auf bayerischer Seite den Nationalpark zu dessen 25. Jubiläum erheblich zu erweitern. Gegen massiven Widerstand aus der örtlichen Bevölkerung beschloss der Ministerrat, den Nationalpark auf nahezu die doppelte Fläche zu vergrößern. Geschockt durch flächiges Absterben im Fichtenhochwald nach Sturmwurf und Borkenkäferepidemie und von unbelehrbaren Widersachern aus den Anfangsjahren angeheizt, hatten Nationalpark-Gegner einen „Verein zur Rettung des Bayerischen Waldes" unter Vorsitz eines früheren Forstamtsleiters gegründet.

Seit 1997 bereichern die weiten Wälder um den Großen Falkenstein und die besonders wertvollen Latschenmoore und Hochschachten den auf 24.000 ha vergrößerten Nationalpark. Im 30. Jubiläumsjahr brütete erstmals wieder der Wanderfalke an den Felswänden des Falkensteins.

Internationale Anerkennung

In den Anfangsjahren konnten sich die eigentlichen Nationalparkanliegen nur schwer durchsetzen. Die führenden Nationalpark-Pioniere begleiteten die Entwicklung mit Skepsis. Immer wieder wurde der Vorwurf eines „Etikettenschwindels" erhoben. Noch 1974 urteilte Grzimek in seinen Memoiren enttäuscht: „Als Hundhammer, der

Nationalparkfeind Nummer eins, 1969 als bayerischer Landwirtschaftsminister abdankte und Dr. Eisenmann ihn ablöste, entschied sich dieser sehr rasch für den Nationalpark Bayerischer Wald. Allerdings konnte er sich als Politiker auch nur sehr begrenzt gegenüber der bayerischen Forstverwaltung durchsetzen. Da weiter darin Holznutzung und Jagd betrieben wird, trägt das Gebiet den Namen ‚Nationalpark' nach zwischenstaatlichen Abmachungen bislang zu Unrecht. Aber immerhin, es war ein Anfang gemacht" (Grzimek 1974).

Doch im Laufe der Jahre erfüllte der erste deutsche Nationalpark alle Ansprüche, die nach internationalen Maßstäben an höchstrangige Schutzgebiete gestellt werden. Bereits 1972 vom internationalen Naturschutzverband IUCN anerkannt, wurde er 1981 durch die UNESCO zum ersten Biosphärenreservat in Deutschland ernannt und gleichzeitig vom Europarat zur „Important Bird Area" nach der Europäischen Vogelschutz-Richtlinie klassifiziert. 1986 verlieh der Europarat in Straßburg als höchste europäische Auszeichnung für Schutzgebiete das Europadiplom der Kategorie A.

Bibelriether gründete 1986 in Grafenau die Geschäftsstelle von EUROPARC, der Föderation der Natur- und Nationalparke Europas. 1996 wurde er zum Präsidenten von EUROPARC gewählt. Seit Jahrzehnten gestaltet er mit engagierten Mitarbeitern ehrenamtlich die Zeitschrift „Nationalpark" zum wichtigsten einschlägigen Medium.

In der dramatischen Wendezeit nach dem Mauerfall 1989 war Bibelriether als erfahrener Berater der legendären Gruppe von Professor Dr. Hannes Knapp, Dr. Leberecht Jeschke und Mathias Freude dabei, als DDR-Vizeumweltminister Professor Michael Succow im größten deutschen Schutzprogramm aller Zeiten fast 5 % der DDR unter Naturschutz stellte, und ein halbes Dutzend Nationalparke und ebenso viele Biosphärenreservate als „Tafelsilber" der DDR in das wieder vereinigte Deutschland einbrachte. Führungskräfte und Mitarbeiter im Nationalparkprogramm der DDR machten sich vom Mai bis Juli 1990 im Bayerischen Wald kundig. Klaus Thiele, Hartmut Strunz und Michael Held von der Nationalparkverwaltung nahmen Urlaub, um mit kompetenten Fachgutachten mitzuhelfen, dass in der letzten Sitzung der Volkskammer das Nationalparkprogramm verabschiedet werden konnte.

16 Nachtrag
(Hirschgeschichte Teil IV)

Peinliche Entdeckung: Rotwildmassen und ruinierte Wälder

Als die öffentliche Anteilnahme am Nationalpark nach den Eröffnungsfeierlichkeiten 1970 abklang, versuchte die Ministerialforstabteilung, zur gewohnten Tagesordnung zurückzukehren. Es sollte weiter Holz genutzt und auf Hirsche gewaidwerkt werden wie gewohnt. „Wir tun jetzt so als ob, und in drei Jahren erledigt sich der Schmarrn von allein", so der für Naturschutz und Nationalpark zuständige

Ministerialreferent zur Nationalparkleitung. Das Nationalparkamt wollte und durfte dieses Spiel nicht mitmachen.

Bibelriether und Mitarbeiter waren nicht mehr bereit, sich in das kollektive Schweigen über das forstliche Berufsgeheimnis einbinden zu lassen. Schon nach kurzer Zeit war unübersehbar, dass das Rotwild weit über die bisher angegebene Bestandsgröße hinaus übervermehrt war. Verheerende Schäden am Wald, wie sie von der Forstverwaltung stets prognostiziert worden waren für den Ernstfall, dass die Nationalpläne umgesetzt werden sollten, waren längst erschütternde Realität, bisher im Waldesdunkel verborgen und verschwiegen.

Sorgfältige Zählungen an den Fütterungen im säkularen Schneewinter 1969/70 ergaben einen Rotwildbestand von mindestens 500 Tieren, das Doppelte bis Dreifache dessen, was man bisher angegeben hatte. Professor Haber hatte in seinem, dem Landtagsbeschluss zugrunde liegenden Gutachten die zulässige Höchstzahl für den Gesamtbestand aller größeren Pflanzenfresser, also Hirsche und Rehe und die nach diesem Plan zur Einbürgerung vorgesehenen Gämsen und Muffelschafe, auf 220 bis 230 Individuen begrenzt.

Auf sechs Quadratkilometern waren die mittelalten Baumbestände durch Rindenfraß „geschält", angefault, durch Schnee und Sturm umgedrückt und gebrochen. Der Charakterbaum, die langlebige stolze Weißtanne, noch um 1850 mit einem Viertel am Aufbau der Wälder im Inneren Bayerischen Wald beteiligt, fand sich noch auf kläglichen 6 %. In den Jungbeständen fehlte die Tanne nahezu völlig, ebenso die bevorzugt von Hirsch und Reh gefressenen Bergahorne, Eschen und Ulmen oder die Vogelbeeren.

Flucht in die Öffentlichkeit

Das Nationalparkamt berichtete über die unhaltbaren Zustände auf dem Dienstweg und drängte darauf, Hirsch und Reh auf waldverträgliche, den gesetzlichen Vorgaben entsprechende Dichten zu reduzieren. Die Forstverwaltung sah keine Veranlassung zum Handeln, ebenso wenig der wildbiologische Experte Professor Nüßlein. Dieser fasste, bei einer Ortsbesichtigung mit Minister und Beirat um fachlichen Rat befragt, seine Meinung in den bezeichnenden Satz: „Wer als Forstmann keine Schälschäden sehen kann, hat seinen Beruf verfehlt."

Der für Wildprobleme zuständige Sachbearbeiter am Nationalparkamt wurde mit Rede- und Schreibverbot zu Rotwildfragen belegt. Ein in Bau befindlicher „Wildschadenslehrpfad" zur Information der Besucher wurde verboten. In dieser Lage blieb den bedrängten Nationalparkleuten nur die Flucht in die Öffentlichkeit. Mit Professor Grzimek und dem Journalisten Horst Stern, der mit ersten Fernsehbeiträgen zu Tier- und Jagdthemen bereits einen hohen Bekanntheitsgrad und Anerkennung selbst bei Jägern erreicht hatte, konnten sie die denkbar besten Anwälte für ihr Anliegen gewinnen. Als Professor Grzimek im Herbst 1971 forderte, neun von zehn Hirschen müssten sterben, damit im Bayerischen Wald ein richtiger Wald-Nationalpark entstehen könne, war sein Publikum verblüfft und zunächst verständnislos, die Jägerei schäumte.

Heiliger Abend 1971 – Sterns Stunde
Doch es sollte schlimmer kommen. Am Heiligen Abend 1971 präsentierte das Fernsehen zur besten Sendezeit einem Millionenpublikum, quasi auf dem Gabentisch, Horst Sterns „Bemerkungen über den Rothirsch". Das Unvorstellbare, das Undenkbare wurde zum Ereignis, das bestgehütete Geheimnis im deutschen Försterwald gelüftet, das grüne Tabu eines traditionsreichen Berufsstandes ins grelle Rampenlicht gerückt und vor einem fassungslos staunenden Publikum unbarmherzig seziert. „Der deutsche Wald ist krank bis auf den Tod ...", mit diesen dramatischen Worten führte Stern in das Wald-Wild-Problem ein.

Drei Jahrzehnte später schrieb Bibelriether: „Rückblickend betrachtet war Sterns Film der Anfang vom Ende des offen zur Schau getragenen Herrschaftsanspruchs der Jäger im deutschen Wald." Er fuhr fort: „Einen wichtigen Anteil hatte auch Georg Sperber [...], seit Herbst 1969 Mitstreiter beim Aufbau des ersten deutschen Nationalparks im Bayerischen Wald [...]. Als im Winter 1969/70 Horst Stern von einem Begang mit Georg Sperber auf dem ‚Wildschadenspfad' des Nationalparks zurückkam – für wichtige Besucher war dieser Pfad obligatorisch – war das Keimbett für den Hirschfilm vorbereitet! Wir hatten einen Mitstreiter in den Auseinandersetzungen um angemessene Hirsch- und Rehbestände gewonnen, ohne den wir die ersten Jahre im Nationalpark kaum überstanden hätten" (Bibelriether in: Bode/Emmert 2000).

Es folgten turbulente Zeiten: Noch in der Christnacht schreckten Jäger den völlig ahnungslosen Intendanten des Bayerischen Rundfunks aus dem Schlaf und forderten Rache. Hundertzwölf Forstwissenschaftler stellten sich öffentlich hinter Sterns Aussagen und forderten eindringlich, die jagdlichen Übelstände im Wald abzustellen, ein Vorgang ohne Vorbild in der bisherigen Forst- und Jagdgeschichte. Der Film wurde am 12. April 1972 vor dem Agrarausschuss des Bundestags in Bonn gezeigt, mit Horst Stern diskutiert (und sein forstlicher „Mittäter" zu diesem Anlass einmal mehr mit Redeverbot belegt). Im bayerischen Landtag verlangten Abgeordnete der staatstragenden Partei die exemplarische disziplinarische Abstrafung des am Film beteiligten Nationalparkbeamten, der Bayerns Ansehen mit Füßen getreten habe. Inzwischen hatten sich Stern und Sperber an anonyme Todesdrohungen aus der Jäger- und Forstszene gewöhnt.

In seiner Dissertation zu den „Normen der Jäger" bewertet Schraml (1998) zusammenfassend Sterns Hirschfilm geradezu als Wendemarke im Verhältnis der Forstleute zur Jagd: „Gegenüber der massiven Kritik an der in Deutschland geübten Jagdpraxis präsentierte sich das jagdliche Lager erstmalig einem Millionenpublikum deutlich gespalten. Der Sendetermin gilt daher als entscheidendes Datum für die forst- und jagdpolitische Diskussion in der Bundesrepublik."

Lösung des forstlich-jagdlichen Jahrhundertproblems

Doch dann ging alles überraschend und erfreulich schnell. Hans Eisenmann stellte sich demonstrativ schützend vor seine angefeindete Truppe im Nationalparkamt. Er verbot jegliche Art von Trophäenjagd im Park und stimmte dem Bau der ersten „Wintergatter" in Deutschland zu, die sich als Schlüssel zur Lösung des forstlich-jagdlichen Jahrhundertproblems erwiesen. Konnte doch künftig das im Herbst in die geschützten Tallagen abwandernde Rotwild in große Gatter gelockt und dort nach Schließen der Tore den Winter über gehalten und gefüttert werden. Jetzt war es möglich, exakt zu zählen und überzählige Tiere selektiv durch geschulte Berufsjäger in kurzer Zeit abzuschießen. Die Jagdschutzorganisation versuchte mit allen Mitteln, dieses „unwaidmännische" Treiben zu unterbinden; ihr Vizepräsident drohte der Nationalparkleitung, er könne für ihre persönliche Sicherheit nicht mehr garantieren.

Doch das einem Schutzgebiet gemäße Management brachte alsbald den gewünschten Erfolg: Der Wald konnte sich endlich wieder in natürlicher Vielfalt entwickeln, das Rotwild vom Frühjahr bis Herbst ungestört leben. Die ständige Beunruhigung durch uneffektive Trophäenjägerei über weite Teile des Jahres entfiel. Es wurden auch Tiere lebend gefangen und an den rotwildfreien Abruzzen-Nationalpark abgegeben, mit dem ein Partnerschaftsverhältnis besteht.

Und wenn sie nicht gestorben sind, dann jagen die heute noch ...

Von Bülow hatte sich rechtzeitig, ehe die jagdliche Situation im Bayerischen Wald außer Kontrolle geriet, in die Berchtesgadener Berge versetzen lassen. Sein Amtsnachfolger im Forstamt Sankt Oswald, Franz Cronauer, ein pflichtbewusster Beamter, beantragte bei der vorgesetzten Dienststelle in Regensburg, man möge das Rotwild aus seinem Dienstbezirk „ausbürgern", da wegen der Schäden eine ordnungsgemäße Waldwirtschaft unmöglich sei. Eine Antwort blieb aus.

Von Bülow hegte und waidwerkte nun im Forstamt Ramsau, im Herzen des einstigen Hofjagdreviers der Wittelsbacher Könige, einem berühmten Pflanzenschonbezirk seit 1910, Naturschutzgebiet seit 1920. Doch der „Nationalpark-Rummel" holte ihn auch dort ein: 1978 ging sein Forstamt im Alpennationalpark auf, der zweiten Einrichtung dieser Art. Als Leiter des Hochwildhegeringes Berchtesgadener Land diente er der Jägerei über die Pensionierung hinaus. 1987 zog Forstdirektor von Bülow in seinen jagdlichen Lebenserinnerungen „Einst in weiten Revieren" Bilanz: ein erfülltes Jägerdasein (von Bülow 1987).

Von Bülows Erben

Von Bülows Erbe im Bayerischen Wald führte Forstamtsrat und Rotwildhegeringleiter Heinrich Birke im angrenzenden Staatsforstamt weiter. Als er 1987 in den Ruhestand trat, eröffnete ihm der Inspektionsbeamte, dass nach den Erkenntnissen der soeben durchgeführten Forstinventur künftig in einem Drittel seines bisherigen

Reviers wegen waldverwüstender Schäden durch das überhegte Rotwild die reguläre Forstwirtschaft eingestellt werden müsse und die Nachhaltigkeit der Holzproduktion gefährdet sei. Der „Vater der Hirsche" zeigt keine Einsicht, hatte er doch stets das Wohlwollen seiner Vorgesetzten und der hochrangigen Jagdgäste aus der Forsthierarchie genossen.

Anfangs der 1970er Jahre fotografierte ich am Rande von Birkes Hirschrevier ein Emailschild, das in weißer Schrift auf rotem Grund Waldbesucher warnte: „Jede Tanne ist ein Naturschutzdenkmal! Die Entwendung von Tannen und Tannenzweigen ist daher ein Frevel an Wald und Heimat und unterliegt auch hohen Strafen. Das Forstamt."

„Haltet den Dieb!" – so versuchte man, dem kleinen Christbaum- und Schmuckreisig-Schnorrer die Schuld an der Tannenmisere in die Schuhe zu schieben. Für Birkes dienstlichen Patron Tretzel gab es kein Tannenproblem. Als sich das Nationalparkamt besorgt um die Zukunft dieses Charakterbaums im Nationalpark äußerte, wiegelte er mit dem Hinweis ab, Waldbesucher könnten ja ohnehin die Tanne nicht von der Fichte unterscheiden, und davon gäbe es schließlich genug.

Wald vor Wild, Naturschutz vor Jagd oder: Lernen wir aus der Geschichte?
1993 beschloss das bayerische Kabinett, künftig den staatlichen Forstbeamten den kostenlosen Abschuss starker Trophäenträger zu verbieten. Anlass waren vom Rechnungshof aufgedeckte skandalträchtige Umstände, unter denen der damalige Leiter der bayerischen Staatsforstverwaltung seinen „Pensionshirsch" erlegt hatte. Seither schärft Ministerpräsident Stoiber seinen Forstbeamten mit Nachdruck den Grundsatz „Wald vor Wild" ein. Tatsächlich hat sich der Zustand der Waldverjüngungen im Staatswald gegenüber den übrigen Wäldern inzwischen deutlich verbessert. Vehementen Widerstand dagegen leistet der Jagdschutzverband, dessen Mitglieder inzwischen ein Jagdverständnis nach früherer Gutsherren- und Försterart tief verinnerlicht haben.

Dass auch heute noch Jagdinteressen Vorrang vor den Belangen des Waldes eingeräumt wird, belegt ein aktuelles Beispiel im Fichtelgebirge. Hier verzichtet die Forstdirektion Bayreuth in ihrem neuesten „Rotwild-Zonen-Konzept" auf 3.100 ha Staatswaldfläche, von Natur aus hoch leistungsfähige Bergmischwald-Standorte, künftig auf geregelte Forstwirtschaft und begnügt sich mit „waldbaulichen Mindestanforderungen", wobei die Roterle Tannen und Buchen ersetzen soll (Stephan 1999). Allein im Staatswald sind dort 6.435 ha verheerend vom Rotwild „geschält", bereits 1983 hatte ein Fachgutachten Wildschäden von über 80 Mio. DM beziffert. Mit dem „neuen" Konzept will man nicht nur Hirsche, sondern auch das Wohlwollen einer militanten Jägerschaft erhalten, für deren Präsident bereits die Forderung nach waldverträglichen Rotwildbeständen Anlass zur Sorge gibt.

Die Diskrepanz zwischen ungebrochenen Jagdinteressen und dem nach wie vor bescheidenen Verständnis für Naturschutz zeigt ein Vergleich: Das größte Naturschutzgebiet in diesem Fichtelgebirge ist mit rund 140 ha das „Fichtelseemoor", wo außerhalb der Wasser- und Spirkenmoorflächen auch im „geschützten" Wald weiter ordnungsgemäß Holz genutzt wird.

Es hat seinen Reiz, in Gedanken das Szenario durchzuspielen, Naturschützer würden in den Staatsforsten des Fichtelgebirges einen Waldnationalpark oder ein Biosphärenreservat fordern, wo im Interesse des Waldes, der Auerhühner, Sperlingskäuze, Uhus, Schwarzstörche und des Luchses, der Naturliebhaber und Erholung suchenden Bürger in einer Kernzone auf 3.100 ha ordnungsgemäße Waldbewirtschaftung eingestellt und die Jagd durch ein konsequentes Rotwildmanagement ersetzt wird. Es würde sich dann erweisen, ob wir aus der Geschichte unseres ersten Nationalparks gelernt haben.

Literatur

Bayerisches Staatsministerium für Ernährung, Landwirtschaft und Forsten (1963): Wald und Forstwirtschaft in Bayern. München (Bayerischer Landwirtschaftsverlag).

Bernadotte, L. (1968): „Nationalpark Bayerischer Wald" – Stellungnahme des Deutschen Rates für Landschaftspflege. Schriftenreihe des Deutschen Rates für Landschaftspflege Nr. 11. Bonn-Bad Godesberg, S. 6–7, S. 24–26.

Bibelriether, H. (2000): Zur rechten Zeit am rechten Ort. Aus der Erfolgsbilanz des Vereins der Freunde des Nationalparks Bayerischer Wald in den letzten 30 Jahren. Nationalpark (Grafenau) 3. S. 10–14.

Bode, W./Emmert, L. (2000): Jagdwende. Vom Edelhobby zum ökologischen Handwerk. 3. Aufl. München (Verlag C. H. Beck).

Bülow, G. von (1960/1961): Das Rotwild im Bayerischen Wald, in: Jahresbericht des Bayerischen Forstvereins 1960/1961. Regensburg. S. 143–152.

Bülow, G. von (1988): Einst in weiten Revieren. Melsungen (Verlag J. Neumann-Neudamm).

Burckhardt, H. (1855): Säen und Pflanzen nach forstlicher Praxis. Hannover (Carl Rümpler).

Dieckert, H. (1982): Hirschgeschichten aus einem Forstamt. Hannover (Landbuch-Verlag).

Dieterich, V. (1953): Forstwirtschaftpolitik. Hamburg, Berlin (Parey Verlag).

Gautschi, A. (1998): Der Reichsjägermeister. Fakten und Legenden um Hermann Göring. Suderburg (Nimrod-Verlag).

Gradmann, R. (1901): Das mitteleuropäische Landschaftsbild nach seiner geschichtlichen Entwicklung. Hettners Geografische Zeitschrift.

Grzimek, B. (1974): Auf den Mensch gekommen. Erfahrungen mit Leuten. München, Gütersloh (C. Bertelsmann).

Haber, W. (1968): Gutachten zum Plan eines Nationalparks im Bayerischen Wald, im Auftrag des Deutschen Rates für Landschaftspflege. Schriftenreihe des Deutschen Rates für Landschaftspflege Nr. 11. Bonn-Bad Godesberg, S. 8–23.

Hasel, K. (1968): Die Zukunft der deutschen Forstwirtschaft. Allgemeine Forstzeitung. München.

Haug, M. (1983): Die Entstehungsgeschichte des Nationalparks Bayerischer Wald und die Entwicklung seit 1969, in: Schriftenreihe des Bay. Staatsministeriums für Ernährung,

Landwirtschaft und Forsten: Eine Landschaft wird Nationalpark. Heft 11. Grafenau, S. 35–135.

Klotz, K. (1959): Waldumbau als Aufgabe der dynamischen Betriebsgestaltung. München (Bayerischer Landwirtschaftsverlag).

Köstler, J. N. (1953): Waldwege und Holzwege der Wissenschaft (Rektoratsrede). Hamburg-Berlin (Parey Verlag).

Knapp, H. (1996): Die Rolle des Nationalparks Bayerischer Wald für die deutschen Nationalparke, in: Bayerisches Staatsministerium für Ernährung, Landwirtschaft und Forsten: Bericht über das internationale Nationalpark-Symposium am 1.3.1996. München.

Meister, G./Schütze/Sperber G. (1983): Die Lage des Waldes. Hamburg (Gruner & Jahr).

Piechocki, R. (1998): 100 Jahre Nationalpark-Bewegung in Deutschland. Nationalpark (Grafenau) 4. S. 24–29.

Piechocki, R. (2000 a): „Reichsnaturschutzgebiete" Vorläufer der Nationalparke? Nationalpark (Grafenau) 2. S. 28–33.

Piechocki, R. (2000 b): Die Entstehungsgeschichte des Reichsnaturschutzgesetzes von 1935. (Manuskript).

Rubner, H. (1994): Hundert bedeutende Forstleute Bayerns. München – Mitteilungen aus der Staatsforstverwaltung Bayerns, 47. Heft.

Rubner, H. (1997): Deutsche Forstgeschichte 1933–1945. Forstwirtschaft, Jagd und Umwelt im NS-Staat. St. Katharinen (Scripta mercaturae Verlag).

Schönichen, W. (1954): Naturschutz, Heimatschutz. Ihre Begründung durch Ernst Rudorff, Hugo Conwentz und ihre Vorläufer. Große Naturforscher, Band 16. Stuttgart (Wissenschaftliche Verlagsgesellschaft).

Schraml, U. (1998): Die Normen der Jäger. Soziale Grundlagen des jagdlichen Handelns. Augsburg (RIWA Verlag), Schriftenreihe des Fachverbandes Forst e. V. Bd. 8. Zugleich Diss. Univ. Freiburg.

Sperber, G. (1994): Der Umgang mit Wald – eine ethische Disziplin, in: Ökologische Waldwirtschaft, Stiftung Ökologie und Landbau, Hermann Graf Hatzfeld (Hg.). Heidelberg (C. H. Müller), S. 37–66.

Sperber, G. (2000 a): Naturschutz und Forstwirtschaft. Geschichte einer schwierigen Beziehung, in: Wegmarken. Beiträge zur Geschichte des Naturschutzes. Veröffentlichungen der Stiftung Naturschutzgeschichte, Bd. 1. Essen (Klartext Verlag). S. 71–150.

Sperber, G. (2000 b): Waldnaturschutz auf der Verliererstraße. Nationalpark (Grafenau) 3. S. 28–33.

Stephan, K. H. (1999): Das Rotwild-Zonen-Konzept als Lösungsansatz, in: Schriftenreihe des Bayerischen Forstvereins Heft 15. S. 26–31.

Syrer, E. (1987): Jagdrecht und Interessengruppen – eine historisch-politische Analyse. München (Ludwig-Maximilians-Universität, Forstwissenschaftliche Fakultät, Dissertation).

Vietinghoff-Riesch, A. Freiherr von (1940): Forstliche Landschaftgestaltung. Landschaftsschutz und Landschaftspflege Heft 4, Walter Schönichen (Hg.). Neudamm und Berlin (Verlag J. Neumann).

Weinzierl, H. (1968): Deutschlands Nationalpark. Grafenau (Verlag Morsak).

Weinzierl, H./Bibelriether, H./Sperber G. (1972): Nationalpark Bayerischer Wald. Grafenau (Verlag Morsak).

Berndt Heydemann

Die Rolle von Rationalität, Emotionalität und Ästhetik im Naturschutz – im Lichte von Persönlichkeiten

Vorbemerkungen
Ein großer Anteil des Wunschspektrums oder des Verpflichtungsgefühls des Menschen, die Natur durch besondere Rücksichtnahme oder durch besondere Aktivitäten zu schützen, entspringt sicherlich einem angeborenen Zugehörigkeits- und Abhängigkeitsgefühl des Menschen zur und von Natur.

Dies Zugehörigkeitsgefühl kann basieren auf dem Wissen über die biologischen Abstammungslinien des Menschen von gemeinsamen Vorfahren mit heute noch lebenden Organismenarten. Dieses Zugehörigkeitsgefühl kann auch beruhen auf richtigen Freundschaften zu Lebewesen, denen man im eigenen Umfeld begegnet, oder die mit dem Menschen zusammen in Haus- oder Wohngemeinschaften leben.

Das Gefühl oder auch das Wissen um die Abhängigkeiten des Menschen von Stoffen und Energien der Natur wie Wasser, Boden, Luft und Sonne ist darüber hinaus eine zwar leicht verschüttbare, aber trotzdem wichtige Komponente der Naturverbundenheit. Aber auch Abhängigkeiten des Menschen von sensorischen Eindrücken aus der Natur wie vom Geruch frischer Luft, vom Geruch frischen Blattgrüns, vom Blütenduft oder auch von Vogelstimmen gehören dazu. Hinzu kommt das Abhängigkeitsgefühl vom Nahrungsnetz der Natur, welches das Leben des Menschen bestimmt. Alles dies sind Ursprünge des Naturschutzes, die ich vor 60 Jahren als besonders prägend empfand. Früher kamen diese Ansätze von Mensch zu Mensch spontaner herüber. Heute werden sie zu oft von nur rational operierenden Wissenschaftlern und Praktikern des Umweltschutzes mit Methoden vorwiegend extern in Szene gesetzt, ohne dass diese Menschen die innere Verbundenheit zur Natur durch ihre Persönlichkeit auszustrahlen vermögen.

Am Zugehörigkeitsgefühl und am Abhängigkeitsgefühl zugleich – auch im Hinblick auf unsere immer weiter zunehmenden Einsichten in die rationalen, kausal begründbaren Zusammenhänge der genetisch-physiologisch-psychologischen Zugehörigkeit und stofflichen Abhängigkeit des Menschen von der Natur – wächst aber wohl auch ein neuer Typ der Naturschutzbereitschaft und Naturschutzfähigkeit heran. Dieser Typ ist allerdings oft zu wenig emotional abgefedert oder zuwenig emotional begleitet bzw. begründet und hat infolge seiner vorherrschenden Nur-Rationalität der Argumentation oft gegenüber anderen Menschen nicht jene Überzeugungskraft, die ich früher im Naturschutz häufig erlebte.

In vielen ihrer Wurzeln dürfte die Bereitschaft zum Naturschutz, also die Bereitschaft zum praktischen, ökologischen Handeln, angeboren sein. So war das ökologische Handeln des einzelnen Menschen sicher in der präindustriellen Phase – namentlich in den nicht urbanen Siedlungsräumen – auch gerade von einem begrenzten persönlichen Vorteilsdenken unter der Perspektive des eigenen Lebens gekennzeichnet. Diese angeborenen Phänomene eigener, verständlicher Lebensabsicherung des Menschen können durch das moderne Lernen von gewinngesteuerten Egoismen bis zur Unkenntlichkeit verstärkt und überdeckt werden.

In anderen Bereichen kann Naturschutzverhalten auch einfach auf naturwissenschaftlich begründeten Einsichten und auf sozialen Überlegungen beruhen, also auf der Basis von Erkenntnissen zur Notwendigkeit des „Schutzgewährens" beispielsweise bei erkennbarer Hilfsbedürftigkeit von Lebewesen. Auf dieser Basis wird Naturschutzverhalten zum individuell wirksamen Tierschutz weiterentwickelt. Natürlich hat man früher wenig über die Unterscheidung zwischen Naturschutz und Tierschutz nachgedacht. Vielleicht war das gut so. Denn heute besteht die Gefahr, dass von naturwissenschaftlich-ökologischen Artenschutzbegründungen ausgehend die emotionalen wichtigen Fundamente des Naturschutzes, also des Individuenschutzes von Organismen, abhanden kommen. Leider wird immer wieder die Ineffektivität von Naturschutz im Sinne des Artenschutzes hervorgehoben: „Was nützen schon Ölsäuberungsmaßnahmen an Seevögeln für den Schutz gefährdeter Arten?", wird gefragt. Es genügt natürlich nicht, dass man Tierschutz nur auf Haustiere konzentriert. Eine falsche Separierung des Naturschutzes vom Tierschutz hat negative Auswirkungen auf die öffentliche Akzeptanz des Naturschutzes. In früheren Jahrzehnten war dieser Fehler weniger bemerkbar.

In vielen Fällen ist Freude und Verpflichtungsgefühl für die Weiterentwicklung des Naturschutzhandelns und dessen dauerhafter Motivation wichtig. Dabei spielen persönliche Begegnungen und die Wahrnehmung von Vorbildern eine große Rolle. Ich komme darauf zurück. Natürlich muss dafür auf der potenziellen Vorbildseite eine spezielle „Ausstrahlung" von diesen vorbildhaften Eigenschaften entwickelt sein. Auf der Empfängerseite setzt dies das richtige Erkennen und Empfinden von Vorbildern und von Vorbildfähigkeiten voraus. Selbst bei Vorliegen solcher Voraussetzungen fehlt es oft an Aufnahmebereitschaft für das Vorbildhafte im Rahmen der menschlichen Begegnungen – dies kann man aufrichtig beklagen.

Heute schon historisch gewordene Begegnungen mit Menschen, die in und mit Naturschutz lebten, wird man nur dann noch geistig nachskizzieren können, wenn man eigenes Denken, Fühlen und Handeln auch bewusst auf solche Begegnungen zurückzuführen versucht. Insgesamt ist dabei – so sehe ich das nachträglich – die Übertragung persönlicher Impulsgebungen zum Naturschutzempfinden entscheidend, also der von außen kommende Anstoß zum Fühlen und zum Denken in ökologischen Dimensionen. Wichtig sind auch die aktiven Vorbilder für die Weiterentwicklung vom Denkansatz zum Handeln – in Richtung bestimmter und bestimmender einzelner Naturschutzziele. Seltener werden große Entwürfe des Naturschutzes – anlässlich persönlicher Begegnungen mit ihren mitreißenden, von den Persönlichkeiten ausgehenden Energien – insgesamt übertragen. Die mitreißende Energie eines Horst Stern ist mir dabei immer noch in fester Erinnerung. Auch darauf komme ich noch zurück.

Die geistige Verwurzelung des Menschen in der Beziehung zur Natur
Für das Ausmachen von Entwicklungen des Naturschutzes im Hinblick auf Zeitzeugen sind die geistigen Wurzeln von naturverbundenen Menschen wichtig: Menschen, deren geistige Wurzeln sehr stark auf Empfindungen zur Natur beruhen, unterscheiden bewusst nicht zweierlei Typen in der Natur:
– Sie unterscheiden nicht einen Anteil von Struktur und Prozessen, der nur zur Natur gehört, von
– einem anderen Anteil der natürlichen Schöpfung, der (vielleicht heute) nur zur menschlichen Welt gehört.

Die meisten früheren Väter des Naturschutzes haben auch niemals eine Unterscheidung zwischen „Natur" einerseits und „Umwelt" andererseits mitgetragen. Sie haben also nicht die unselige Trennung des Begriffes „Naturschutz" vom Begriff „Umweltschutz" nachvollzogen. Dieser Trennungsansatz kommt dann in den 1970er Jahren aber bei Verbandsgründungen schon zum Tragen. Später setzt sich dieses fort, obwohl auch dann keine leicht definierbaren Grenzen zwischen Natur und Umwelt existieren. Es gibt auch keine vernünftige Unterscheidbarkeit zwischen Schutz von Organismen einerseits und zwischen dem Schutz von Boden, Wasser und Luft andererseits, es sei denn, man stellt zu dem Bereich „Natur" nur die biologischen Erscheinungen und zu dem Bereich „Umwelt" nur die technischen oder nicht lebendigen (abiotischen) Erscheinungen (wie Boden, Wasser, Luft oder Klima) rund um den Menschen. Aber diese Unterscheidung ist so konsequent niemals zwischen den Begriffen „Naturschutz" und „Umweltschutz" gemacht worden. Selbst eine eng umschriebene menschliche Umwelt umfasst noch viele Lebewesen mit, auch auf der wichtigen Mikroebene.

Alle Natur, von der wir abhängen, gehört eben direkt oder indirekt dem ursprünglichen Bestand oder den Kreisläufen der Natur an oder ist von ihr produziert worden – so wie dies H. Immler in seinem Buch „Wert der Natur"[1] ausdrückte.

Viele Wurzeln des Menschen, die ihn mit der Natur verbinden, stammen aus dem genannten, wohl angeborenen sozialen Ansatz des Menschen oder spiegeln sich auch umgekehrt in seinem Sozialleben wieder. Die Beziehungen des Menschen zur Natur

---

1 Immler, H.: „Vom Wert der Natur". Zur ökologischen Reform der Wirtschaft und Gesellschaft. Westdeutscher Verlag 1989.

sind also „sozial geprägt". Menschen mit vertiefter sozialer Anlage und hoher sozialer Kompetenz haben meist auch starke Bindungen zur Natur und zeigen oft herausragende Leistungen in Richtung des Naturschutzes. Schon aus diesen Gründen war früher der ländliche Raum dem urbanen Raum an Naturschutzaktivität überlegen.

Zu den sozialen Eigenschaften, die Naturschutz begünstigen, gehören:
- aufopfernde oder wenigstens partnerschaftlich fördernde Fähigkeiten und Fähigkeiten zu freundschaftlichen Beziehungen,
- eine ständige Hilfsbereitschaft, oder wenigstens die Hilfsbereitschaft in Notsituationen,
- eine Verständnisbereitschaft für anderes Leben und nicht nur für ähnliche Kulturen (wie wir sie selbst haben) sowie eine Unterstützung der Weiterentwicklung dieser kulturellen Verständnisfähigkeit,
- die Ablehnung eines vorwiegend anthropozentrischen Verhaltens.

Die ursprüngliche Spannbreite der geistigen Beziehungen des Menschen zur Natur wird in einer überwiegend technisch-opportunistisch-ökonomisch ausgerichteten Zeitepoche der Menschengeschichte auch auf überwiegend verkümmerte Sozialbeziehungen des Menschen zur Natur reduziert. Die geistigen Wurzeln des Naturschutzes entstehen auf diese Weise nicht mehr vorwiegend durch pädagogische Einflüsse in Schule und Elternhaus. Sie entstehen auch nicht genug durch ökologische Fachdidaktik in Schule und Hochschule, denn die Biologie dort ist viel zu wenig mit Komponenten des Naturschutzes verbunden und ist viel zu viel – auch im Experimentbereich – bestimmt durch den Nutzerhorizont: „Die Natur als (interessantes) Objekt".

Hinzu kommt auch, dass von den Menschen heute – auch im politischen Bereich – zu wenig Naturschutz abgefordert wird. Politik richtet sich vornehmlich auf eine „Gewinn machende" Gesellschaftsform hin aus. Diese Politiktendenz – gut verkauft – wird auch vom Wähler offenbar mehr honoriert als eine ernsthafte Naturschutzpolitik. Dies ist eine neue Politiktendenz, die es so vor 40 Jahren noch nicht gab.

Die geistigen Wurzeln der Naturschutzmentalität des Menschen beruhen dabei sicherlich auch auf einer Kombination von Bewunderung gegenüber der gesehenen und der anderweitig erfahrenen Naturvielfalt. Hinzu kommt möglicherweise eine Ehrfurcht vor den komplizierten, oft nur schwer zu verstehenden Gesetzmäßigkeiten des Lebens. Ergänzt wird diese Bindung oft durch ein naturgebundenes Heimatgefühl, das auch Empfindungen einer Standortabhängigkeit enthält. Der Faktor „Heimat" war zudem früher viel mehr von „Naturinhalten" geprägt als heute. Hinzu kommt, dass heute die „Heimat Natur" im Urlaub ganz woanders aufgesucht und aufgespürt wird als in der eigenen Wohnumgebung. Weil das Naturbild der Heimat bei vielen Menschen zunehmend unklarer wird – die Menschen nehmen die Heimat ihres Umfeldes, in dem sie täglich leben, oft kaum noch wahr – können sie die „Heimat Natur" überall auch dort erleben, wo kein Beton die Erde überzieht, also genauso gut am Mittelmeer wie in Südostasien. Die Eindrücke von speziellen Landschaftsformen und der für sie typischen Naturerscheinungen werden daher immer flüchtiger vom Menschen wahrgenommen.

Der Komplex „Heimat" spielte für die Menschen, die ich selber vom Anfang des vorigen und des vorvorigen Jahrhunderts (19. Jahrhundert) noch erzählen hörte, eine große Rolle. Meine Großmutter erzählte mir noch die lebendigen Berichte aus dem Munde ihrer Mutter, die zu Goethes Zeiten von 1820 bis 1832 Kind war. Die Ästhetik der Natur wurde seinerzeit besonders von Goethe entdeckt und in die Gesellschaft hineingetragen. Meine Großmutter (geb. 1863) bewunderte diese Zusammenhänge und erzählte mir viel davon. Zu dieser ästhetischen Grundempfindung gehört auch die Wahrnehmung der Vielfalt der Naturerscheinungen, also ihrer Biodiversität. Dabei mischt sich in den Komplex „Vielfalt" die „Makroästhetik" von Landschaft mit ihren verschiedenen Böden, Vegetationsformen, Großtiergemeinschaften, Gewässern und Himmelserscheinungen als die geläufigste visuelle Form der Naturwahrnehmung ein – aus vielerlei einzelnen Komponenten zusammengesetzt. Die „Mikro-Ästhetik" spiegelt sich wider in den wahrgenommenen Schönheiten von Blättern, Blüten, kleinen Tieren oder auch Mineralien – oft auch in kleinsten Dimensionen. Die Mikro-Ästhetik wurde auch früher schon – vom 16. bis zum 19. Jahrhundert – in wunderbaren Drucken vorgeführt. Die Bibliothek meines Vaters war voll von solchen wunderbaren Naturwerken, die ich besonders als Kind vor dem Zweiten Weltkrieg, also in den 1930er Jahren, immer ehrfürchtig in die Hand nahm. Viele dieser Werke sind im letzten Weltkrieg durch Bomben zerstört worden. Die *Zeitzeugen* der Bücher und ähnlicher Dokumente des Naturschutzes wurden im Kriegsgeschehen oft mehr reduziert als die *Zeitzeugnisse* des Naturschutzes im Gedächtnis überlebender Menschen.

Der Mensch hat zu den geistigen Faktoren, die mit dem Bereich „Natur" eng verbunden sind (wie den genannten Bereichen „Heimatbindung", „Vielfalt", „Schönheit"), sicherlich überwiegend angeborene Bindungen. Diese können erfahrungsbezogen oder durch Kontakte zu anderen Menschen bzw. durch Einflüsse des sog. „Zeitgeistes" verstärkt oder auch erheblich geschwächt werden. Eine Verstärkung der emotionalen Bindungen (z.B. an die „Heimat") kann durch sensorische Faktoren (z.B. Schönheit, Duft, Gesang), aber auch über vermehrte kognitive Befassung mit kausalen und funktionellen Zusammenhängen der Naturentstehung, der Naturerhaltung und/oder der Naturzerstörung erfolgen. Aber schwache Vorbilder liefern daher auch ständig Beispiele, wie unterkühlt vorgetragene Kenntnisse über die Natur die notwendigen emotional getragenen Bindungen des Menschen an die Natur kaum stärken können.

Der rational und kausal begründete Wissensdurst und die derzeitigen Bedingungen der Aneignung von Wissen über das Funktionieren von Natur – insbesondere die Funktionen der lebendigen Natur – kann aber auch, wie ich nochmals betonen möchte, selbst beim Übergang in das Feld der wissenschaftlichen Ökologie zu einem partiellen oder gar totalen Verlust der ursprünglichen emotionalen Bindungen des

Menschen an die Natur führen. Das ist insbesondere der Fall, wenn die wissenschaftliche Biologie und Ökologie nicht mehr mit einer Wissenschaft des Naturschutzes und – ich sage dies auch bewusst herausgehoben – nicht auch mit einer Wissenschaft des Tierschutzes, also des Schutzes von einzelnen individuell existierenden Organismen, in Zusammenhang gebracht werden kann.

In die gesamte skizzierte Vielfalt der möglichen Mensch-Natur-Beziehungen, die mit Naturschutzproblematiken zu tun haben – und dies gilt für fast alle Beziehungen des Menschen zur Natur –, lassen sich eigene Begegnungen mit Persönlichkeiten des Naturschutzes einordnen. Ich rechne zu diesen vielen Begegnungen aber auch das Zusammentreffen mit Menschen, die wegen ihrer feindlichen Einflüsse auf die Natur und ihrer ebenso negativ auf den Naturschutz wirkenden Politik oder Grundhaltungen insgesamt destruktiv auf die Natur, auf den Naturschutz und auf die im Sinne des Naturschutz handelnden Menschen einwirkten.

Nach meiner Einschätzung haben einzelne Persönlichkeiten, die sich sowohl emotional und ästhetisch als auch rational analysierend in den Schutz der Natur eingebunden haben, den größten Einfluss auf die Fortentwicklung des Naturschutzes gehabt.

Die Rolle der Ästhetik

Vom heutigen Naturschutz nicht genügend thematisiert und weitgehend in von mir nicht nachvollziehbarer Weise zurückgestellt ist die Ästhetik – die Rolle der „Schönheit" *der* Natur und die Rolle der „Schönheit" *in der* Natur. Zwar weisen die Naturschutzgesetze von Bund und Ländern alle darauf hin, dass die Natur auch „um ihrer Schönheit willen" geschützt werden muss. Aber während es viele Überlegungen, Ausführungen und Begründungen auch neuer Art gibt, warum die Natur „um ihrer Eigenart" willen und auch wegen ihrer Vielfalt (Biodiversität) und wegen ihrer naturwissenschaftlich und ökonomisch begründbaren Bedeutung für den Menschen geschätzt und geschützt werden muss, fehlen Begründungen für den Naturschutz weitgehend, die sich auf die Schönheit der Natur beziehen und nicht nur auf ihre klimatischen Wirkungen, nicht nur auf ihre Einflüsse im Hinblick auf die Luftreinhaltung und nicht nur im Hinblick auf ihre Fähigkeit zur permanenten Säuberung des Wassers.

Den Zugang und die vertiefte Beziehung zur Ästhetik der Natur – im Kleinen wie im Großen – habe ich persönlich wohl weitgehend meiner Mutter zu verdanken, die im heutigen Vorpommern und auch im heute polnischen Westpommern aufwuchs und die Natur dörflicher Umgebungen bei Anklam sowie in Treblin (Westpommern) in Graphiken und Aquarellen eingefangen hat. Zwischen 1916 und 1920 besuchte sie die Kunstakademie in Berlin und erwarb sich die zeichnerischen und malerischen Voraussetzungen, um am Ort des Wirkens ihrer Eltern – nämlich auf den Gütern in Nerdin und in Jasenitz (Kreis Anklam) an den Wochenenden große Landschaften und kleine Ausschnitte blühender oder verschneiter Natur im Bilde festzuhalten. Sie malte mit 18 Jahren – fasziniert von den Formen und Farben von Gräsern und Baumsilhouetten – ebenso wie noch mit 90 Jahren, dann in Plön in Holstein lebend. Die größte Freude bereitete man ihr mit einem kleinen Strauß Gräsern zur Zeit der Grasblüte oder mit den unendlichen Farbvarianten und Farbmustern der Brombeerblätter in Herbst und Winter.

Auch ich selbst malte zuerst Blüten, weil ich Ende der 1930er Jahre noch keinen Fotoapparat besaß, um die mich begeisternden Formen der Natur festzuhalten. Jedenfalls bemerkte ich eines: Man muss beim Malen und Zeichnen von Naturausschnitten sehr viel genauer hinsehen, bevor das Bild „fertig" ist, als beim Fotografieren. Dort liegt das ästhetische Auswerten und Erleben des Aufgenommenen zu einem erheblichen Teil in einer Zeit *nach* der Entstehung des Bildes. Aber trotzdem hat auch die Fotografie seit Jahrzehnten für mich beim Zugang zur Schönheit der Natur und nicht nur zu deren funktionellen Deutungen eine große Rolle gespielt. Meine späteren Vorlesungen über „Biologie und Ästhetik" an der Universität Kiel und die damit verbundenen Ausstellungen (auch mit der von mir sehr verehrten Frau Jutta Müller-Karch (DGPh) zusammen, die schon mit 61 Jahren starb) vermittelten mir aber dann immer weitere Vorstellungen des Designs und seiner ästhetischen Grundlagen in der Natur – für die Natur selber und für uns Menschen.

Meine Beziehung zur „Schönheit" in der Natur und meine Gedanken darüber habe ich insbesondere in dem Buch „Elementare Kunst der Natur"[1] zum Ausdruck gebracht. Die Gemeinsamkeit von Kunst und Natur lag für mich immer einerseits in der Vielfalt der genutzten Elemente und andererseits in ihren vielerorts erkennbaren Ordnungssystemen.

Jedes Kunstwerk ist ebenso wenig wiederholbar – auch nicht in Kopien – wie jedes Lebewesen eigentlich nicht wiederholbar ist, auch nicht durch Reproduktionen oder Klonen. Zumindest sind mit dem Tod eines Lebewesens alle seine lebenslangen Anpassungsvorgänge, Erfahrungen und Erinnerungen fort, die als Steuerungsprozesse im Leben individuell und nicht nur als „Arttypus" prägend sind. Jede Art in der Natur ist nur einmal erfunden worden und wiederholt sich nicht. Das gilt auch für Kunstwerke.

So wie der Betrachter von Kunstwerken fragt, was wohl mit einem bestimmten Kunstwerk ausgesagt werden soll, fragt auch der ernsthafte Naturbetrachter nach dem Sinn von natürlichen Erscheinungsformen und dem Detail ihrer Strukturen und Farben. So wie bildende Künstler mit besonderer Begabung Farben, Formen und Bewegungen an andere Menschen bei der Betrachtung von Kunstwerken vermitteln und dafür den Schutz der Bewunderung für ihre Begabungen erhalten, so sollte auch die „Natur als Künstlerin" verehrt und geschützt werden – als *Kulturgut*, und nicht

---

1 Müller-Karch, J./Heydemann, B. (1989): Elementare Kunst der Natur. Karl Wachholtz Verlag, Neumünster.

nur aus naturwissenschaftlich-ökologischen Überlegungen. Die Partnerschaft von Natur und Mensch soll durch die Achtung von Naturschönheiten auch zu einer soziokulturellen Partnerschaft werden und dadurch ein geistig-emotionales Tätigkeitsfeld des Menschen berühren, aktivieren und inspirieren. Die Gespräche des Naturschutzes haben vor 50 bis 60 Jahren immer wieder wie selbstverständlich diese Bereiche der Schönheit – meist bewundernd – berührt. Heute ist die Bewunderung der Natur die Ausnahme, und damit ist ein ständiger Akzeptanzverlust für den Naturschutz in der allgemeinen Öffentlichkeit verbunden.

Offenbar sind die grundsätzlichen Bezüge zur „Schönheit", also zu Ordnungsformen in der Natur, dem Menschen angeboren. Die verschiedenen Ausdrucksformen von Schönheit der Natur – im visuellen und akustischen Bereich (Strophe, Melodie), im olfaktorischen Bereich (Düfte, vielleicht auch Geschmack) und im ertastbaren Bereich von Oberflächengestaltungen – sind zunächst wohl überwiegend im Interesse des „Gesehenwerdens" (oder des „Unsichtbarmachens" durch Tarnung), des „Verstandenwerdens" (oder der „Irreführung") und des Wiedererkennens (ohne Verwechslung oder Verwechselbarkeit des Gesehenen) in der Evolution entstanden. Ästhetik kann damit in der Natur auch viele ökologische Gesetzmäßigkeiten der Farb-, Form- und Bewegungsgestaltung, der Duftgestaltung und Duftaustragung, der Sprache in Rufformen, in Strophen- oder in Liedgestalt durch Bewegung (Tanz), durch Flug- und Schwimmkünste berühren.

So, wie große Kunstwerke in der Regel unverwechselbar sind, soll dies auch für die „künstlerischen" Markenzeichen und Logos und für die vielen anderen visuellen Kennzeichen, für Kennrufe oder für Kennmelodien oder für Kenndüfte und auch für abstoßende chemische Mitteilungen („negative Ästhetik") der Natur gelten. Die Unverwechselbarkeit ist ein wichtiges Grundelement der künstlerischen Gestaltung. Andererseits soll „Schönheit" als Werbesignal auch schnell von seinem Inhalt her begreifbar werden, auch wenn es sich vielfach um sehr komplexe Aussagen handelt.

Die Schönheit wirkt um so mehr als Signal – von Blüten, Schmetterlingsflügeln, Vogelgefieder und vielen anderen Strukturen ausgehend –, je stärker ein Signal im Gedächtnis verbleibt und daher „nachhaltig" wirkt. Um schnell begriffen zu werden, muss ein Farbmuster möglichst geordnet und gleichmäßig sein. Um nicht verwechselt zu werden, bedarf es außerdem einer kennzeichnenden, sich nicht wiederholenden Komplexität des Signals.

Dieser Konflikt zwischen Einfachheit der Farbe und der Formmuster (um schnell verstanden zu werden) und der notwendigen Kompliziertheit (um nicht verwechselt zu werden) kennzeichnet die Ästhetik der Natur, oder besser ihre „Ästhetologie" – ihre Prinzipien der Vermittlung von geordneten Signalen. Ästhetische Signale werden als „schön" empfunden, auch ohne dass man ihre spezifische Nachricht, die sie enthalten, kennen muss.

In nach außen gerichteten Verhaltensweisen des Menschen und der Organismen – und jeder ihrer partnerschaftlichen Vorgänge des Informationsaustausches – stecken wohl auch immer ökologische Zielsetzungen. So ist das Verhältnis des Menschen zur Ästhetik auch ökologisch bestimmt, also oft auch in dem Bereich der Beziehungen zur Umwelt angesiedelt.

Der Mensch hebt sich nach Meinung vieler Biologen vor allen Dingen im Bereich der wissenschaftlichen und künstlerischen Leistungen sowie der weit vorausschauenden Vernunft (Zukunftsperspektiven abwägend) von den anderen Lebewesen ab – wenigstens in dem Sinne, dass Tiere aktive Wissenschaft und Kunst nicht leisten können. Aber wir vergessen dabei, dass die Organismen doch „*Geheimnisträger*" für komplizierte und wissenschaftlich auswertbare und auch erklärbare Vorgänge um Gesetze der Natur sind, und wir vergessen, dass sie auch „*Informationsträger*" sind für die technisch orientierte Wissenschaft und Wirtschaft, für die Biotechnologie und Gentechnik. Organismen sind, wie betont, auch „*Ästhetikträger*", indem sie sich gegenseitig mit Hilfe von ästhetikgetragenen Signalen informieren.

Die „Kultur" des Menschen wird durch die heutigen biologischen Kenntnisse zu seiner „zweiten Natur", wie dies Eibl-Eibesfeld formuliert. Wenn der Mensch und seine von uns angenommenen Kultur- und Zivilisationseigenschaften wesentlich von den Naturgesetzen abweichen, zerstört der Mensch seine „erste Natur" und damit natürlich auch seinen Zugang zur „primären Ästhetik" der Natur. Die „Betonkultur der Städte" kann den primären Bezug zur „grünen Kultur der Natur" zunehmend verringern, manchmal sogar vollständig beseitigen.

Die dem Erleben der Ästhetik zugrunde liegenden Mechanismen kann die biologische Ästhetikforschung wenigstens teilweise ergründen – diese Forschung bezeichnen Biologen als „Forschung über erlebnisbezogene Wahrnehmung". Die „Kunst" als solche kann auch als Fähigkeit bezeichnet werden, die verschiedensten Eigenschaften im betrachtenden Menschen zu aktivieren, die schließlich immer mehr zu seiner ästhetischen Erkenntnis- und Erlebnisfähigkeit führen. Das Verhalten zur Ästhetik in der Natur halte ich – ich sage das noch einmal betont – beim Menschen für weitgehend angeboren. Ich halte es auch durch das Lernen im Sinne einer ästhetisch bezogenen Umweltpädagogik für verstärkbar und für vertiefbar. Die ästhetischen Erfahrungen, die auf diese Weise gewonnen werden können, führen wiederum zum besseren Verständnis der „ästhetikbildenden Kunst". Dabei profitiert dann auch das Verständnis für eine „ästhetikbildende Natur".

Die Farb- und Formsprache der Natur hat natürlich ihre Regeln, die Bewegungsästhetik in der Natur ebenso, auch die Gesangsästhetik in der Natur. Dazu gehören die Lieder und Melodien von Vögeln, Heuschrecken und Zikaden; sie alle tragen diese Regeln in sich. Das Notenschreiben für die Musik und die Choreographie für den Tanz und die Zeichen für die Kunst der Bildersprache finden in der Natur also ihre Wiederholung, oder besser noch: haben in der Natur ihren Ursprung.

Ästhetik in der Natur fasse ich als Balance auf, erstens zwischen „einfachen" Symbolen, um schnell verstanden zu werden und um leicht behaltbar zu sein (um im Langzeitgedächtnis gut verankerbar zu sein), und zweitens zwischen Symbolen von genügender Kompliziertheit, um nicht verwechselt zu werden: Prinzip der generellen Unwahrscheinlichkeit der Wiederholung der Signale. Dabei treibt das bestehende angeborene Interesse am Neuen die Entwicklung von Informationssprachen mehr in die größere Komplexität hinein. Das Innovative ist nach meiner Auffassung ein wichtiger Bestandteil des Ästhetischen.

Bücher, Filme, Ausstellungen, welche die Schönheit der Natur vermitteln sollen – im Sinne der Verbesserung der Akzeptanz für den Naturschutz –, sollten immer mehr in den Vordergrund gebracht werden. Auch der vorwiegend ökonomisch kalkulierende Mensch ist auf „Schönheit" ansprechbar – möglicherweise eher als auf den so oft abstrakt verwendeten Begriff der „Biodiversität". So könnte manches Sichzurückbesinnen auf die eigentlichen Ursprünge des Naturschutzes, auch des Ästhetischen, vielleicht zu dessen besserer Akzeptanz führen.

Wichtige Persönlichkeiten in meinem Leben (wie Professor Meder, Biologielehrer und altes Mitglied des „Naturschutzbund Deutschland" schon in den 1930er Jahren) vermittelten mir auch die Schönheit über die Lupenbetrachtung millimetergroßer Kleinschmetterlinge, die uns Schülern zunächst wie Staubkörner erschienen. Biologielehrer wie Dr. Rohwedder, Botaniker und Sohn des bekannten Ornithologen Rohwedder (um die Wende des 19. zum 20. Jahrhunderts in Schleswig-Holstein lebend) – konnten Tränen der Freude vergießen vor der Schönheit etwa eines Zypressenbärlapps, wachsend im Naturschutzgebiet „Reher Kratt" im Kreis Steinburg (Schleswig-Holstein). Als Rohwedder in den 1960er Jahren diese Schönheit nicht mehr – stundenlang suchend – entdecken konnte, war sein Herz wenige Tage später gebrochen – er war tot. Rohwedder war der Motor für die Unterschutzstellung dieses Gebietes in den 1930er Jahren; der Granitstein mit seinem Namen in Gedenken seines Wirkens steht noch an dieser Stelle. Der Motor für seinen unglaublich starken, selbstlosen Einsatz für die Natur war das Erleben pflanzlicher Schönheit, gebunden aber an ein ungewöhnliches genetisch-botanisches und mathematisch-ästhetisches Wissenspotenzial auf hohem wissenschaftlichem Niveau. Ein halbes Jahrhundert zurück – aber dieser Eindruck liegt gleichbleibend stark in meiner Erinnerung.

Einflüsse von Persönlichkeiten
Naturschutz ist sicher in großem Maße von Jahrzehnt zu Jahrzehnt und von Epoche zu Epoche über ein historisches Netzwerk von Persönlichkeiten weitergegeben worden. Es wäre interessant, einmal genauer zu erfahren, wer in der Evolutionsgeschichte des Naturschutzes von wem wichtige Impulse empfing und wie von gar nicht so zahlreichen Persönlichkeiten ein Menschenzeitalter genutzt wurde, um in einer bestimmten Zeit das Gesicht des Naturschutzes zu prägen. War es in den 1940er

Jahren – neben persönlichen Begegnungen – vor allen Dingen die geschriebene Information, die Naturschutz verlässlich gestaltete oder die Naturschutz weiterentwickelte, so wurde von den 1950er Jahren an die Bedeutung der Fotografie in der Vermittlung von Naturschutzgedanken immer größer. Von den 1960er Jahren an spielte der Hörfunk, auch als Schulfunk, eine große Rolle. Seit Anfang der 1970er Jahre wuchs die Bedeutung des Films – und von diesem Jahrzehnt an auch die Bedeutung des Fernsehens – für den Naturschutz.

Von den vielen Persönlichkeiten, die Einfluss auf meine Naturschutzpositionen hatten, kann ich an dieser Stelle nur einige erwähnen. Da war der alte Vegetationskundler Dr. h.c. Willi Christiansen, der schon im letzten Weltkrieg in Kiel eine „Landesstelle für Vegetationskunde" mit großen Herbarien aufbaute – in seiner Privatwohnung. Er trug seine Anliegen des Naturschutzes immer bescheiden vor und hatte zugleich doch von einem ungewöhnlichen ökobotanischen Wissen aus einen nachhaltigen Einfluss auf viele andere Menschen.

Gern nenne ich unter Zeitzeugen immer wieder Dr. h.c. Horst Stern, der im Jahre 2002 80 Jahre alt wird. Die Wirkung entfalteten auf mich zunächst seine Bücher und Artikel. Aber in den Jahren 1969 bis 1979 waren es dann die 26 Fernsehfolgen in der Reihe „Sterns Stunden" – zunächst ausgestrahlt vom Süddeutschen Rundfunk (SDR). Ich nenne beispielsweise: „Sterns Bemerkungen über die Spinnen – Leben am seidenen Faden". Schon 1971 bekam Horst Stern für diese Reihe, die eben erst begonnen hatte, den „Goldenen Bildschirm".

Die Gründung der „Gruppe Ökologie" – gemeinsam mit Konrad Lorenz, Bernhard Grzimek und Heinz Sielmann – war eine weitere Leistung im Jahre 1972. 1974 erhielt Horst Stern dann den Ehrendoktortitel für Sozialwissenschaften – eine ungewöhnliche Ehrung für einen im Naturschutz arbeitenden Menschen – von der Universität Stuttgart-Hohenheim. Einige Jahre später erlebte ich ihn sehr oft im Rahmen des „Aktionsprogramms Ökologie", das in der Zeit der Regierung unter Helmut Schmidt von 1979 bis 1983 von zahlreichen Ökologen ausgearbeitet wurde und vor allem in Bezug auf die berufenen Persönlichkeiten von dem damaligen Innenminister Dr. Baum eingerichtet worden ist. Es war ein Programm, innerhalb dessen ich Horst Stern besonders in der Steuerungsgruppe in Bonn wirken sah und seinen Einfluss erleben konnte.

Noch mehr Kontakte gab es mit ihm in der Zeit von 1980 bis 1984, wo Horst Stern Herausgeber und Chefredakteur der von ihm neu aufgebauten Zeitschrift „natur" wurde. An die Gespräche in den Stunden der Vorbereitung der Nullnummer der „natur" (als Markttest in München) erinnere ich mich sehr genau. Da wurde Naturschutz bis tief in die Nacht hinein gedacht und erlebt und umzusetzen versucht. Vier Jahre lang hatte ich dann das Glück, Horst Stern oft in den vielen Gesprächen zur Ausgabe der jeweils nächsten Nummer dieser wichtigen Zeitschrift als Chefredakteur zu erleben, in deren wissenschaftlichem Beirat ich in diesen Jahren mitwirkte.

Hier wurde um die Akzeptanz von Menschen in Bezug auf jedes Wort, jede Antwort und um jede Frage gerungen. Zeile für Zeile musste eindringlich sein. Das war ein großer Einfluss eben über das geschriebene Wort, für dessen Formulierung ich niemals im Hinblick auf den Naturschutz Eindringlicheres erlebt habe als aus dem Munde oder aus der Feder von Horst Stern.

Eindringlich waren auch die Spaziergänge mit ihm, auf denen er seine aktuellen Beobachtungen in Worte fasste. In den 1980er Jahren, als ich als Umweltminister tätig war, wurde ich in einem Interview gefragt: „Mit wem möchten Sie einmal einen langen Spaziergang machen?" Spontan kam von mir die Antwort: „Mit Horst Stern". Oft besuchte er mich zu Hause. Einmal – zusammen mit Sabine Paul – zwei Tage lang, und es entstand das Interview für die Wochenzeitung DIE ZEIT mit dem Titel: „Bäume gehen nicht in Rente – die Natur als Systemmanagerin".

Zu Horst Sterns 75. Geburtstag kam mir der Gedanke, ihn in einem von Ludwig Fischer herausgegebenen Buch mit dem Titel „Unerledigte Einsichten: der Journalist und Schriftsteller Horst Stern" (Hamburg 1997) in seinem Einfluss auf die Politik zu beschreiben. Ich nannte meinen Artikel „Ein Schriftsteller und sein politischer Einfluß auf den Natur- und Umweltschutz – ein Zuruf". Ich begann den Artikel mit den Sätzen: „Er winkte stets gelassen ab, wenn es um die Bewertung seines politischen Einflußes und seiner politischen Erfolge ging, die er für den Naturschutz erzielte: Horst Stern. Warum eigentlich winkte er ab? Warum war er immer unzufrieden mit dem, was er für die Natur in der politischen Realität – im Tagesgeschäft und im Jahrzehntgeschäft – erreichen konnte? Wieso ignorierte er jene Erfolge, die er hinsichtlich des Umdenkens in der Gesellschaft bewirkt hat? An welchen Maßstäben orientierte er sich, wenn er meinte, er könne das emotionale und rationale Verhältnis dieser Gesellschaft zur Natur doch nicht ändern? Und als Antwort dachte ich: Weil Horst Stern eine nur stückweise Verbesserung der ökologischen Verhaltensweisen des Menschen als Maßstab der Effektivitätsbewertung – insbesondere für sich selbst – nicht gelten ließ.

Horst Stern will den Fortschritt des menschlichen Fühlens, Denkens und Tuns am Umfang der realen Entlastung der Natur – eine Entlastung, die nicht nur mikroskopisch sichtbar sein soll – bemessen; er will eine Absage hören von wenigstens den wichtigsten Politikern aus allen Lagern gegenüber den empörenden Raubzügen des Menschen gegen die Natur, und er will diese Absage dann auch vollzogen sehen. Natürlich vor allem im eigenen Land und nicht nur in Nationalparks in Afrika."

Ich denke, wenn ich an seine Schreibformen erinnere, an einen Satz, den er in den letzten Jahren zur Erhaltung der großen Oderbruchlandschaft schrieb: „Obwohl einer gewissen Kompromißlosigkeit im Naturschutz lang das Wort redend und die Rückkehr der Wildnis auf Teilen von Wald und Flur fordernd, kann ich doch nicht denjenigen für einen Feind der Natur halten, der seine tradierte seelische Prägung zum Kulturwesen nicht mittels Kopfarbeit zu überwinden vermag. Nicht vor einem Ausbeuter der Natur wäre ich um Worte verlegen, wohl aber vor einem Menschen, der mich fragt, wozu es an der Oder und überhaupt gut sein sollte, die noch bewirtschafteten, dem Auge freundlichen grünen Felder zu Gelb und Braun verwildern zu lassen, wie auf der polnischen Seite, wo der Krieg die Flutwehre zerstörte und das seither ‚ungepflegte' Land verbuschte und verschilfte – wozu also, wenn ein solcher Naturschutz eine seiner heiligsten Ikonen vertreibt, den Wachtelkönig (Crex crex), einen passionierten Fußgänger, der hier sein bedeutendstes deutsches Brutgebiet hat, hochwachsende Wildnis aber fliehen würde?"

Und dann einige Sätze weiter: „Umgemünzt auf die Evolution als den neuen Schöpfergott, besagen diese Worte nicht anderes, als daß das Widersprüchliche in der Natur kein Grund sein kann, den Glauben an die Notwendigkeit des Schutzes ihrer Voraussetzungen, eine ungestörte Natur, aufzugeben."

Man muss also auch schon nachdenken und sehr mitgehen, wenn man die Worte von Horst Stern – im Alter zunehmend tiefer und eindringlicher gestaltet – in ihrer Tiefe verstehen will. Horst Stern verzehrte sich für den Naturschutz in seinem emotionalen Einfluss als begnadeter Schriftsteller und Journalist – der größte Literat, den wir nach meiner Einschätzung für den Naturschutz bisher im deutschsprachigen Raum hatten –, er war und ist ergreifend echt.

Bewundert habe ich auch immer wieder bis heute Prof. Dr. Wolfgang Engelhardt, den jetzigen Ehrenpräsidenten des Deutschen Naturschutzrings (DNR). 32 Jahre lang ist er Präsident des Deutschen Naturschutzrings gewesen: immer präsent, immer höflich, immer direkt, immer vermittelnd, immer auch politisch, immer da, wo er gefragt war, und sich verzehrend für den Naturschutz. Und was ihn so unersetzlich macht: der selbstlose Einsatz für das Notwendige, auch gerade für andere Menschen, immer auch mit dem Versuch verbunden, im richtigen Augenblick das Richtige zu tun. Und er war und ist ein Mensch, der gerne „Danke" gesagt hat – ganz echt von innen heraus. Ein Dank an andere, den der Naturschutz heute so oft vergisst. Ein Mangel und ein Grund auch dazu, dass Naturschutz seine gesellschaftlichen Schwierigkeiten immer wieder erlebt.

Hoch respektiert und geschätzt habe ich auch, um wenigstens noch eine weitere Persönlichkeit in dem Zusammenhang hier und heute zu nennen, Prof. Dr. Wolfgang Erz, zuletzt Fachbereichsleiter am Bundesamt für Naturschutz in Bonn. Mit 61 Jahren (1998) starb Erz, den ich in den 1950er Jahren schon als Student kannte.

Er war ein grundsätzlicher Denker und Organisator – beispielsweise für die Deutschen Naturschutztage, die in ihrem Gelingen und in ihren Inhalten sehr von ihm profitierten. Seine Gedanken waren immer prinzipiell, stark bewertend, in seinen Aktionen ohne Rücksichtnahme auf sich, seine berufliche Position und sein Schicksal. Manchmal vielleicht zu einseitig und zu schroff, oft andere vor den Kopf stoßend, die es möglicherweise nicht verdienten, aber immer wieder systematisch klar und in neue Bereiche vordringend. Wie sehr er wirkte, habe ich besonders an meinem Schmerz bemerkt, als ich plötzlich vor drei Jahren von seinem Tode erfuhr – der Herzinfarkt ereilte ihn, weil ihn sein Einsatz für die Natur in einem ununterbrochenen, dauerhaften, übergroßen Stress hielt. Auch beim Schreiben jetzt tut es mir weh, wie damals im August 1998. Wolfgang Erz hat bei mir als Zeitzeuge von Jahrzehnten Naturschutz tiefe Spuren hinterlassen.

Ausblick

Eigentlich hatte ich vor, noch einige Gedanken über die „Überträgerrolle der Politik" im Hinblick auf den Naturschutz zu äußern. Aber wegen der Kürze der mir verbleibenden Zeit darf ich hier auf meinen Aufsatz hinweisen: „Naturschutz und Politik" in der Zeitschrift „Natur und Landschaft".

Literatur

Bundesminister des Innern (Hg.): Umweltbrief 29, Abschlußbericht „Aktionsprogramm Ökologie". Bonn 1983.

Heydemann, B.: Ökologisches Gleichgewicht. Grenzen der Belastung – Grenzen des Erkennens. Studium Generale, Ruprecht-Karls-Universität (Reihe: Möglichkeiten und Grenzen der Naturwissenschaften). Heidelberg 1984, S. 93–112.

ders.: Folgen des Ausfalls von Arten – am Beispiel der Fauna, in: „Warum Artenschutz?". Deutscher Rat für Landespflege 1985, Heft 46, S. 581–594.

ders.: Grundlagen eines Verbund- und Vernetzungskonzeptes für den Arten- und Biotopschutz. Grüne Mappe des Landesnaturschutzverbandes Schleswig-Holstein 1986, S. 11–22.

ders.: Die Natur als Partner. Flensburger Hefte, Sonderheft „Biologisch-Dynamische Landwirtschaft, Ökologie, Ernährung". Flensburg 1987.

ders.: Naturstrategien – Leitbild einer neuen Stoffwirtschaft. UWSF – Z. Umweltchem. Ökotox. 1993, 5 (6), S. 301–302.

ders.: Ein Schriftsteller und sein politischer Einfluß auf den Natur- und Umweltschutz – ein Zuruf, in: Fischer, L. (Hg.): Unerledigte Einsichten. Der Journalist und Schriftsteller Horst Stern. Beiträge zur Medienästhetik und Mediengeschichte Bd. 4, LiT Verlag Hamburg 1997, S. 273–288.

ders.: Naturschutz und Politik. Natur und Landschaft, 72. Jg., 1997, Heft 1, S. 39–44.

ders.: Strategien der Evolution. Politische Ökologie 62 (1999), S. 46–48.

ders./Müller-Karch, J.: Elementare Kunst in der Natur. Karl Wachholtz Verlag 1989.

Hermann Josef Roth

Der Drachenfels: Von der Polizeiverordnung 1836 bis zum Naturpark Siebengebirge

Der Drachenfels im Siebengebirge bei Bonn gilt als „ältestes Naturschutzgebiet Deutschlands". Diese Formulierung ist jedoch weder juristisch noch historisch korrekt. Vielmehr wurde der heutige Status erst nach heftigen Auseinandersetzungen und auf Umwegen langfristig erreicht.

Vorgeschichte
Bis Ende des 18. Jahrhunderts war das Siebengebirge nur ein Teil jener Randhöhen des Rheintales, die von der dort ansässigen Bevölkerung mehr oder weniger stark genutzt wurden.

Bereits die Römer bauten den Trachyt in einem noch heute unter dem Gipfel des Drachenfels erkennbaren Bruch als Baumaterial ab.[1] Im Mittelalter war das Gestein zur Anfertigung von Architekturgliedern gotischer Bauwerke begehrt. Abbaurechte des Kölner Domkapitels, mit denen später die Herren von Gudenau belehnt waren, sind 1347 bezeugt.[2]

Die Brüche wurden 1642 an drei Steinhauer verpachtet und belieferten trotz Kriegszeit Baustellen der Jesuiten in Kurköln. Die Bonner Jesuitenkirche (1686–1688) dürfte der letzte „Drachenfels-Bau" sein. Das Interesse an dem Material war versiegt, weil die Sanidin-Kristalle im Trachyt den Wert des Gesteins als Baumaterial senkten, was während des Krieges offenbar mangels Alternativen hingenommen worden war. Die alte Domkaule war bereits mit Abbruch der Dombauarbeiten zu Köln eingestellt worden.

Die Waldungen im Siebengebirge waren gleichfalls intensiver Nutzung ausgesetzt. Der Weinbau hatte hohen Bedarf an Holzpfählen. Allein die Gemarkung Königswinter lieferte innerhalb eines Jahres etwa 350.000 Stück „Rahmen". Die Laubstreu fand landwirtschaftlich Verwertung. Ende des 18. Jahrhunderts war das Siebengebirge weitgehend entwaldet und verbuscht.[3]

---

1 Frieder Berres, Heimatverein Siebengebirge (Hg.): Die Steinbrüche und der Hafen der Römer am Drachenfels in Königswinter. Königswinter 1992.
2 Maria Geimer: Petersberg, in: Franz Petri u.a. (Hg.): Handbuch der historischen Stätten Deutschlands: Nordrhein-Westfalen. Stuttgart 1970, S. 609.
3 Herbert Schmidt: Aus der Wald- und Forstgeschichte des Siegkreises. Eine Auswertung des Archivs des staatlichen Forstamtes Siegburg (Veröff. Geschichts- u. Altertumsver. Siegbg. u. Rh.-Sieg-Krs., 10). Siegburg 1973, S. 58–59, 76–77.

Zwar verlief die Besiedlung des Siebengebirges seit dem Mittelalter eher rückläufig. Die Burg auf dem Drachenfels war 1634 geschleift worden und wird 1634 als Ruine bezeichnet.[4] Das Schloss auf der Wolkenburg war „lange vor 1592" verfallen.[5] Die Klostergründungen auf dem Petersberg,[6] der schon zur Spätlatène-Zeit eine Fliehburg trug, waren beide Male gescheitert (1176, 1192). Stattdessen aber entfaltete sich zu Festtagen eine rege Wallfahrt, von der noch heute die dortige Kapelle (1312, 1763 erneuert) zeugt. Der Drachenfels war Ziel mancher Landpartie Bonner Herrschaften, zu denen „Musik und Tanz, Freudenfeuer und Böllerschüsse" gehörten, was man bis jenseits des Rheins als Belästigung empfand.[7] Diese Freizeitnutzung erfolgte zunächst nur periodisch und blieb ohne schwerwiegende Folgen.

Entdeckung

Das Siebengebirge findet in den verschiedenen Rheinbüchern, die seit dem 16. Jahrhundert erschienen sind, immer wieder Erwähnung.[8] Doch überwiegen eher sachliche Mitteilungen zur Geographie. Erst im Zuge der Rheinromantik und der Pflege „vaterländischer Gesinnung" erfuhr es besondere Würdigung und erhielt den Charakter eines Nationalmonumentes.

Dr. med. Johann Bernhard Constantin von Schönebeck aus Bonn hat wohl als Erster „Die sieben Berge bey Bonn" (1784) touristisch beschrieben.[9] Wie er stammen auch die Verfasser zweier weiterer Werke, die durch ihren Reichtum an Details eine wichtige Stellung innerhalb der damaligen rheinischen Reiseliteratur erlangt haben, aus unserem Raum: Ferdinand Wurzer[10] aus Brühl mit seinem „Taschenbuch zur Bereisung des Siebengebirges" (1805), Joseph Gregor Lang[11] aus Koblenz mit seiner „Reise auf dem Rhein" (1818), Johann August Klein[12], ebenfalls aus Koblenz, mit seiner „Rheinreise von Mainz bis Köln" (1828).

---

4 Paul Clemen (Hg.): Die Kunstdenkmäler der Rheinprovinz, 5: Die Kunstdenkmäler des Siegkreises. Bearbeitet von Edmund Renard. Düsseldorf 1907, S. 113.
5 Clemen, Siegkreis, S. 115.
6 Handbuch S. 609; Clemen, Siegkreis, S. 54, 149.
7 So z.B. im Jahr 1730 lt. Theo Hardenberg: Der Drachenfels. Seine „Conservation vermittelst Expropriation", in: Rheinische Heimatpflege 4 (N.F.), 1968, S. 274–310.
8 Josef Ruland: Echo tönt von sieben Bergen. Das Siebengebirge, ein Intermezzo europäischer Geistesgeschichte in Dichtung und Prosa. Boppard 1970. Ruland zitiert eine Fülle von Beispielen. Eine zusammenfassende Übersicht zur Rheinromantik u.a. bei Werner Schäfke: Der Rhein von Mainz bis Köln. Köln 1982, S. 10–13.
9 Ruland, S. 226.
10 Ruland, S. 32–33.
11 Ruland, S. 33–37.
12 Ruland, S. 37–39.

Zum Jahrestag der Völkerschlacht von Leipzig organisierte 1814 der Landsturm des Siebengebirges einen Festakt. Dabei wurde auf dem Drachenfels der elf Meter hohe Obelisk aus Wolkenburger Gestein enthüllt und unter anderem auch der beiden einheimischen Gefallenen, Major von Boltenstern und Landsturm-Hauptmann Joh. Jos. Grenger, gedacht. Kein Geringerer als Joseph Görres berichtete im Rheinischen Merkur über die Feierlichkeiten. Ein zweiter Gedenkstein (1816) sollte an den vorjährigen Besuch des preußischen Kronprinzen in Königswinter erinnern, wobei auch eine Besteigung des Drachenfelses durch königliche Hoheit erfolgt war.[13]

Durch solche Vorbilder angeeifert häuften sich in der Folge patriotische Feiern der verschiedensten Veranstalter, wie Kriegsveteranen, Kriegervereine, Schützengesellschaften, Gesangvereine und studentische Korporationen. Am 18. Oktober 1818 fand ein Turnertreffen statt, zu dem Vertreter aus Aachen, Bonn, Gießen, Koblenz, Köln, Königswinter, Siegen, Siegburg, Trier und dem Westerwald angereist waren. Vom Treffpunkt Bonn marschierten sie auf den Drachenfels, wo ein Feuer entfacht und Nachtwache gehalten wurde.[14]

Ein Studententreffen (1819) bedachte Heinrich Heine mit weniger respektvollen Versen.[15] Doch scheinen auch die Professoren an den Äußerungen des studentischen Patriotismus Anstoß genommen zu haben, denn im folgenden Jahr erließ der Kurator der Universität, Rehfuehs, ein entsprechendes Verbot. Vermehrte Aktivitäten der Veteranen des Landsturms sorgten für lärmenden Ausgleich.

Nach dem Wiener Kongreß (1815) besuchten vermögende Briten zunehmend die Rheinlande und hier bevorzugt das Siebengebirge. Verse von Lord Byron („The castled crag of Drachenfels") verraten, wie viel Rummel im Mai 1816 hier geherrscht haben mag.[16]

Der Zustrom musste in geordnete Bahnen gelenkt werden, um Verdienst abzuwerfen. Seit 1827 war die Anreise per Dampfschiff möglich geworden. Von Bonn setzte man mit dem Nachen über. In Königswinter erwarteten Fremdenführer mit Reiteseln die Gäste. Auf dem Drachenfels stand noch kein Gasthaus, so dass die Bewirtung im Freien erfolgte.

Bedrohung

Ein Felssturz machte 1773 die Gefahren im Gefolge des Gesteinsabbaus deutlich. Dann stürzte auch noch die talseitige Außenmauer der Burg ein (1788). All das scheint aber kaum Eindruck hinterlassen zu haben. Erst ein Sprengfehler veranlasste im Jahre 1807 den Domänenrentmeister von Ley zu einer Anzeige, der mit einem

---

13 Zitat bei Hardenberg, S. 279.
14 Text der Einladung bei Hardenberg, S. 277.
15 Ebd. vollständiger Abdruck des Gedichtes.
16 Zitat bei Hardenberg, S. 280; zu Byron s. Ruland, S. 132–134.

polizeilichen Verbot des Steinbrechens entsprochen wurde.[17] Objekt der Besorgnis waren in erster Linie die Domänen-Weinberge und der Wülsdorfer Hof unterhalb der Burgruine, die akut durch Steinschlag gefährdet schienen. Immerhin markiert das Datum den Beginn von Maßnahmen zum Schutz des Drachenfelses. Mehrere Gesuche um Lizenzen zum Gesteinsabbau wurden von der bergischen Regierung konsequent abgelehnt.[18]

Der dem Drachenfels nach den Siegen über Napoleon zugewachsene Symbolwert und seine Bedeutung als Ausflugsziel brachte allmählich auch denkmalpflegerische Gesichtspunkte in die andauernde Diskussion um seine Nutzung ein. So erließ der Regierungspräsident zu Köln Anfang der 1920er Jahre eine Verfügung an die örtlichen Behörden, „sich jeder Maßregel zu widersetzen, welcher die Erhaltung der Ruine nachtheilig werden könnte", wie er später in Erinnerung rufen sollte.[19] Dies ist die tatsächlich erste Schutzverordnung im Siebengebirge, die über rein sicherheitspolizeiliche Maßnahmen hinausreicht. Sie zeigt aber auch, dass es inhaltlich um Denkmalpflege und keineswegs um Naturschutz im heutigen Sinne ging. Rechtlich war sie ohne ernste Wirkung und trug eher den Charakter eines Appells.

Offensichtlich war der Gesteinsabbau verstärkt wieder aufgenommen worden. Die von Gudenau hatten nämlich 1813 ihren rechtsrheinischen Besitz an Clemens August Schaefer und dessen Bruder Philipp Joseph Schaefer verkauft. Ersterer war bisheriger Rentmeister derer von Gudenau und arbeitete jetzt als Notar. Zugleich amtierte er als Bürgermeister von Königswinter. Auch sein Bruder stand bisher als Domänenrentmeister im Dienst der Gudenauer. Ausgenommen blieben die Steinbruchsrechte und die Jagdgerechtsame, wobei aber den neuen Besitzern das Vorkaufsrecht zugestanden wurde. Die beiden Schaefers hatten sich freilich mit dem Kauf übernommen, die sich bietende Chance aber durchaus realistisch eingeschätzt, wie sich bald zeigen sollte.

Seit 1823 begann man nämlich am Kölner Dom mit umfangreichen Reparaturarbeiten, die während der Franzosenzeit verschleppt worden waren. Ein Jahr später erfolgte die Neugründung der Dombauhütte (1824). Deren größtes Problem war die Beschaffung von Baumaterial, das sowohl den technischen als auch den künstleri-

---

17 Hardenberg, S. 275, 285.
18 Damals Großherzogtum Berg unter französischer Oberhoheit. Vgl. Hermann Josef Roth: Das Bergische Land. Geschichte und Kultur zwischen Rhein, Ruhr und Sieg. Köln 1982, S. 14–15, 205–218; Wilhelm Janssen: Kleine Rheinische Geschichte. Düsseldorf 1997, S. 270–271; frz. Zitate u.a. aus dem Jahr 1808 bei Hardenberg S. 285.
19 So zitiert der Regierungspräsident am 1.12.1827 die Verordnung vom 15.12.1823; nach Hardenberg S. 292–230.

schen Erfordernissen genügen würde. Dombaumeister Ahlert besuchte deshalb unter anderem auch die Brüche an der Wolkenburg gegenüber dem Drachenfels.[20]

Da sich die beiden Schaefers technisch und finanziell überfordert sahen, der Nachfrage zu genügen, nahmen sie das Angebot der bei ihnen nicht gerade beliebten Steinhauer an, den Drachenfelskegel, die dortigen Steinbruchrechte, den kurkölnischen (östlichen) Teil der Wolkenburg und Anteile am Ofenkaulenberg zu erwerben. Die Gewerkschaft der Steinhauer war 1817 gegründet und 1818 amtlich bestätigt worden. Ihr Anliegen war die Gewinn bringende Fortsetzung des Gesteinsabbaus am Drachenfels und damit die Sicherung von Arbeitsplätzen in Königswinter.

Bürgermeister Schaefer erstattete der Königlichen Regierung in Köln Bericht und bot ihr das Objekt zum Kauf an.[21] Diese empfand das Angebot aber offensichtlich als Finte. Man wusste ja um das Verhältnis zwischen Bürgermeister und Gewerkschaft. Vor allem hielt man die genannte Kaufsumme von 8.000 Talern für überzogen. Außerdem hatte der Bürgermeister gleichzeitig dem Dombau-Inspektor Ahlert neben einer Abschrift besagter Eingabe auch die Versicherung zugehen lassen, dass den gewerkschaftlichen Arbeitern die Genehmigung zur unverminderten Fortsetzung des laufenden Abbaues erteilt worden sei, damit am Dom keine materialbedingten Engpässe auftreten könnten.

Statt einer Antwort an Schaefer ließ die Regierung alte Rechte untersuchen, nach denen die Eigentümer ohnehin zum Erhalt der Ruine verpflichtet sein sollten, was aber Bürgermeister Schaefer als ehemaliger Rentmeister der Herren von Gudenau glaubhaft bestritt.[22] Aktenkundig war lediglich ein Jahrzehnte zurückliegender Rechtsstreit zwischen Kurköln und den Gudenauern um den Drachenfels.[23] Diesen nahm die Regierung zum Vorwand, Schaefer vor einem Verkauf zu warnen.

Schaefer schätzte die Rechtslage anders ein und verkaufte im Jahr darauf an die Steinhauer-Gewerkschaft, ohne die Regierung zu informieren.[24] Einen unbezahlten Rest der aus Krediten aufgebrachten Kaufsumme ließen die Verkäufer als Hypothek stehen. Sofort wurden die Brüche baufertig gerüstet, und über einhundert Hauer rückten alsbald dem Drachenfels zu Leibe.

Das Interesse am Drachenfels war trotz des nicht gerade optimalen Trachyt dadurch bedingt, dass es in der Nähe keine Alternativen gab. Die Wolkenburg war erschöpft. Der Bruch bei Rhöndorf lieferte schlechte Qualität. Der Latit (Andesit) vom Stenzelberg war zwar gut, aber sehr hart. Zudem ließ der relativ lange und

---

20 Über diese Phase des Dombaues s. Paul Clemen: Die Kunstdenkmäler der Rheinprovinz, 6: Der Dom zu Köln. Düsseldorf 1938, S. 69–75.
21 10.8.1826, Hardenberg, S. 288.
22 Zitiert bei Hardenberg, S. 289.
23 Anlass war das Erlöschen der Waldbott-Bassenheim zu Gudenau im Jahr 1735. Vgl. Handbuch, S. 737; Hardenberg, S. 289.
24 7.9.1827, Hardenberg, S. 289.

schadhafte Transportweg zum Rhein das Produkt zu teuer werden. Ferner war dieses Gestein nur beschränkt verfügbar, weil bereits Lieferverpflichtungen für Festungsbauten bestanden. So blieb eben nur der Drachenfels.

Öffentlichkeit und Regierung waren empört, die Presse schäumte. Aus den Berliner Zeitungen[25] erfuhr auch der König „Aus den Rheingegenden". Bereits zwei Tage später ließ der Kronprinz seinen Hofmarschall v. Massow einen Brief an den Oberpräsidenten in Koblenz, von Ingersleben, richten und ihn beschwören, „dem Unwesen der Zerstörung solcher geschichtlicher Denkmäler zu steuern."[26] Er ließ sogar versichern, dass sich die Hohenzollernfamilie auch finanziell am Erhalt des Drachenfelses beteiligen wolle. Allerdings halte man den zwischen Schaefer und der Gewerkschaft ausgehandelten Betrag von 8.000 Talern für unangemessen.

Aber die Königswinterer waren sich in diesem Punkt einig und wollten auf gar keinen Fall eine Wertminderung zugestehen. Die nach der Übereignung im Steinbruch beschäftigte Arbeiterschaft scheint sich rasch verdoppelt zu haben.[27] Die Gewerkschaft bot sogar in der Presse[28] an, „für die sehr mäßige Summe von 8.000 Thlr. die Ruine unangetastet zu lassen." Weder Kronprinz noch Oberpräsident hatten also die Stimmung vor Ort richtig eingeschätzt.

Separat hatte König Friedrich Wilhelm III. aufgrund vager Nachrichten bereits im Oktober durch den Chef des Militärkabinetts, Freiherr v. Witzleben, Auskunft beim Kölner Regierungspräsidenten Delius erbeten. Dessen Antwort bezichtigt den Bürgermeister Schaefer und die von Gudenau, ein „eigennütziges Spiel" zu treiben. Wohl sei als sicher anzunehmen, das Schaefer die Ruine selbst unangetastet lassen wolle. Doch stellt der Regierungspräsident klar, dass die Sicherung des Drachenfels auf Dauer nur durch einen Ankauf gelingen könne, der ober- und unterirdische Besitzrechte vereint.[29]

Die Hohenzollern engagierten sich in den ihnen zugewachsenen Gebieten, den jetzt „preußischen Rheinlanden", nicht zuletzt durch Erwerb von Grundeigentum. Zuvor hatte die Stadt Koblenz dem Kronprinzen den Stolzenfels als Geschenk überlassen (1823). Sein Vetter, Prinz Friedrich, kaufte Rheinstein (1825) und der Kronprinz Stahleck. Prinz Wilhelm erwarb Rheinfels bei St. Goar (1843) und seine Frau die Godesburg (1844).[30]

Während diese Korrespondenzen ausgetauscht wurden, ging der Gesteinsabbau munter weiter. Die Zeitungen redeten von „Vandalismus", die Regierung aber arg-

---

25 Berliner Haude, Spenersche Zeitung v. 30.11.1827; Hardenberg, S. 290.
26 2.12.1827, zitiert bei Hardenberg, S. 290.
27 Nach Hardenberg, S. 291, sollen jetzt 250 Arbeiter im Einsatz gewesen sein.
28 Bonner Wochenblatt v. 2.12.1827; Hardenberg, S. 291.
29 Hardenberg, S. 291–292.
30 Vgl. u. a. Schäfke, S. 10–13, 89, 115, 127, 144.

wöhnte, die Meldungen seien von den interessierten Personen in Königswinter veranlasst worden als Teil ihres Pokerns, das letztendlich den Drachenfels zu einem möglichst hohen Preis dem Staat aufdrängen sollte.

Etwa gleichzeitig erinnerte der Regierungspräsident in Köln den Kultusminister v. Altenstein auf dessen besorgte Anfrage[31] an die Verfügung von 1823. Diese aber besaß, wie bereits vermerkt, nur den Wert eines Appells.

Trotz des lebhaften Arbeitsablaufs am Drachenfels und fortgesetzter Sprengungen darf nicht unterstellt werden, man habe mutwillige Zerstörungen beabsichtigt. Vielmehr dürfte die Mehrheit der Bevölkerung von Königswinter durchaus am Erhalt von Berg und Burgruine interessiert gewesen sein. Landrat Scheven verhandelte deshalb mit der Stadt. Im Stadtrat saßen aber auch die Steinhauer-Geschäftsführer Heinrich Joseph Spindler und Theodor Bachem. Sie und Bürgermeister Schaefer kannten die Investitionssummen und wussten sehr wohl, dass die Stadt die dadurch hohe Kaufsumme nicht würde aufbringen können.[32] Sie erfuhren zudem per Indiskretion von der Einschätzung der Lage durch den Regierungspräsidenten, was ihnen einen taktischen Vorteil verschaffte.

Da stürzte im Mai 1828 nachts ein Stück Mauerwerk („Mönch" oder „Kapuziner") der Ruine ein. Teile davon rollten sogar bis in die Weinberge. Das lieferte der Regierung den Anlass zu einem generellen Verbot des Gesteinsabbaus.[33] Rechtlich waren sicherheitspolizeiliche Gesichtspunkte maßgebend, nicht aber Motive der Denkmalpflege oder gar des Naturschutzes. Die Presse erwog in langen Artikeln das Für und Wider dieser Maßnahme.[34]

Prompt erhob die Gewerkschaft Einspruch vor Gericht. Die Regierung bestritt jedoch dessen Zuständigkeit, da es sich doch um eine Polizeimaßnahme handele. Daraufhin wandte sich die Gewerkschaft an das Innen- und Polizeiministerium in Berlin.[35] Diese ordneten eine bergpolizeiliche Untersuchung an. Unabhängig davon wurde eine solche durch den Kölner Regierungspräsidenten veranlasst. Es zeigte sich, dass die Sicherheitsbestimmungen wenig Handhabe boten, die Angelegenheit zu klären.[36]

Die Regierung stand vor einer schwierigen Alternative: Entweder zahlte sie den überhöhten Kaufpreis oder schritt zur Enteignung. Letzteres erfolgte dann tatsächlich am 23. Mai 1829 durch Kabinettsordre[37] „zur Beförderung allgemeiner Sicherheit".

---

31 S. Anm. 19.
32 Zitat bei Hardenberg, S. 295.
33 Hardenberg, S. 298.
34 Hardenberg, S. 296–298.
35 Schreiben Spindler vom 7.10.1828; Hardenberg, S. 298.
36 Hardenberg, S. 299: Auszug aus einem späteren Bericht des Innenministers v. Schuckmann über die Stellungnahme der Regierung vom 17.2.1829.
37 Zitat bei Hardenberg, S. 300.

Die Regierung unterrichtete die Steinhauer erst ein Jahr später.[38] Durch Ratskammerbeschluss[39] des Landgerichts wurde dem Antrag der Regierung stattgegeben und der Fiskus in den Besitz des Drachenfelses eingewiesen.

Die Gewerkschaftler Spindler und Bachem legten Beschwerde ein,[40] die aber verworfen wurde. Gleichzeitig appellierten sie zweimal an den König, wobei sie sogar an die alte Polit-Story vom Müller von Sanssouci erinnerten und für sich selbst nur die lautersten Motive reklamierten. Die beabsichtigte Zerstörung der Burgruine werde unterstellt. Vielmehr seien alle üblichen Sicherheitsmaßnahmen getroffen worden, zumal der Drachenfels vielen Familien in Königswinter den Lebensunterhalt sichere. Zuletzt lieferten die Antragsteller auch einen Stadtratsbeschluss mit, der den Weiterbetrieb der Steinbrüche forderte.

Die zweite Eingabe war nötig geworden, weil der erste Appell an die Ministerialbehörde zwecks Stellungnahme weitergeleitet worden war. In ihren Antworten stellten Innenminister v. Schuckmann und Regierungspräsident Delius die Forderungen als unangemessen dar.[41]

Der König blieb nicht unbeeindruckt. Die Einwände der Betroffenen ließen ihn sogar die Äußerungen seiner eigenen Behörde kritischer lesen. Zu allem Überfluss war noch durch Indiskretion jenes bereits erwähnte Schreiben des Regierungspräsidenten an Landrat Scheven bekannt geworden, worin dieser bekundet, dass die Ruine zum gegebenen Zeitpunkt nicht wirklich bedroht gewesen sei. Dem König mussten nun die Umstände erklärt werden, wie diese Bemerkung zustande gekommen und zu verstehen sei. Außerdem wollte der Herrscher genau wissen, auf welcher gesetzlichen Grundlage er seine Entscheidung fällen solle.[42]

Bei Hofe war klar, dass zwar für eine Weile noch die Steinbrucharbeiten weitergehen könnten, dann aber wäre unweigerlich das Ende für die Burgruine gekommen. Doch auch während des Abbaues und der damit verbundenen Sprengungen sah man in dem alten Gemäuer Gefahrenquellen. Sie wären nur durch Abbruch der Ruine zu beseitigen gewesen, was wiederum dem derzeitigen Besitzer nicht zuzumuten war. So entschied der Herrscher schließlich aus politischen Gründen unter Hinweis auf die „Unruhen" im Rheinland: „Conservation vermittelst Expropriation".

Als Vorbild für diese Entscheidung dürften wohl auch die Bemühungen um den Erhalt der Chorruine der ehemaligen Klosterkirche Heisterbach gedient haben.[43]

---

38 Am 20.7.1830, Hardenberg, S. 300–301.
39 15.3.1831.
40 17.5.1831, Hardenberg, S. 301.
41 Zitat bei Hardenberg, S. 301.
42 Ebd.
43 Margitta Buchert: Die ehemalige Klosterkirche Heisterbach. Diss.: Bonn 1986, S. 28.

Rechtlich waren von der Entscheidung nur die gefährdeten Partien an den Hängen betroffen. Dem Eigentümer blieb überlassen, wie er mit der Gipfelregion verfahren wolle. Sie hätte gegen Entschädigung dem Staat oder der Krone übereignet werden können. Die sahen aber zunächst eine Möglichkeit zu agieren: Sie verkauften „Eingangskarten zum Drachenfelse"[44] und bauten auf dem Gipfelplateau ein kleines Wirtshaus, das zum Ärger der Gastronomie von Königswinter 1834 von dem Pächter Heil eröffnet wurde.[45]

Vorübergehend entflammte ein Kleinkrieg mit der Regierung, der durch die Verärgerung in der Bevölkerung über die Wegeschranken und Eintrittsgelder genährt wurde. Der Tod von Spindler und eine schwere Erkrankung von Bachem schwächte die Gewerkschaft so sehr, dass sie sich 1835 auflöste. Die Erben und die ehemaligen Gewerkschaftler verkauften 1836 den Drachenfels mit Unterschrift des kranken Bachem an den Staat. Regierungspräsident Dr. Ruppenthal unterzeichnete für die Gegenseite.[46]

Der König, der jeder Geschäftemacherei abhold war, legte größten Wert darauf, dass sowohl der Schutzzweck auf der ganzen Linie erfüllt würde, als auch darauf, dass alles geschähe, wodurch „das den Felsen besuchende einheimische und auswärtige Publikum an Annehmlichkeit und Bequemlichkeit gewinnen kann".[47]

Siebengebirge

Der Drachenfels kann jedoch nicht isoliert von seiner Umgebung betrachtet und das Schutzgebiet weder historisch noch juristisch von der Geschichte des Naturschutzgebietes und Naturparks Siebengebirge gelöst werden. Daher erscheint ein kurzes Resümee der weiteren Entwicklungen angebracht.

Der Finkenberg (113,9 m) fiel restlos dem Basaltabbau zum Opfer. Ungehindert verlief auch im übrigen Gebirge die Gewinnung von Gestein, vor allem an Stenzelberg und Wolkenburg. Als in den 1870er und 1880er Jahren die Nachfrage nach Basalt sprunghaft anstieg, waren besonders Ölberg und Petersberg maßloser Ausbeutung ausgeliefert.

Angesichts der sichtbar fortschreitenden Zerstörung wandte sich der Bonner Rechtsanwalt von Humbroich schriftlich an den Hofmarschall des Kronprinzen. Der lange Brief ist bemerkenswert auch deshalb, weil nun erstmals ausdrücklich vom Schutz der Natur und Landschaft die Rede ist: „… wenn man sich verpflichtet hält, alte, von Menschenhand errichtete Werke, Thürme, Burgruinen … zu schützen, so

---

44 Faksimile von 1835: Hardenberg, Abb. S. 305.
45 Erbaut 1832/33, eröffnet am 7.5.1834.
46 Hinterlegung des Kaufvertrags am 26.4.1836 bei Notar Rennen in Oberkassel; Hardenberg, S. 306–307.
47 Zitat Innenminister Ladenberg; Hardenberg, S. 307.

haben unsere Naturschönheiten, wozu das Siebengebirge in erster Reihe gehört, ein weit größeres Anrecht auf pietätvolle Schonung, auf Schutz gegen Zerstörung und Verwüstung ..."[48]

Der Hofmarschall ließ den Oberpräsidenten zu Koblenz, Bardeleben, wissen, dass der Kronprinz den Bemühungen des Rechtsanwalts aufgeschlossen gegenüberstehe. Doch vertrat Bardeleben für seine Behörde stur den Standpunkt der Nützlichkeit. Als die Rheinprovinz schließlich den Petersberg aufkaufte, geschah dies nur, um ihn mit Hilfe von Strafgefangenen und Arbeitshäuslern auszubeuten.

Humbroich rief nun den „Rettungsverein"[49] ins Leben, dessen Aktivitäten in der Öffentlichkeit viel Zustimmung ernteten. Entscheidende Hilfe aber erfuhr man durch das Engagement der Kronprinzessin und späteren Kaiserin Friedrich. Sie hatte mit eigenen Augen das Zerstörungswerk an dem in ihrer Heimat England hoch geschätzten Siebengebirge beobachtet und machte in Berlin so nachdrücklich Stimmung, dass der Unmut des gleichgesinnten Kronprinzen bis nach Koblenz zu hören war und der Abbau am Petersberg eingestellt wurde.

Geblieben war die Gefahr für Ölberg und Lohrberg, die durch private Unternehmer ausgebeutet wurden. Nun war auf Betreiben des Oberberghauptmannes Heinrich v. Dechen der Verschönerungs-Verein für das Siebengebirge (VVS) entstanden.[50] Dieser konnte nach und nach erhebliche Flächen erwerben und somit der bergbaulichen Nutzung entziehen.

Oberpräsident Berthold v. Nasse und der Oberbürgermeister von Köln konnten mit Unterstützung des jungen Kaiser, eines Bonner Borussen, 300.000 Mark sowie durch eine Lotterie (1898) 1 Mio. Goldmark aufbringen. Dem VVS wurde 1899 zugestanden, Flächen gegen Entschädigung praktisch zu enteignen, wenngleich stets von „kaufen" die Rede war. Als Erstes erwarb der Verein von privat Grundstücke am Ölberg und Lohrberg sowie Waldungen beiderseits des Rhöndorfer Tales, insgesamt 199 Hektar.[51]

Eine Polizeiverordnung verbot 1899 im Siebengebirge alle Unternehmungen, „welche bei regelmäßigem Betriebe von durch Verbreitung schädlicher oder belästigender Dünste, starken Rauches oder größerer Staubmengen, durch Steinfall, durch Erregung außergewöhnlichen Geräusches oder in anderer Weise" ihre Umgebung beeinträchtigten.[52] Über manche rechtliche Bedenken und Auseinandersetzungen

---

48 Zitiert nach Hardenberg, S. 308.
49 „Verein zur Rettung des Siebengebirges", s. Franz Brock: Naturschutzgebiet Siebengebirge, in: Rheinische Heimatpflege 26 (N.F.), 1989, S. 289ff.
50 VVS gegr. am 14.12.1869.
51 Elmar Heinen: Naturschutzgebiet Siebengebirge, gestern – heute – morgen, in: Rheinische Heimatpflege 27 (N.F.), 2, 1990, S. 112–124, hier bes. S. 113.
52 Heinen, S. 114.

hinweg blieb sie grundsätzlich in Kraft und darf als erste Emissionsverordnung in diesem Raum gelten.

Die erste wirksame Naturschutzverordnung erging jedoch erst im Jahre 1902, obwohl auch hier der Begriff „Naturschutz" noch nicht verwendet wurde, der erst 1920 gesetzlich eingeführt worden ist.[53] Erst die Ministerial-Polizeiverordnung vom 7. Juni 1922 erhob das Siebengebirge endlich zum amtlich ausgewiesenen Naturschutzgebiet.[54]

---

[53] Heinen, S. 116 u. Anm. 9.

[54] Amtsblatt der Regierung zu Köln 1923, S. 17; Ergänzungen erschienen 1923, 1925 und 1930; zu den naturräumlichen Grundlagen s. Hermann Josef Roth: Das Siebengebirge (Rhein. Landschaften, 13). Köln³, Neuss 1994.

Günter W. Zwanzig

Erlebter Naturschutz I (1955–1972/I)

1 Einleitung

Als ich 1997 im Kulturzentrum Karmeliterkiche in Weißenburg für 40-jährige Mitgliedschaft im Bund Naturschutz in Bayern die goldene Ehrennadel erhielt, meinte Hubert Weinzierl (langjähriger Präsident des Bundes Naturschutz in Bayern und des BUND, jetzt des DNR) scherzhaft, ich sei „ein Stück lebender Naturschutzgeschichte". Selbstverständlich kann ich selber dazu keine abschließende Stellung einnehmen. Immerhin habe ich seit 1955 wohl so alle Persönlichkeiten kennen gelernt, die in Deutschland und darüber hinaus mit Naturschutz zu tun gehabt haben. Vieles aus meinem Erleben ist sehr subjektiv geprägt. Von der zeitlichen Abfolge her ergeben sich zwei große Abschnitte. Der erste reicht von der Seminararbeit[1] in Göttingen im Sommersemester 1955 über die Arbeiten an der Dissertation[2] (Promotion 31.7.1961), Studium der Naturwissenschaften,[3] Assessor-Examen (26.4.1962), Tätigkeit als Rechtsanwalt (neben dem Studium der Naturwissenschaften), als Assessor (Bezirksplaner) in Stade, ab März 1964 im Kultusministerium Rheinland-Pfalz vor allem als Naturschutzreferent bis zum 30. Juni 1972. Der zweite Abschnitt umfasst die Zeit als Oberbürgermeister in Weißenburg (1972–1984) und danach bei der Evangelischen Erziehungsstiftung/Evangelischen Fachhochschule Nürnberg (als Geschäftsführer), verbunden mit umfangreicher Vortragstätigkeit und Publikationen im Bereich des Umweltrechts.

Blicke ich auf die Anfänge meiner Beschäftigung mit dem Naturschutz zurück, so habe ich zu Beginn viele Persönlichkeiten kennen gelernt, die zwischen 1933 und 1945 bereits maßgebliche Positionen eingenommen hatten. Selbstverständlich muss aus heutiger Sicht die Frage gestellt werden, inwieweit sie das NS-Regime aktiv unterstützt haben. Persönlichkeiten wie Alwin Seifert oder Heinrich Friedrich Wiepking sind ja diesbezüglich nach 1968 durchaus einer kritischen Würdigung[4] unterzo-

---

1 „Die Rechtsprechung zum Naturschutzrecht seit 1945" (30 Seiten).
2 „Die Fortentwicklung des Naturschutzrechtes in Deutschland nach 1945". Erlangen: Merkel (Kommissionsbuchhandlung), 1962 (Band 1 der Schriftenreihe „Rechtsfragen zur Erhaltung der Natur und der natürlichen Hilfsquellen", hg. von Wolfgang Burhenne/Gert Kragh/Günter W. Zwanzig).
3 Ab WS 1961/1962 in Erlangen: Geographie, Geologie, Biologie. Fortsetzung ab SS 1964 in Mainz.
4 Vgl. Gert Gröning; Joachim Wolschke-Bulmahn: Grüne Biographien. Biographisches Handbuch zur Landschaftsarchitektur des 20. Jahrhunderts in Deutschland. Berlin; Hannover: Patzer, 1997; Seite 415ff.

gen worden. Auch mein Doktorvater, Werner Weber, ist in Büchern über die Rolle der Justiz zwischen 1933 und 1945 hinterfragt worden.[5] Ich kann hier nur feststellen, dass ich in allen Gesprächen nie auf eine Verherrlichung der NS-Zeit gestoßen bin. Ich habe bei den meisten Persönlichkeiten keinen Grund, den ehrlichen Willen zur konstruktiven Mitarbeit in einem demokratischen Staatswesen anzuzweifeln. Vielleicht sind Naturschützer so von ihrer Sache begeistert, dass sie bereit sind, dem jeweiligen Regime gegenüber die erforderlichen Lippenbekenntnisse auszusprechen, um sich zugleich eine „Nische" im System zu sichern. Im Übrigen wird es gerade im Bereich der Naturschutzgeschichte Aufgabe sein, mit den noch Lebenden die anstehenden Fragen zu klären.[6]

Als wir 1968 beim Deutschen Naturschutztag in Straubing zusammensaßen, waren unsere tschechischen Freunde (u.a. Jan Cerovsky) – kurz vor der Niederschlagung des „Prager Frühlings" – so ehrlich, wie ich es nie zuvor auf Grund ihrer Publikationen vermutet hätte. Und ebenso habe ich bei vielen anderen Gelegenheiten auf internationaler Ebene erlebt, wie die Sorge um die Erhaltung unserer Lebensgrundlagen stärker war als jede Ideologie.

2 Promotion bei Prof. Dr. Werner Weber

Mein Weg zum Naturschutz ist einem glücklichen Zufall zu verdanken. Als ich im Sommer-Semester 1955 an der Universität Göttingen das öffentlich-rechtliche Seminar von Professor Dr. Werner Weber besuchte, wollte ich natürlich auch einen Schein erhalten und bat um ein Thema für eine Seminararbeit. Ich schlug meinerseits „Das Englische Commonwealth" vor. Werner Weber meinte jedoch, er habe etwas anderes im Sinn, bestellte mich für einige Tage später zu ihm und sagte dann: „Vor 20 Jahren habe ich einen Kommentar zum Reichsnaturschutzgesetz geschrieben. Bitte stellen Sie doch zusammen, wie sich dieses Rechtsgebiet inzwischen entwickelt hat." Er gab mir seinen Kommentar (zusammen mit Walther Schoenichen) und einige Gerichtsentscheidungen. In der Beurteilung meiner Seminararbeit sprach Werner Weber dann von einer „umfangreichen und sehr sorgfältigen Arbeit".

---

5 Vgl. Ingo Müller: furchtbare Juristen. Die unbewältigte Vergangenheit unserer Justiz. München: Knaur 1989; Seite 238. Bernd Rüthers: entartetes Recht. Rechtslehren und Kronjuristen im Dritten Reich. München: Beck, 1988; S. 20, 63, 71, 102.

6 So versicherte mir Günther Schwab in einem Gespräch am 16.10.2001 in Salzburg sowie anschließend in einem Brief (vom 23.10.2001), die von Radkau über ihn aufgestellten Behauptungen („Steierischer Forstmann mit NS-Vergangenheit") würden nicht der Wahrheit entsprechen. Vgl. Joachim Radkau: Natur und Macht. Eine Weltgeschichte der Umwelt. München: Beck, 2000; Seite 304 sowie zuvor Seite 298.

Nach meinem Referendar-Examen (Dezember 1956 in Erlangen) hatte ich das Thema weiter verfolgt. Als ich Werner Weber – damals Rektor der Universität Göttingen – bei der 500-Jahr-Feier der Universität Freiburg/Breisgau (wo ich auch studiert hatte) traf, fasste ich mir ein Herz und fragte ihn, ob er daran interessiert sei, meine weiteren Ausarbeitungen kennen zu lernen. Er bejahte dies und fragte mich, ob ich einen Anlass hätte, ohnehin einmal nach Göttingen zu kommen. Als ich ihm sagte, ich würde gerne wieder zu meiner Burschenschaft Germania[7] fahren, fragte er mich gleich lachend, ob es die „Milch-Germanen" seien, was ich bejahte. So gab er mir einen Vorsprache-Termin für Anfang November 1957; ich hatte ihm vorher meine (erweiterte) Seminararbeit zugeschickt. Als er mir dann bei dem Gespräch zunächst eine Zigarre anbot, sich über die Thematik genauestens informierte und schließlich mich fragte, ob ich bei ihm über „Die Fortentwicklung des Naturschutzrechtes nach 1945" promovieren wolle, sagte ich freudigst „Ja!". Übrigens stellte die Zigarre ein gewisses Ritual dar. Für eine Zigarrenlänge war jeweils die Dauer der Unterredung angelegt. In dieser Zeit konnte man durchaus alles ansprechen, was einem wichtig war. Ich habe ungefähr vier Jahre an meiner Dissertation gearbeitet, wobei die meiste Zeit mit dem Sammeln des Materials ausgefüllt war (es wurden damals nur wenige Urteile zu Fragen des Naturschutzes veröffentlicht; auch erschienen wichtige Aufsätze in erster Linie in den Publikationen der Naturschutzstellen und der Naturschutzverbände und weniger in juristischen Fachzeitschriften).

Derartige Beschreibungen des „Doktorvaters" mögen für die heutige Zeit, das Jahr 2001, ungewöhnlich erscheinen. Es bestand damals zwischen Professoren und Studenten noch eine sehr persönliche Beziehung. Unter den Studenten der Georgia Augusta galt Werner Weber als der „ideale" Doktorvater. Ich habe erst vor kurzem bei einer studentengeschichtlichen Arbeit „entdeckt", welcher großen Wertschätzung sich Werner Weber bei den Studenten (als Vertrauensprofessor und vor allem als Rektor) erfreute.[8] Wenn mehrere Festschriften Göttinger Korporationen seine integrierenden Fähigkeiten loben, dann war das in der Praxis der Ausfluss seiner Vorstellungen zu den „Spannungen und Kräften im westdeutschen Verfassungssystem", zum „Grundgesetz in der Bewährung" u.a.m.[9]

Zur Abrundung seiner Persönlichkeit mag aber auch folgende Anekdote aufschlussreich sein. Als der Grundstein für das „Juridicum" gelegt wurde, ging Weber

---

7 Burschenschaft Germania zu Göttingen, gegründet 1851, älteste nichtschlagende Burschenschaft Deutschlands.
8 Die Burschenschaft Alemannia zu Göttingen 1930–1955. Herausgegeben zur Feier des 75. Stiftungsfestes am 29.–31. Juli 1955 (Eigenverlag der Burschenschaft Alemannia, Göttingen); S. 91.
9 In den zitierten Schriften hat Werner Weber seine staats- und verfassungsrechtlichen Ideen niedergelegt.

würdevoll im Ornat dem damaligen Ministerpräsidenten Dr. Hinrich Hellwege entgegen und begrüßte ihn freundlich: „Guten Tag, Herr Hellwege!" Umgekehrt erinnere ich mich, wie ich kurz vor seinem Tode in Göttingen war und ich Werner Weber nach unserem Gespräch im Dienstwagen zum Bahnhof fahren konnte. Da war er stolz auf seinen Schüler. Ich frage mich manchmal, ob es heute noch solche *Doktorväter* gibt.[10]

Im Sommersemester 1958 referierte ich dann im Seminar über meine Arbeit. Nach meinem Vortrag folgte eine lebhafte Aussprache. Werner Weber erzählte, wie am Abend des 26. Juni 1935 (dem Tag der Beschlussfassung des Reichsnaturschutzgesetzes) in der Reichskanzlei Sekt kalt gestellt worden sei. Dann sei Hermann Göring auf ihn zugekommen und habe gesagt: „Nun Herr Weber, was der Mensch gemacht hat, gehört Ihnen, und was die Natur gemacht hat, gehört mir!" Dabei habe er sich mit beiden Händen auf die Brust geklopft und sei zu Adolf Hitler in die Beratung gegangen, an deren Ende die Verabschiedung des Reichsnaturschutzgesetzes stand.

Zum besseren Verständnis dieser Situation muss bemerkt werden, dass Werner Weber damals Referent für Naturschutz und Denkmalpflege im Preußischen Kultusministerium war. Nicht nur in Preußen, beim National Park Service der USA, in der Schweiz u.a. und beim ersten Denkmalschutzgesetz 1902 in Hessen-Darmstadt bildeten Naturschutz und Denkmalpflege eine Einheit. Ich bin noch heute davon überzeugt, dass diese Trennung 1935 verhängnisvoll war. Ich selbst musste dies 1971 in Rheinland-Pfalz bei der damaligen Umgruppierung der Ressorts schmerzlich verspüren. Umgekehrt weiß ich, welch ein politisches Instrument Naturschutz und Denkmalpflege in einer Hand darstellen können, wenn man als Oberbürgermeister Untere Denkmalschutzbehörde und zugleich Leiter eines Forstamtes mit eigenem Forstdirektor ist.

Nahezu 50 Jahre danach kann man mir durchaus vorwerfen, dass ich durch alte Bilder geprägt bin. Aber ich bin nach wie vor der Auffassung, dass erst einmal alles in einem Ressort zusammengefasst werden muss, was die gleichen Zielsetzungen verfolgt, d.h. Naturschutz, Denkmalpflege und staatlicher bzw. kommunaler Wald, wobei bei letzterem die „Wohlfahrtswirkungen" im Vordergrund stehen müssen (das beinhaltet zugleich eine Freistellung von der Erzielung von Gewinn durch Holzproduktion und -verkauf). Nur so wäre langfristig eine Sicherung des Weltnatur- und -kulturerbes gewährleistet.

Ich verdanke Werner Weber noch eine andere Erfahrung, die meinen Beruf wesentlich geprägt hat. Es ist dies die Erkenntnis, dass Naturschutzrecht nur aus der

---

10 In diesem Zusammenhang darf ich auch auf meine Gratulationen und den Nachruf verweisen. Natur und Landschaft, Beilage Nachrichtenblatt für Naturschutz und Landschaftspflege 1964, S. 29 (zum 60. Geburtstag). Natur und Landschaft 1969, S. 266–267 (zum 65. Geburtstag). Natur und Landschaft 1977, S. 86 (Nachruf).

Erfahrung der Verantwortung in einer dafür zuständigen Behörde o.ä. gestaltet werden kann. Naturschutzrecht ist vollkommen ungeeignet für „juristische Akrobatik" und akademische Spiegelfechterei. Die Sache ist so ernst, dass der Jurist lediglich die Aufgabe hat, im Rahmen der verfassungsmäßigen Ordnung unter Anwendung aller Erkenntnisse der Rechtstheorie u.a. die beste Lösung zu suchen.[11] Ich denke deshalb mit Hochachtung an viele echte Naturschutz-Juristen, denen ich begegnet bin.[12]

3 Anfänge der Naturschutzarbeit

Zu Beginn meiner Dissertation stand die Sammlung von Material im Vordergrund. Ich war ziemlich schnell und erneut zu der Einsicht gelangt, dass das *Naturschutzrecht* eine von verschiedenen Möglichkeiten her erfolgte gesetzliche Regelung der Anliegen des Naturschutzes darstellt. Diese gesetzliche Regelung muss aber noch lange nicht den Erfordernissen des Naturschutzes entsprechen. Es galt, den Unterschied zwischen der Seins-Ordnung und der Sollens-Ordnung zu erkennen. Dies führte mich einerseits zu dem Entschluss, zusätzlich Naturwissenschaften zu studieren. Andererseits suchte ich den Kontakt mit den Naturschutzbeauftragten und den Naturschutzverbänden, um zu erfahren, welche Anliegen der Naturschutz hatte.

Die 1950er und 1960er Jahre waren noch die große Zeit der Naturschutzbeauftragten.[13] Einer der ersten, die ich kennen lernte, war der Naturschutzbeauftragte für Stadt und Landkreis Erlangen, Dr. Franz Lautner. Er kannte sich wirklich aus in seinem Bereich. Ich erinnere mich, wie er uns auf Exkursionen den Falknershügel oder die Brucker Lache zeigte, Gebiete, die nach langem Ringen unter Naturschutz gestellt wurden. In der damaligen „ästhetisch-wertkonservativen" Phase waren die Behörden eigentlich nur bereit, Flächen unter Naturschutz zu stellen, wenn sie bedroht waren; und dann war es meist zu spät. Eine systematische Erfassung aller schutzwürdigen Gebiete und deren Sicherung durfte ich erst zehn Jahre später für meinen damaligen Zuständigkeitsbereich, das Land Rheinland-Pfalz, einleiten. Über Dr. Franz Lautner schloss ich mich auch seinem Schwager, Hans Heinrich Maart, an, der an der Volkshochschule Erlangen Kurse zum Erkennen der Vogelstimmen leitete. Bereits wenige Jahre später musste ich nach dem Fortzug unseres Mentors zusammen mit dem Biologie-Studenten Herfried Kutzelnigg die Leitung der „Naturkundlichen Arbeitsgemein-

---

11 Besonders nachhaltig wirkte auf mich bei meinem Studium (in Freiburg/Breisgau) die Vorlesung von Prof. Dr. Erik Wolf über Rechtsphilosophie. Dazu Günter W. Zwanzig: Naturschutz und Rechtsphilosophie, in: Lebensschutz 3–4/1991, S. 29–30; 5–6/1991, S. 30–31; 7–8/1991, S. 30–31; Blätter vom Bergle 1994, S. 18–26 (Freiburg i. Br., Tivolistr. 32).
12 Erinnerungen an einige bedeutsame Naturschutz-Juristen im Anhang.
13 Näheres dazu im Anhang im Kapitel Naturschutzbeauftragte, s. S. 186.

schaft" übernehmen; sie besteht bis heute noch! Selbstverständlich haben diese Begegnungen meine späteren beruflichen Vorstellungen stark geprägt. Ich brauchte stets zum theoretischen Ansatz des notwendigen Schutzes auch die praktische Begründung. Ich muss, wenn ich z.B. x % der Landesfläche als Naturschutzgebiete ausweisen will, wissen, warum gerade die in Aussicht genommenen Flächen geschützt werden müssen. Dafür sind etwa Listen der vorkommenden (seltenen) Pflanzen und Tiere, der geologischen Aufschlüsse usf. unerlässlich. So habe ich bis heute eine hohe Achtung vor der Arbeit der damaligen ehrenamtlichen Naturschutzbeauftragten. Sie waren keine „Professionellen" im heutigen Sinn. Wenn sie sich einsetzten, dann geschah es nicht, um die Öffentlichkeit wieder auf sich aufmerksam zu machen und um die Spendenbereitschaft zu erhöhen, für sie war es vom Objekt her und auch für sie selber existenziell.

Bei der Sammlung von Material war mir auch der Buchhändler Albrecht Kistner in Nürnberg eine große Hilfe. Er besorgte mir wesentliche Literatur zum Wandervogel und zum Hohen Meißner und wies mich auch auf das für lange Zeit richtungweisende Werk von Paul Schultze-Naumurg (1908) hin. [14]

Da um 1957 an den Universitäten wenig Literatur zum Naturschutz vorhanden war, bat ich die BaNL (Bundesanstalt für Naturschutz und Landschaftspflege, damals Heerstraße 110 in Bad Godesberg), dort für ca. 6 Wochen in der Bücherei arbeiten zu dürfen. So konnte ich nicht nur viel Material sammeln, sondern auch nähere Beziehungen zum damaligen Direktor, Gert Kragh, zu Dr. Heinrich Lohmeyer und Dr. Herbert Ecke aufbauen. Ich lernte dort zugleich den Übergang vom „klassischen" Naturschutz zum „anthropozentrisch-progressiven" Naturschutz kennen. Letzterer war geprägt von der Vorstellung, man könne durch rechtzeitige und gute Planung (Landschaftsplanung) alles sinnvoll steuern. Damals bestand gerade bei den Raumordnern und Landesplanern (etwa Dr. Gerhard Isbary oder Dr. Anneliese Siebert) eine große Aufgeschlossenheit für den Naturschutz, was das Verlangen nach einer Planung seitens des Naturschutzes verstärkte.

Mit Gert Kragh hatte ich bis zu seinem Tode engen Kontakt. Er ging ja 1961 zum Landschaftsverband Rheinland und verbrachte seinen Ruhestand im Naturpark Elbufer-Drawehn, wo er in einem typischen (wendischen) Rundling wohnte. Gert Kragh war Pfarrerssohn, hatte viel Humor und war über sein Studium (Diplom-Gärtner) für alle Fragen der Philosophie und der Kunst offen. Heinrich Lohmeyer (und seine Frau) hatten in Erlangen studiert und (bei Prof. Schemmle, Botanik) promoviert, so dass wir viele gemeinsame Bekannte hatten. Auch nach seinem Wechsel zur Bundesanstalt für Raumordnung (er sah dort die größeren Perspektiven) hatte ich regelmäßig Kontakt. Herbert Ecke legte großen Wert auf die Feststellung, dass er noch der Einzige sei, der bereits in der Reichsstelle für Naturschutz gearbeitet hatte. Er war ein großer Spezialist des Artenschutzes.

---

14 Die Gestaltung der Landschaft durch den Menschen (4 Bde.).

Am 11. Juli 1958 nahm ich auch erstmals an einer Naturschutz-Tagung, dem mittelfränkischen Naturschutztag in Erlangen, teil. Es folgten weitere Besuche der mittelfränkischen Naturschutztage, u.a. am 24. Juni 1960 in Pappenheim, wobei der Naturschutzreferent der Regierung von Mittelfranken, Dr. A. Seidenspinner, mich sehr förderte und in die Diskussionen integrierte.

Ein besonderes Erlebnis war für mich 1958 der Besuch bei Dr. Hans Klose in Berlin-Lichterfelde, dem ehemaligen Leiter der Reichsstelle für Naturschutz. Mit großem Interesse las er den Entwurf für die Einleitung zu meiner Dissertation, gab mir wertvolle Ratschläge und eine Fülle von Material. Mein „Dialekt" war ihm nicht verborgen geblieben. Und als ich ihm begeistert vom damaligen Potsdamer Oberbürgermeister und seinem Einsatz für das Stadtgrün und die Landschaft erzählte, gab er mir die Adresse von Hans Friedrichs[15] (Klose hatte alle Adressen alphabetisch auf Kartonblättern aufgeklebt). Zum Abschluss zeigte er mir noch stolz den Weißdorn in seinem Garten, der als Naturdenkmal in die Liste Berlins eingetragen war. Wir standen danach in reger Korrespondenz, trafen uns auch beim Deutschen Naturschutztag 1959 in Bayreuth.

Mit Hans Friedrichs – er setzte sich in seinen letzten Lebensjahren für die Erhaltung des Tales in Menzenschwand im Schwarzwald ein – ergab sich bald ein enger Kontakt, der seinen Höhepunkt 1961 in den Gesprächen auf der Winterpromenade in Meran fand. Erst jetzt zur Bundesgartenschau (BUGA) 2001 in Potsdam wagt man, seine gestalterischen Leistungen (z.B. Freundschaftsinsel, Havel-Uferwanderweg u.a.) zu würdigen (so der führende Garten-Historiker für Potsdam: Clemens A. Wimmer). Von Hans Friedrichs lernte ich erneut, wie Stadtgestaltung und Landschaftsbewahrung zusammengehören.[16] Auch hier wieder: Naturschutz und Denkmalpflege in einer Hand!

Eine ganz andere Episode stellte mein Besuch im Landwirtschaftsministerium der DDR im Herbst 1958 (zusammen mit meinem Vater und meinem Klassenfreund A. F. von Schack) dar. Ich wollte von Anfang an – als Potsdamer und damit Ostdeut-

---

15 Hans Friedrichs hatte 1940 eine Ausstellung „Potsdams städtebauliche Zukunft" eröffnet. Hans Klose hatte darüber im „Märkischen Naturschutz" unter der Überschrift „Potsdams Oberbürgermeister spricht" berichtet. Die dort enthaltenen Grundgedanken (Erhaltung von Grünzügen bis in die Stadtmitte hinein) haben noch heute Gültigkeit. Ich habe dieselben auch meiner Stellungnahme bei der Tagung des Deutschen Rates für Landespflege in Potsdam zugrunde gelegt. Vgl. Günter W. Zwanzig: Gedanken zur Entwicklung der Potsdamer Kulturlandschaft, in: Schriftenreihe des Deutschen Rates für Landespflege (1995), Heft 66, S. 99–100.

16 Er schickte mir nach unserem Gespräch das Buch von Theodor Fischer „6 Vorträge über Stadtbaukunst" und bemerkte geradezu prophetisch: „Für einen jungen Mann, der Oberbürgermeister werden wird, empfiehlt es sich, sich rechtzeitig mit Stadtschicksalen auseinander zu setzen" und sich mit Fragen der Stadtbaukunst zu beschäftigen.

scher – die damalige DDR nicht ausgrenzen. Im Gegenteil, das Naturschutzgesetz der DDR von 1954 (ich denke da vor allem an den Einsatz von Hans Kretzschmann, an Prof. Dr. Hans Meusel u.a.m.) war vorbildlich. Und auch ein auf dem Gebiet der Landespflege tätiger Bundesbruder, Prof. Dr. Joachim Seidemann aus Leipzig, hatte mich mit viel gutem Material versorgt. Es war schon grotesk, wie mich zunächst die Funktionäre „abspeisen" wollen, bis sie dann doch den fachkompetenten Abteilungsleiter (Henkel) holen „mussten". Als ich 1966 bei der Tagung der Internationalen Naturschutzunion (IUCN) in Luzern war, bot sich das gleiche jämmerliche Bild seitens des Vertreters der DDR, Fritz Wernicke. Er war bemüht, die Wissenschaftler aus der DDR nicht aus seinem Blickfeld zu verlieren (es gelang uns trotzdem, ihn als Aufpasser „abzuhängen"). Wie herzlich waren hingegen die Gespräche mit den Vertretern der damaligen UdSSR, dem Ornithologen Prof. Dr. Demetjiew, dem Retter der Saiga-Antilope Prof. Dr. Schaposhnikov, und selbst dem „Funktionär" Bogdanov!

Übrigens erschien mein erster Aufsatz zum Naturschutz in der DDR in den Naturschutz-Schnellbriefen von Eduard Klinz (Halle/Saale) zum 80. Geburtstag von Hermann Hähnle.[17]

Nachdem ich 1961 im Juli in Göttingen promoviert hatte, zögerte ich nicht länger, mich der Politik zuzuwenden. Durch den Erlanger Landtagsabgeordneten Peter Zink und den Leiter der Arbeitsgemeinschaft sozialdemokratischer Akademiker, Dr. Löhr, begann ich, aktiv bei der Aktion „Gespräch mit Jedermann" mitzuarbeiten. So lernte ich Waldemar von Knoeringen kennen, und ebenso hatte ich seit damals Kontakt mit Professor Dr. Wilhelm Hoegner, dem Schöpfer der Bayerischen Verfassung und insbesondere des „Rechtes auf Naturgenuss" (als Oberbürgermeister von Weißenburg habe ich Wilhelm Hoegner bis zu seinem Tode regelmäßig besucht. Ich habe von ihm besonders viel über direkte Demokratie gelernt). Eigentlich wollte ich schon damals der SPD beitreten (die Schwester meines Vaters, Lisa Korspeter, gehörte schon vor 1933 der SPD an, sie war von 1949 bis 1969 für den Wahlkreis Celle-Land Abgeordnete des Deutschen Bundestages). Mein Vater vertrat aber die Auffassung, erst müsste ich mein Assessor-Examen bestehen und mich im Beruf bewähren. Als ich dann in Rheinland-Pfalz der SPD beitreten wollte, sagte mir zu meinem Erstaunen der damalige Landesvorsitzende (und spätere Oberbürgermeister von Mainz) Jockel Fuchs: „Sie sind noch zu jung als Beamter in der Landesregierung, um sich durch eine derartige parteipolitische Bindung zu gefährden!" Er hatte ja Recht. Bloß war das für mich erst später verständlich.

Es entbehrt vielleicht nicht einer gewissen Pikanterie, dass mich im April 1962 in München beim Assessor-Examen der Kommentator des Naturschutzgesetzes (Tierschutzrechtes u.a.), Dr. Albert Lorz, prüfte. In den Folgejahren entstand eine gute,

---

17 Naturschutz-Schnellbrief 7/1959, S. 23–24.

freundschaftliche Beziehung, wir trafen uns öfter in München, unterhielten uns eingehend über Rechtsfragen. Dabei lernte ich von Albert Lorz vor allem einiges über Tierschutz und dessen praktische Umsetzung.[18]

4 Nach dem Assessor-Examen (Tätigkeit in einer Rechtsanwaltskanzlei – Fortsetzung des Studiums der Naturwissenschaften – Reise nach Salzburg – WSL – Stade)

4.1 Tätigkeit als Rechtsanwalt, Studium der Naturwissenschaften, Reise nach Salzburg, Vizepräsident der Deutschen Sektion des WSL

Nach meinem Assessor-Examen betätigte ich mich zunächst als Rechtsanwalt (in der Kanzlei Hummelmann-von Pierer in Erlangen) und widmete mich verstärkt dem Studium der Naturwissenschaften.

Zwischen dem Assessor-Examen und der Aufnahme meiner ersten vollberuflichen Tätigkeit in Stade lag als tiefer Einschnitt der Tod meines Vaters (2.2.1963). Meine Eltern hatten beide mein Studium der Rechtswissenschaften und anschließend das der Naturwissenschaften mit großem Interesse begleitet und mich vielfältig unterstützt. Mein Vater hatte noch den Druck meiner Dissertation finanziert und sich vor allem in Gesprächen mit Wolfgang Burhenne sowie mit Gert Kragh für die Herausgabe der damaligen Schriftenreihe „Rechtsfragen zur Erhaltung der Natur und der Natürlichen Hilfsquellen" eingesetzt. Auch hatte mein Vater mir stets von seinen vielen Auslandsreisen Farbdias von den dortigen Nationalparken mitgebracht, so dass schon damals mein Interesse am internationalen Naturschutz geweckt wurde. Darüber hinaus hat er im mittelfränkischen Raum bei den Kreisgruppen des Bundes Naturschutz in Bayern Vorträge mit Farblichtbildern über die von ihm besuchten Nationalparks in Nord- und Südamerika, Afrika und Asien gehalten.

Von meinem Vater (er hatte über ein Thema der Geologie/Bergbau promoviert) hatte ich die Liebe zur Geologie geerbt. In Erlangen hatten wir einen ausgezeichneten Ordinarius und Leiter des Geologischen Instituts: Prof. Dr. Bruno von Freyberg. Er verlangte viel, setzte sich aber andererseits auch für seine Studierenden ein. Ich hatte ihm am 2.2.1963 telefonisch mitgeteilt, dass mein Vater gestorben sei und ich nicht zum Praktikum kommen könne. Als ich am Mittwoch danach Prof. von Freyberg aufsuchte und sagte, ich wolle mein Studium abbrechen, wurde er sehr energisch und machte mir klar, dass dies keineswegs im Sinne meines Vaters gewesen wäre (beide hatten sich übrigens sehr geschätzt; mein Vater hatte für das Institut stets Fundstücke aus aller Welt mitgebracht). Als ich dann am Samstag im Praktikum Kollegen fragte,

---

18 Eine Würdigung von Albert Lorz verfasste ich zu seinem 75. Geburtstag, in: Natur und Landschaft 1988, S. 178–179.

was am vergangenen Samstag Neues durchgenommen worden sei, erfuhr ich, dass nur eine Wiederholung stattgefunden hatte (damit ich nichts verpasse). Ich denke, dieses menschliche Beispiel eines Hochschullehrers sollte nicht unerwähnt bleiben. Prof. Dr. Bruno von Freyberg war ein Musterbeispiel für regionalbezogene Geologie – davon zeugen die Geologischen Blätter von Nordost-Bayern – und es war für mich eine besondere Ehre, für seine Festschrift einen Beitrag schreiben zu dürfen.[19] Von ihm habe ich gelernt, eine Landschaft anhand der geologischen Karte zu interpretieren (ich denke da an die Kartenblätter Bad Blankenburg und Jena – Bruno von Freyberg stammte aus Thüringen!). Und ebenso beeindruckte mich die angewandte Geologie, wie sie Prof. Dr. Friedrich Birzer und Prof. Dr. Walter Alexander Schnitzer (später Universität Würzburg) lebendig zu vermitteln verstanden. Ergänzend dazu Prof. Dr. Florian Heller, der sich mehr – und wissenschaftlich sehr erfolgreich – mit der Paläontologie befasste.

Ich hatte während meines Studiums auch gute Kontakte zu den anderen Ordinarien. Immerhin hatte meine Dissertation Aufmerksamkeit erregt. Bei den Zoologen war es der Leiter des Instituts, Prof. Dr. Hans-Jürgen Stammer, der schon damals (1961!) zu Beginn seiner Vorlesung einen flammenden Appell auf den Naturschutz hielt. Einer seiner Mitarbeiter war Prof. Dr. Erwin Tretzel (später Universität Kaiserslautern), der sich der wissenschaftlichen Erforschung der Vogelstimmen widmete. Bei den Botanikern hörte ich Prof. Dr. Julius Schwemmle, Prof. Dr. A. Hohenrester, Prof. Dr. Konrad Gauckler, Prof. Dr. Arnold. Im Bereich der Geographie war es vor allem Prof. Dr. Otto Berninger, der in sehr einfühlsamer Weise seine Auffassungen vermittelte. Ihm verdanke ich den Zugang über die Geographie zur Landesplanung. Auch er war ein ausgesprochen regionalbezogener Forscher und Hochschullehrer (u.a. hat er die Fränkische Geographische Gesellschaft ins Leben gerufen. Wäre mein Vater nicht gestorben, hätte ich bei ihm über die Entwicklung von Südkorea promovieren dürfen, nachdem ich bereits im Oberseminar einen Vortrag dazu gehalten hatte – mein Vater war bis zu seinem Tode beruflich mit dem Wiederaufbau der Industrie in Südkorea befasst).

Im dritten Studiensemester wurde ich in den Sprecherrat der Fachschaft Biologie gewählt, und zusammen mit meinen Vorstandskollegen arrangierten wir im Wintersemester 1962/1963, am 17. Januar 1963, einen Vortrag von Gert Kragh (damals Leiter des Referates Landschaftspflege beim Landschaftsverband Rheinland in Köln, Sekretär der Komitees für Landschaftsplanung bei der Internationalen Naturschutzunion IUCN; zuvor Direktor der Bundesanstalt für Naturschutz und Landschaftspflege) im großen Hörsaal des Zoologischen Instituts; Thema: „Die naturwissenschaftlichen Grundlagen der Landschaftsplanung". Große Unterstützung wurde mir

---

19 Günter W. Zwanzig: Die Rolle der Geologie für die Stadt- und Raumplanung, in: Gedenkschrift B. v. Freyberg / Geol. Bl. NO-Bayern 34/35 (1984/1985), S. 655–672.

damals zuteil von Professor Dr. Wolfgang Haupt, Ordinarius für Botanik und zugleich Vorsitzender des Verbandes Deutscher Biologen.

Im Spätsommer 1963 führte ich meine erste Reise zu den Naturschützern in Österreich durch. In Salzburg traf ich den Leiter der Abteilung für Allgemeine Kulturpflege, Naturschutz und Tierschutz der Landesregierung, Dr. Josef Pichler, und seinen Referenten, Dr. Kurt Conrad (er hat sich vor allem durch den Aufbau des Salzburger Freilichtmuseums bei Großgmain verdient gemacht). Bei Dr. Pichler beeindruckte mich sein Arbeitszimmer; der gesamte Schreibtisch, das Sofa und mehrere Stühle waren mit Akten überhäuft. Dennoch fand er ganz schnell alles, was er suchte. Ich traf Dr. Pichler später noch einmal bei der Tagung der IUCN in Luzern (1966), wo er äußerst geistreich über Tribschen und Richard Wagner zu plaudern verstand. In Salzburg erzählte man mit Schmunzeln, er sei „unangreifbar", weil er jüdischer Abstammung, katholischer Religion sei und der SPÖ (Sozialisten) angehöre.

In Salzburg traf ich auch zum ersten Mal (am Café Glockenspiel) am 20.10.1963 Prof. Dr. Günther Schwab.[20] Er schenkte mir sein Buch „Der Tanz mit dem Teufel" mit einer sehr herzlichen Widmung. Er war begeistert davon, dass ich aktiv in die Verbandsarbeit „eingestiegen" war. Im Herbst 1963 hatte ich in Frankfurt/Main-Fechenheim (unter der Leitung von Sebastian Pfeiffer – dem Leiter der dortigen Vogelschutzwarte) den Posten des stellvertretenden Vorsitzenden der Deutschen Sektion des Weltbundes zum Schutze des Lebens (WSL) angenommen. Ich gab diesen Posten bald ab, als ich verbeamtet wurde. Dennoch wurde ich in den Streit zwischen Prof. Dr. Herbert Bruns und Prof. Dr. Günther Schwab hineingezogen. Ich habe mich bemüht, zu vermitteln (immerhin kannte ich über Henry Makowski auch die „Vorgeschichte" aus Hamburg), aber das ist mir genauso wenig gelungen wie – 1986, in meiner Amtszeit als Präsident des WSL-Int. (Internationale Stufe des WSL) – in den Auseinandersetzungen zwischen Günther Schwab und dem Nazi-Anthroposophen Prof. Dr. Werner Georg Haverbeck aus Vlotho an der Weser.[21]

---

20 Das Wirken von Günther Schwab habe ich zu würdigen versucht in Beiträgen zu seinem 85. Geburtstag (Natur und Landschaft 1989, S. 469–470) und zu seinem 95. Geburtstag (Lebensschutz 3/1999, S. 17–18; Mitgliederrundschreiben III/1999 des DRL, S. 1 [Deutscher Bund zur Rettung des Lebens]).

21 Durch die Uneinsichtigkeit von Werner Haverbeck und seiner Frau, Ursula Haverbeck-Wetzel, ist der WSL zur Bedeutungslosigkeit herabgesunken, da die jahrelangen Streitereien alle Kräfte banden. Vor allem war aber die „Akademie" in Vlotho in Verruf gekommen, als dort die Freiheitliche Arbeiterpartei (FAP) eine Tagung zur Vorbereitung des 100. Geburtstages von Adolf Hitler durchführte. Obwohl deswegen und aus anderen Gründen die Gruppe in Vlotho im Verfassungsschutzbericht des Landes Nordrhein-Westfalen als rechtsextrem erwähnt wurde, hat sich das Ehepaar Haverbeck nie engagiert davon distanziert. Als ich 1986 zum Präsidenten des WSL-Int. gewählt wurde, kamen sofort

Was Herbert Bruns anbelangt, so war ich des Öfteren auf den wissenschaftlich sehr anspruchsvollen Tagungen des Bundes für Lebensschutz und habe auch in dessen Zeitschrift „Das Leben" mehrere Beiträge geschrieben.[22]

Ich gebe ehrlich zu, dass ich von der Idee von Günther Schwab, Naturschutz, Tierschutz und Gesundheitsschutz (des Menschen) zu einer Aktionseinheit zusammenzufassen, begeistert war und dies auch heute noch für eine wertvolle Vision halte. Schon 1894 hatte ja der damalige Landgerichtspräsident Dr. Ignaz Bregenzer[23] (Tübingen) in seiner „Thier-Ethik" Grundsätze aufgestellt, die etwa 20 Jahre später Albert Schweitzer in der Forderung „Ehrfurcht vor dem Leben" zusammenfasste. Günther Schwab war es 1958 mit seinem Buch „Der Tanz mit dem Teufel" gelungen, die Öffentlichkeit aufzurütteln.[24] Heute erkennen wir immer mehr, wie Schädigungen der Natur (Gifte in der Umwelt) oder der von den Menschen gehaltenen Tiere (BSE, MKS) auch die Gesundheit des Menschen gefährden. Es war aber wohl doch zu hoch gegriffen, alle in diesen Fragen tätigen Verbände zusammenzufassen. Sicher besteht in der Massendemokratie der Reiz, mit hohen Mitgliederzahlen auf die Politik Druck auszuüben. Ich hatte allerdings schon 1963 Bedenken gehabt,[25] eine „Überorganisation" des Lebensschutzes zu schaffen und stattdessen vorgeschlagen, den WSL lediglich zur Diskussions-Plattform auszugestalten und dann in Einzelfällen Aktionsbündnisse zu bilden. Immerhin habe ich im WSL gelernt, auch „Randgruppen" ernst zu nehmen, die mit besonderer Sensibilität ihre Ansichten verfochten (z.B. biologischer Landbau) bzw. heute noch verfechten (z.B. Warnung vor Elektrosmog).

Nach vielfachen Bemühungen, eine Anstellung zu finden, begann ich dann am 1.11.1963 meinen Dienst als Bezirksplaner (mein Studium der Geographie kam mir zugute) bei der Bezirksregierung in Stade/Elbe.

4.2 Bezirksregierung Stade/Elbe

Stade war meine „erste Liebe" in dem Sinne, dass ich mich vollends in meinem neuen Wirkungsbereich einbringen wollte. Ich hatte auch einen einzigartigen Vorgesetzten in

---

besorgte Anrufe (u.a. vom Büro des damaligen SPD-Vorsitzenden Dr. Hans-Jochen Vogel). Ich konnte die Bedenken unter Hinweis auf die gerade gegenüber dem Ehepaar Haverbeck eingenommene Gegenposition zerstreuen.

22 Herbert Bruns war, bevor er Professor in Berlin wurde, Lektor beim Brockhaus-Verlag. Ihm verdanke ich, dass mir vornehmlich für die 17. Auflage der Brockhaus-Enzyklopädie die Abfassung der Artikel über Naturschutz, Umweltschutz, Landespflege, Recht der Denkmalpflege u.a.m. übertragen wurde.

23 Das Buch erschien 1894 im Verlag Buchner, Bamberg.

24 Dies ist im Buch von Radkau, S. 304 (vgl. Anm. 6 auf S. 2) treffend gewürdigt worden.

25 Günter W. Zwanzig: Lebens-Schutz, Wesen und Wollen. Der stille Weg Heft 4/1963, S. 7–8 mit dem Vorschlag zur Bildung einer „Aktionsgemeinschaft" und WSL als „Plattform" für Gedankenaustausch und Aktionen.

der Person des Regierungspräsidenten Helmut Ernst Miericke. Er war das Gegenteil seines allseits gefürchteten Regierungsvizepräsidenten Schulz-Osterloh. Helmut Miericke war offen für Entwicklungen, nicht von vornherein festgelegt, immer sehr menschlich. Er sagte mir: „Es ist mir lieber, Sie äußern ab und zu eine falsche Idee, als überhaupt keine!" Ich wurde mit mehreren Gutachten betraut; „Gedanken zur Raumordnung im Regierungsbezirk Stade unter besonderer Berücksichtigung der agrarstrukturellen Problematik", „Das Elbe-Weser-Dreieck in der Landesplanung" sowie „Vorbereitendes landesplanerisches Gutachten für den Raum Uphusen-Bierden-Achim-Uesen-Baden" (an dem Gutachten waren der damalige Landtagsabgeordnete Martin Brüns und der spätere Bundeswohnungsbauminister Karl Ravens interessiert). Ich habe seinerzeit in Stade – und sicher auch später – geglaubt, es könne sich über eine Integration des Naturschutzes in die Landesplanung eine Lösung der Probleme ergeben. Im Grunde genommen muss auf allen Ebenen mit einem sachfremden politischen Einfluss gerechnet werden. Allerdings ist der Naturschutz dort am schlechtesten aufgehoben, wo er sich schon „hausintern" mit anderen gesamtstaatlichen Gestaltungsaufgaben auseinander setzen muss.

Übrigens wurden an die Landesplaner in Stade hohe Anforderungen gestellt, war doch einer der Vorgänger im Amt Prof. Dr. Gottfried Müller (TU München). Dennoch kann ich nicht umhin, eine dazu nicht gerade passende Anekdote zu erzählen. Als ich mehrere Tage hintereinander schon früh um 7:30 Uhr das Gebäude der Regierung betrat (damals kamen und gingen die Bediensteten nach einer „hierarchischen" Reihenfolge), was für einen Angehörigen des höheren Dienstes ungewöhnlich war, holte mich der Pförtner (Oltermann) in seine Loge und sagte wohlwollend: „Ich weiß, dass Sie in Ihrem Dezernat keine Kontrolle ausüben wollen. Aber wenn Sie so früh kommen, es gibt hier Regierungsräte, die sind schon über 50 Jahre alt, danach bemisst sich die Beförderung nicht!" Ich habe diese Anekdote dann in Mainz erzählt, als ich zum Regierungsrat ernannt und dies gefeiert wurde.

Stade war aber auch durch den sehr persönlichen Kontakt unter den Kollegen liebenswert. Vor allem dem jüngeren Kollegen war man bereit zu helfen. So kam ich auch auf Einladung des Polizeipräsidenten zu einer Treibjagd (im Bereich Zeven) und lernte die Faszination jagdlichen Brauchtums kennen.

In meiner Amtszeit besuchte ich auch die Tagungen der Evangelischen Akademie Loccum zum Thema „Neuordnung des Norddeutschen Raumes" und berichtete darüber in der Zeitschrift der Schweizerischen Vereinigung für Landesplanung.[26] Auch lernte ich dort Dr. Peter Dienel kennen, der als Mitarbeiter der Akademie die Tagungen leitete und später Professor an der Universität Wuppertal wurde. Peter Dienel ist als Schöpfer der Idee von der „Planungszelle" bekannt geworden. Er und ich haben in Fragen der direkten Demokratie viel zusammengearbeitet.

26 Plan 1965, S. 57–59.

Von Stade aus besuchte ich auch einen der großen Pioniere des Naturschutzes nach 1945: Carl Duve. Er lebte damals in Hamburg in seinem Haus im Naturschutzgebiet Duvenstedter Brook. Bereits 1957 hatte mich Prof. Dr. Konrad Buchwald (damals Landesbeauftragter für Naturschutz in Baden-Württemberg, Ludwigsburg; später Professor für Landespflege in Hannover) auf Carl Duve aufmerksam gemacht. Carl Duve hatte auch einen Nachrichtendienst über naturschutzrechtliche Entscheidungen herausgebracht.

Die besonderen Verdienste von Carl Duve liegen aber in seiner Initiative zur Änderung des Reichsnaturschutzgesetzes, wonach 1948 in Hamburg (1950 auch in Bremen) der Landschaftsschutz im besiedelten Bereich (das war nach der bisherigen Fassung des RNG nicht statthaft) ermöglicht wurde. In seinem ersten Brief an mich vom 15.10.1957 ging Carl Duve auf das Vorbild der englischen Naturschutzgesetzgebung ein und plädierte dann ganz vehement für die Einrichtung von Vollnaturschutzgebieten im Staatseigentum. Im Übrigen gab er mir den Rat: „Die Entwicklung des deutschen Naturschutzrechtes kann nur aus der Perspektive des Weltnaturschutzes gesehen werden." Carl Duve machte mir auch klar, dass viele Begriffe wie „die Natur schädigen" im Naturschutzrecht bei der „Biodynamik" nicht nur rein juristisch ausgelegt werden können (Briefe vom 3.6./10.7.1958). So fuhr ich mit großem Interesse zu seinem Haus, und wir hatten nicht nur zahlreiche Fragen zu erörtern, ich hatte auch Gelegenheit, Carl Duve als Naturliebhaber kennen zu lernen, beim Beobachten der Hirsche, die abends zur Fütterung kamen, oder beim Füttern des zahmen Storches „Tipke" (er war auf Grund einer Beinverletzung in der Obhut von Carl Duve geblieben).

In dieser Zeit kam ich auch öfter mit Henry Makowski zusammen, der in der Obersten Naturschutzbehörde des Landes Hamburg tätig war (er hatte den Deutschen Jugendbund für Naturbeobachtung ins Leben gerufen).

Von Stade ging ich nur schwer weg. Ich hatte zwei Angebote. Staatskanzlei – Landesplanung – in Kiel (MinRat Keil) und eben Kultusministerium in Mainz. Stade war eine herrliche Stadt: alte Fachwerkhäuser, gotische Kirchen, ehrwürdige Bruderschaften aus dem Mittelalter, und in der Person des Regierungspräsidenten Helmut E. Miericke eine faszinierende Persönlichkeit. Und dann gab es dort so viele persönliche Beziehungen, auch im Naturschutz, ich nenne nur den damaligen Direktor des Schlachthofes, Dr. Hans Kelm, der damals Elstern aus Europa bestimmte und sich später für das Tal der Schwinge einsetzte, über ihn lernte ich Prof. Dr. Thomas Schomerus aus Stade kennen, jetzt zuständig für Umweltrecht an der Universität Lüneburg. Er brachte mich mit dem Institut für Umweltrecht in Bremen zusammen. Besonders schätzte ich Dr. Hans Wohltmann, den Vorsitzenden des Heimat- und Geschichtsvereins (vormals Oberstudiendirektor am Gymnasium Athenäum), und den so vielseitigen und im Heimatschutz engagierten Buchhändler Frieder Kollmann. Letzterer verriet mir sogar nach über 20 Jahren, dass Hans Wohltmann bestrebt war, mich in Stade zu halten, was nachträglich für mich doch eine Bestätigung dafür ist, dass meine Liebe zu Stade nicht einseitig war.

5 Tätigkeit beim Kultusministerium in Mainz

5.1 Vorgesetzte, Kolleginnen und Kollegen

Mein Wechsel nach Mainz war der erste große Höhepunkt in meinem Berufsleben. Im Grunde genommen hatten die Naturschutzverbände (vor allem die „Pollichia" in der Pfalz) gehofft, auf die im Kultusministerium neu geschaffene Planstelle einen „Fachmann" zu bekommen und keinen Juristen. In der Anfangszeit war ich ohnehin Hilfsreferent des damaligen „obersten" Naturschützers, Franz Weisrock, Jurist, eines „typischen" Mainzers mit großer Lebenserfahrung, wohltuendem Humor und zugleich tiefer religiöser Verankerung. Er suchte mit großem Realitätssinn nach praktikablen Lösungen. Franz Weisrock hatte neben dem Naturschutz auch die Referate für Archiv- und Bibliothekswesen sowie Rechtsfragen der Kulturpflege und der Denkmalpflege inne. Trotz dieser großen Arbeitsbelastung setzte er mit der Herausgabe des Buches „Naturschutz und Schule"[27] sowie bei der Förderung der Naturparke beachtliche Akzente.

Der Naturschutz gehörte damals zur Abteilung VIII – Allgemeine Kulturpflege – unter Leitung von Ministerialrat Alfons Kahlert. Es bestand Personalunion mit der Abteilung VII – Kirchenwesen –, die lediglich einen eigenen Sachbearbeiter hatte (H. Goebel), der allerdings für mich als Vertreter meiner jeweiligen Sachbearbeiter (Roth, Weigert) fungierte. So kam ich als Jurist mit beiden Abteilungen in Berührung, zumal sich mein Aufgabenbereich auch auf Rechtsfragen der Abteilung VII erstreckte. Alfons Kahlert war ein väterlicher Vorgesetzter und sehr umgänglich. Er stammte aus Breslau, wo er längere Zeit im Erzbischöflichen Ordinariat gearbeitet hatte, was sich im Stil seiner Arbeit zeigte, indem er sich besonderer Formen der Höflichkeit bediente. Er ließ mir große Freiheiten, wofür ich ihm noch heute dankbar bin. Meist arbeitete ich länger im Büro. Auch Alfons Kahlert war noch regelmäßig anwesend, und wir schlossen dann oft den arbeitsreichen Tag bei einem Schoppen Wein ab. Später, als ich bereits Oberbürgermeister in Weißenburg war, besuchte mich Alfons Kahlert und bot mir das Du an, worauf ich sehr stolz war. Der Wein spielte in Rheinland-Pfalz übrigens eine wichtige Rolle. Bei Verhandlungen wurde mir bald bewusst, welches „Ritual" zu beachten war. Waren Verhandlungen besonders schwierig und hatten noch kein Ergebnis gezeigt, setzte man sich zu einem (oder mehreren) Schoppen Wein zusammen und diskutierte weiter. Wurde auf einmal ein besonders guter Wein ausgeschenkt, war die Zeit zum Kompromiss gekommen. Man konnte dann durch Entgegenkommen mehr erreichen, als wenn man sich stur gestellt

---

27 Drei Auflagen, zuletzt 1966.

hätte (weil dann auf „politischem" Wege die harte Linie durchgedrückt worden wäre).

Mein Vorgesetzter als Minister war Dr. Eduard Orth. Er war am 11.9.1956 zum Kultusminister berufen worden und wurde am 18. 5.1967 von Dr. Bernhard Vogel abgelöst. Wir alle haben im Kultusministerium damals die „Ablösung" von Eduard Orth als ungerecht empfunden und waren tief betroffen, als er bald danach starb. Eduard Orth hatte immerhin elf Jahre lang der Landesregierung Rheinland-Pfalz loyal gedient. Er war ein typischer Pfälzer, sehr temperamentvoll, impulsiv, auf der anderen Seite leutselig (er kannte jeden im Ministerium beim Namen, hatte für ihn auch persönliche Worte). Der Schwerpunkt seiner Arbeit war die Schulpolitik. In der Auseinandersetzung um die Ressortierung des Naturschutzes spielte natürlich die Tatsache eine Rolle, dass sein Freund Oskar Stübinger – ebenso wie er ein Pfälzer – von 1947 bis 1968 Landwirtschaftsminister war, bevor ab dem 30. April 1968 Otto Meyer dessen Amt übernahm. Eduard Orth wollte keine Konfrontation.

Eduard Orth war ein begeisterter Jäger.[28] Mir ist in diesem Zusammenhang ein Ereignis in bester Erinnerung. Es schrillte das Telefon: „Fahre Se sofort in de Ottersheimer Althrein! De Ameriganer habbe mei ganzes Jagdrevier verwüschtet!" Ich brauchte erst einige Zeit, um mich zu fassen, und fragte nur an, ob ich einen Dienstwagen bekommen könnte: „Genehmigt!" schallte es zurück vom Telefon. Ich musste dann einen scharfen Brief an den Chef der Staatskanzlei (Duppré) aufsetzen. Danach musste ich meinen Entwurf noch einmal abändern – schärfer –, bekam den Entwurf aber nicht mehr mit Unterschrift zurück. Erst bei der Aufarbeitung der unerledigten Akten – vor dem Amtsantritt von Bernhard Vogel – kam auch dieser Brief wieder zum Vorschein.

Ein besonderer Glücksfall war für mich die damalige Position des Staatssekretärs Dr. Friedrich Buchheim (FDP).[29] Aus politischen Gründen (insbesondere Schulpolitik) hatte die CDU damals versucht, ihn in wichtigen Dingen zu umgehen. So sollten wichtige Vorgängen/Vorlagen über den damaligen Ministerialdirigenten Alois Schreiner[30] direkt dem Minister vorgelegt werden. Ich nutzte die „freie Zeit" des

---

28 Als wir von der Landesstelle für NuL eine neue Zeitschrift herausgaben – Emberiza, Zeitschrift für Vogelschutz und Vogelkunde –, musste ich für den Minister ein Vorwort verfassen. Der Satz „Wie interessant die Beobachtung von Vögeln ist, weiß ich aus eigener Erfahrung, wenn ich auf Enten ansitze" wurde jedoch von aufmerksamen Zensoren gestrichen. Hingegen konnte nicht verhindert werden, dass ein befreundeter Oberstudiendirektor (mit einem lateinisch klingenden Namen) aus Dahn bei der Beerdigung seinem Freunde nachrief: „Und nun, lieber Eduard, bist Du in die ewigen Jagdgründe eingegangen!"
29 Er stammte aus der Oberlausitz, hatte die Fürstenschule in Grimma besucht und war zunächst Bürgermeister in Bad Windheim und dann Oberbürgermeister in Neuwied.
30 Alois Schreiner war damals der „starke Mann" im Kultusministerium, Leiter der Grundsatz-, Haushalts- und Schulbauabteilung; später Staatssekretär im Innenministerium und

Staatssekretärs und legte ihm alle besonders wichtigen Entscheidungen vor. Es entstand daraus ein sehr persönliches und vertrauensvolles Verhältnis. Wir unterhielten uns offen über die anstehenden Probleme, und Dr. Buchheim gab mir für bestimmte Situationen so manchen wertvollen Rat. In einem Falle (Verhandlungen über die Vulkaneifel) gab er mir sogar gezielte Hinweise über meine Gesprächspartner, was für mich sehr wertvoll war. Ich habe auch nach meinem Fortgang aus Mainz die Kontakte mit ihm gepflegt, er hat mich in Weißenburg besucht und ich konnte in Eßlingen, noch kurz vor seinem Tode, ihm für alles meinen Dank abstatten.

Bei der Fortführung meiner Arbeit – als selbstständiger Referent – erinnere ich mich an einen Konflikt, von dem ich nicht weiß, wie er heute gelöst würde. Im Rahmen der Förderung der Naturparke hatte Franz Weisrock Anfang 1963 für die Beschilderung der Rundwanderwege Plastikschilder mit Symbolen (Enten, Vögel, Pilze u.a.m.) herstellen lassen. Das rief den Protest des Verbandes der Gebirgs- und Wandervereine hervor. Senator Georg Fahrbach, Präsident dieses Verbandes, erklärte mir genau die Funktion der Wanderzeichen, ihre überregionale Verwendung. Georg Fahrbach, der sich sonst durch eine große Freundlichkeit, Gemütlichkeit und Jovialität auszeichnete, war in dieser Sache ziemlich unnachgiebig. Wir konnten auch bei einer gemeinsamen Reise zu einer Tagung keine Einigung erzielen. Ich machte schließlich einen Kursus mit dem Wanderwart des Eifelvereins, Dr. Georg Wilhelm Dahmen, mit. Dies überzeugte mich, dass die Markierung der Wandervereine schlüssiger war. Auf der anderen Seite konnte ich meinen Vorgesetzten nicht verärgern, der meinte, im Rahmen der Naturparke seien doch diese „volkstümlichen" Symbole für die große Masse der Bevölkerung viel verständlicher. Als ich dann selbst das Naturschutzreferat übernommen hatte, einigten wir uns darauf, diese Rundwanderwege-Symbole nicht an weiteren Wegen neu zu verwenden. Ich verstand mich eben auch als Repräsentant der Naturschutzverbände bzw. als Wahrnehmer ihrer Interessen in einem demokratischen Entscheidungsprozess.

Die Tätigkeit in der Abteilung „Allgemeine Kulturpflege" war nicht frei von ungewollten Komplikationen. Wir hatten u.a. die Aufgabe, zeitgenössische Kunst aufzukaufen. Es hing nun oft davon ab, ob der zuständige Referent – Dr. Kahl – oder

---

schließlich Präsident des Rechnungshofes Rheinland-Pfalz. Er war sehr direkt, geradlinig und vor allem verlässlich. Wenn wir bei den Haushaltsberatungen ein Plazet für den Ansatz der Naturschutzmittel gefunden hatten, konnten wir davon ausgehen, dass er dies auch gegenüber dem Finanzministerium und dem Landtag vertreten werde. Alois Schreiner hatte beim Gespräch Ende Dezember 1963 auch wesentlichen Einfluss auf meinen Wechsel nach Mainz. Er fragte mich ganz direkt, ob ich auf die Planstelle (zunächst nach A 13) kommen wolle oder nicht, ich solle mit „Ja" oder „Nein" antworten. Ich sagte „Ja", und schon am 9.1.1964 war die Genehmigung des Personalausschusses und des Ministerpräsidenten ausgesprochen. Ich habe dies immer als Musterbeispiel für energisches Verwaltungshandeln positiv in Erinnerung behalten.

ein anderer den Aufkauf tätigte. Was wir nicht an andere Ministerien loswerden konnten, landete im „Schreckenskeller". Eines Tages wurde nun von der Staatskanzlei einiges bestellt. Unsere Mitarbeiterin schickte ganz harmlos ein Bild mit Fischen im Aquarium. Als dieses Bild im Vorzimmer des Ministerpräsidenten aufgehängt wurde, gab es einen großen Skandal. Dr. h.c. Peter Altmeier meinte, der Kultusminister habe ihn auf seine frühere Tätigkeit in einer Fischhandlung in Koblenz ansprechen wollen (hinter vorgehaltener Hand sprach man im vertrauten Kreise sogar vom „Fisch-Pitter").

Meiner umfassenden Tätigkeit in beiden Abteilungen verdanke ich auch meine rechtzeitige Ernennung zum Regierungsrat. Mein Abteilungsleiter Alfons Kahlert hatte mich gebeten, ihn und den Minister (Eduard Orth) im Zug nach Koblenz zur 20-Jahr-Feier der Rheinischen Philharmonie zu begleiten. Unterwegs bat mich der Minister, über Zugtelefon einen Dienstwagen zu bestellen. Da ich die Regierung in Koblenz nicht erreichen konnte, wandte ich mich an den Polizeipräsidenten und konnte den Erfolg meiner Bemühungen melden. Eduard Orth fragte nun plötzlich meinen Abteilungsleiter, wann ich zum Regierungsrat ernannt werden könne. Ich wies auf meine Zeit in Stade hin, wonach die Wartezeit erfüllt sei. Eduard Orth bat daraufhin meinen Abteilungsleiter, eine entsprechende Vorlage zu erarbeiten. Bei der Feier in Koblenz stellte mich Eduard Orth schon als Regierungsrat vor. Was nimmt es wunder, dass ich damals das Klavierkonzert von Mozart (Es-Dur K.V. 271) mit Annrose Schmidt besonders genossen habe.

Ich erinnere mich gerne an unsere Mitarbeiterin Helene Gottsacker, die – an sich zuständig für das Bibliothekswesen – mir auch zeitweise bei der Bewältigung der anstehenden Probleme des Naturschutzes half. Ihr großer Vorteil war die Ortskenntnis. Sie entstammte einer vornehmen Familie aus der Eifel und gab mir so manche wertvolle Hinweise.

Am 18. Mai 1967 wurde Dr. Bernhard Vogel Kultusminister sowie Klaus-Berto von Doemming Staatssekretär. Bernhard Vogel führte einen neuen Stil ein, indem er die wichtigen Entscheidungen im Ministerbüro konzentrierte. Das Ministerbüro bestand aus dem persönlichen Referenten, dem Referenten für Grundsatzfragen (dem späteren Landtags- und Bundestagsabgeordneten Dr. Georg Gölter; Kultusminister ab 1981) und dem Pressereferenten – alles Kollegen im gleichen Alter. Es war eine wichtige Schaltstelle, in die man aber auch seine Ideen einbringen konnte. Alle Maßnahmen wurden auch auf ihre Außenwirkung hin überprüft. Vorteilhaft war die große Aufgeschlossenheit für Neuerungen. So wurde von Bernhard Vogel sofort begeistert der Gedanke aufgegriffen, für Forschungsvorhaben im Naturschutz Sondermittel zur Verfügung zu stellen. So manche Dissertation und Diplomarbeit konnte so auf Projekte der Grundlagenforschung ausgerichtet werden. Die stärkere Hinwendung von Bernhard Vogel zur Hochschulpolitik erbrachte auch eine Aufwertung des Wissenschaftlichen Beirates der Landesstelle für Naturschutz und Landschaftspflege.

5.2 Alltagsarbeit im Naturschutz

Beim ersten Deutschen Umwelttag in Würzburg (1986) berichtete Oskar Sommer (Naturschutzbeauftragter für den Stadt- und Landkreis Frankenthal/Pfalz) von einem Besuch bei mir im Ministerium, zusammen mit Willi Matthes aus Roxheim. Der Hintere Roxheimer Altrhein wurde zunehmend bedroht. Der zuständige Landrat hatte jahrelang die Unterschutzstellung hinausgezögert. Nachdem ich mich anhand der vorgelegten Listen der Flora und Fauna von der Schutzwürdigkeit überzeugt hatte, setzte ich mich an die Schreibmaschine, verfügte (mit Abdrucken für den Regierungspräsidenten und den Landrat) die einstweilige Sicherstellung des Naturschutzgebietes und setzte zugleich Willi Matthes als Sonderbeauftragten für dieses Gebiet ein. Die nachgeordneten Behörden waren von diesem Vorgehen keineswegs begeistert, die endgültige Unterschutzstellung des Hinteren Roxheimer Altrheins war damit jedoch unumkehrbar.

Jahrelang hatten wir auch Kummer mit dem Naturschutzgebiet Mainzer Sand (eine in Deutschland einmalige Steppen-Flora), das durch den benachbarten Truppenübungsplatz der US-Armee sowie durch wilde Müllablagerungen bedroht wurde. In der Person von Dieter Korneck hatte das Gebiet einen sachkundigen und engagierten Beschützer gefunden. Von Beruf war Dieter Korneck Finanzbuchhalter, hatte sich aber nebenbei so viele Kenntnisse in Botanik erworben, dass er in Fachkreisen (z.B. beim zuständigen Ordinarius in Mainz, Prof. Dr. Hans Weber) volle Anerkennung fand. Später wurde Dieter Korneck sogar – mit Unterstützung des Kultusministeriums – von der Bundesanstalt für Naturschutz und Landschaftspflege als Wissenschaftler übernommen. Auf Vorschlag von Prof. Dr. Hans Weber wurde Dieter Korneck zunächst zum Sonderbeauftragten für das NSG Mainzer Sand bestellt, was seine Position gegenüber der Stadt Mainz und der US-Armee stärkte. Den Durchbruch brachte allerdings erst ein glücklicher Zufall. Auf dem deutschen Naturschutztag in Essen lernte ich Prof. Dr. Richard Noyes aus Oregon (USA) kennen. Er fragte mich nach Problemen in der Naturschutzarbeit (im Zusammenhang mit den Amerikanern). Ich lud ihn ein, das NSG Mainzer Sand zu besuchen. Richard Noyes war vom Ausmaß der Bedrohung dieses einmaligen Gebietes stark beeindruckt. Er schaltete daraufhin die Senatorin des Staates Oregon ein, die im US-Kongress kritische Fragen stellte. Es dauerte nicht lange, bis in der Staatskanzlei und bei den US-Truppen helle Aufregung herrschte. Man warf mir vor, nicht den „Dienstweg" über Bonn eingehalten zu haben, worauf es aus mir herausplatzte: „Die haben doch sowieso nichts zu sagen!" Immerhin, die Aktion hatte Erfolg. Die Amerikaner respektierten nunmehr das NSG Mainzer Sand.

Eine Begebenheit ist für mich auch beispielhaft für die Weisungsgebundenheit der Beamten. Es war nach 1967, als Klaus-Berto von Doemming (CDU) Staatssekretär im Kultusministerium war. Damals hatte die Bundeswehr im Naturpark Nassau bei Montabaur bereits einen Sendemast errichtet, und die Bundespost wollte auf dem benachbarten Berg ebenfalls einen Sendemast bauen. Dagegen wehrte sich der zuständige Landrat des Unterwesterwaldkreises als Untere Naturschutzbehörde und führte aus, die Bundespost könne ohne weiteres den Sendemast der Bundeswehr mit benutzen. So könne eine weitere Beeinträchtigung des Landschaftsbildes vermieden werden. Die Bundespost wollte aber nicht einlenken, und so wandte sich Bundespostminister Dr. Dollinger (CSU) auf „politischem" Wege an den Staatssekretär. Ich wurde um 9 Uhr früh in sein Zimmer gerufen und mit den Worten empfangen: „Um 11 Uhr will ich die Ausnahmegenehmigung haben!" Um den Landrat, dessen Auffassung ich teilte, nicht bloßzustellen, blieb mir nichts anderes übrig, als in die Ausnahmegenehmigung hineinzuschreiben, es werde davon ausgegangen, dass – wie die Bundespost dargelegt habe – der benachbarte Sendemast der Bundeswehr von der Bundespost für ihre Zwecke nicht genutzt werden könne.

Mitunter meinten auch Landtagsabgeordnete, ein Weisungsrecht zu besitzen. So kam eines Tages der Abgeordnete Johann Steffen aus Zell/Mosel zu mir und meinte, er wolle sich bei mir die Ausnahmegenehmigung von der Landschaftsschutzverordnung geben lassen (er habe im Übrigen nachher ein Gespräch beim Minister …). Ich konnte nicht umhin, ihm etwas vom Grundsatz der Gewaltenteilung zu erzählen.

In den 1960er Jahren gab es zahlreiche Bestrebungen, die Landschaft durch Gondelbahnen zu „erschließen". Eine der ersten Auseinandersetzungen, die wir verloren, fand in Bad Dürkheim statt. Der Betreiber des „Dürkheimer Wurstmarktes" hatte die „kluge" Idee, direkt vom Wurstmarkt aus auf die Höhe der Haardt eine Gondelbahn zu führen, angeblich, um für Bad Dürkheim ein neues Kurgelände zu erschließen. In Wirklichkeit erhoffte er sich den großen geschäftlichen Erfolg in Zusammenhang mit seinem Weinfest. Obwohl sich die Schutzgemeinschaft Deutscher Wald, Landesverband Rheinland-Pfalz, unter ihrem wortgewaltigen Vorsitzenden Staatsminister a.D. Hanns Haberer heftig gegen den Plan wehrte, wurde die Genehmigung erteilt. Erst durch Klagen der betroffenen Eigentümer (Überqueren ihrer Gartengrundstücke, Enteignung) wurde vom Bundesverwaltungsgericht die Gondelbahn zu Fall gebracht.

Erfolgreicher war hingegen der Kampf um die Erhaltung der Rheinlandschaft. Starke politische Kräfte in Koblenz (darunter der Chef der Staatskanzlei, Staatssekretär Willibald Hilf) begünstigten den Plan, vom Deutschen Eck quer über den Rhein eine Gondelbahn auf die Festung Ehrenbreitstein zu bauen. Als nächstes Projekt stand der Bau einer Gondelbahn von St. Goar quer über den Rhein auf die Loreley „in den Startlöchern." Kurz nach dem Amtsantritt von Bernhard Vogel als Kultusminister fuhr ich zu Pfingsten mit meinem neuen Chef zur Tagung der Deutschen Waldjugend auf Ehrenbreitstein. Unterwegs fragte mich Bernhard Vogel, welche Aussage denn bei der Waldjugend besonders gut ankäme. Ich wies ihn auf die Notwendigkeit hin, die Rheinlandschaft zu erhalten und erklärte, welche schrecklichen Folgen der Bau der geplanten Gondelbahnen hätte. Tatsächlich rief dann Bernhard Vogel vor der

Waldjugend aus: „Solange ich Minister bin, kommt keine Gondelbahn auf den Ehrenbreitstein!" Großer anhaltender Beifall brauste auf. Ich sorgte dafür, dass diese Aussage den maßgebenden Persönlichkeiten im Naturschutz (u.a. Prof. Dr. Wolfgang Engelhardt, Präsident des Deutschen Naturschutzringes; Prof. Dr. Bernhard Grzimek) bekannt wurde. Sie bedankten sich vehement bei Bernhard Vogel für seine klaren Worte. Die Befürworter der Gondelbahn gaben jedoch nicht auf und klagten beim Verwaltungsgericht Koblenz, das ihnen recht gab, obwohl in der Urteilsbegründung zunächst Verständnis für die Rheinlandschaft gezeigt worden war. Darauf rief mich der zuständige Abteilungsleiter der Regierung in Koblenz (RegDir Gauly) an und bat mich zu klären, ob gegen das Urteil Berufung eingelegt werden sollte. Unter Hinweis auf das gegebene Wort vor der Deutschen Waldjugend erreichte ich schließlich am letzten Tag der Frist die Zustimmung des Ministers. Im Berufungsurteil schloss sich das Oberverwaltungsgericht Koblenz unserem Standpunkt an. Es sah die Rheinlandschaft durch die Gondelbahn gefährdet. Die Rheinlandschaft war gerettet.

Ein besonderer Brennpunkt der Naturschutzarbeit war die Erhaltung der Vulkaneifel. Vor allem der forcierte Straßenbau hatte dazu geführt, dass jeder Bürgermeister einer Kleingemeinde (es hatte noch keine Gebietsreform stattgefunden) auf seinem Gebiet einen Betrieb zum Abbau von Bims, Lava oder Basalt haben wollte, wobei ihm die große Zahl der kleineren Unternehmen im Bereich Bau, Steine und Erden entgegenkam. Damals gab es obendrein noch keine Gewerbesteuer-Umlage, weshalb die Gemeinden an diesen Einnahmen besonders interessiert waren.

Zuallererst war es notwendig, eine Bestandsaufnahme der schutzwürdigen Objekte vorzunehmen. Ich erinnere mich noch an eine Bereisung der Eifel mit der Regierung in Koblenz, wo ich zwar erfuhr, in welchem Ausmaße der Abbau vorangeschritten war, die feinen Unterschiede im Vulkanismus der Eifel waren mir aber nicht vermittelt worden. Dies änderte sich erst, als ich im Rahmen des Geologie-Studiums an einer Exkursion mit Prof. Dr. Josef Frechen teilnahm. Ich lernte, dass sich der Vulkanismus auf einen Zeitraum von über 800.000 Jahren erstreckt und aus allen Zeitabschnitten schutzwürdige Zeugen vorhanden sind. Nach der Exkursion unterhielt ich mich mit Prof. Dr. Horst Falke, dem Inhaber des Lehrstuhls für Geologie an der Universität Mainz. Er war zugleich stellvertretender Vorsitzender des Wissenschaftlichen Beirates der Landesstelle für Naturschutz und Landschaftspflege. Horst Falke erkannte sofort die Notwendigkeit, eine umfassende Bestandsaufnahme vorzunehmen und sich gleichzeitig mit der Industrie (Steine und Erden) zu verständigen. Zu diesen Kreisen hatte er als Geologe wegen der zahlreichen gemeinsam interessierenden fachlichen Fragen gute Verbindungen, was dem Vorhaben sehr zustatten kam. In Abstimmung mit dem Minister und dem Landesbeauftragten für Naturschutz und Landschaftspflege, Prof. Dr. Günter W. K. Preuss, wurde zunächst eine Bereisung der Vulkaneifel durch den Wissenschaftlichen Beirat angesetzt, zu welcher auch die Spezialisten für die Vulkaneifel, Prof. Dr. Wilhelm Ahrens und Prof. Dr. Josef Frechen, die Vertreter der Regierungen und die Bezirksnaturschutzbeauftragten Koblenz und Trier sowie die Vertreter des Landwirtschaftsministeriums (Landschaftspflege) eingeladen wurden.

Die ganze Vorbereitung war für mich übrigens sehr aufregend, bei so viel Fachkompetenz, ich musste die Fahrroute mit allen Aufschlüssen usf. genauestens planen, und so war ich froh, als wir am ersten Abend das Hotel Hommes in Daun erreichten. 1968 kam der Landschaftsplan Vulkaneifel in Buchform heraus (Band 2 der Beiträge zur Landespflege in Rheinland-Pfalz). Er bildete fortan eine wichtige Grundlage für den gesamten Naturschutz in Rheinland-Pfalz. Mehrfach wurde er in Entscheidungen der Verwaltungsgerichte, sogar des Bundesverwaltungsgerichts (!), zitiert.

Trotz des Landschaftsplanes Vulkaneifel versuchten einzelne Unternehmer immer wieder, ihre Interessen durchzusetzen. Besonders hartnäckig war ein Unternehmer aus Mayen, der den Hochsimmer abbauen wollte. Wie mir der damalige Kreisvorsitzende der FDP, Studiendir. Norbert Lauer aus Andernach, erzählte, wurde der Landtagsfraktion der FDP sogar eine höhere Summe als „Belohnung" versprochen, falls diese eine Freigabe des Berges erwirken würde. Übrigens wurde Norbert Lauer bald als Kreisvorsitzender abgelöst. Offensichtlich hatte er auch anderen von diesem „Angebot" erzählt. Es wurde noch sehr kritisch, als die Verordnung über das Landschaftsschutzgebiet Hochsimmer vom OVG Koblenz wegen eines Formfehlers für nichtig erklärt wurde. Gestützt auf den Landschaftsplan Vulkaneifel verfügten wir sofort die einstweilige Sicherstellung als Naturschutzgebiet, was dann letztlich vom Bundesverwaltungsgericht – unter Bezugnahme auf den Landschaftsplan Vulkaneifel – bestätigt wurde.

Eine Niederlage mussten wir hingegen beim Steffelner Kopf[31] hinnehmen. Der Steffelner Kopf war der letzte bedeutsame Zeuge des Vulkanismus, der sich von Bad Bertrich bis Ormont erstreckte. Hier wirkte sich die noch nicht durchgeführte Gebietsreform (sie kam erst, als Dr. Helmut Kohl Ministerpräsident geworden war) im Zusammenhang mit dem damaligen Steuerrecht voll aus. Dem Bürgermeister Weber in Steffeln, er wollte eine neue Schule bauen, kam da die Firma Weber-Kies gerade recht, zumal diese der Wehrhahn-Gruppe angehörte (der Inhaber war verwandt mit einer Tochter von Konrad Adenauer) und über entsprechende Beziehungen verfügte. Alle Gutachten über den Wert des Berges für die Wissenschaft und über seine landschaftliche Bedeutung halfen nichts. Der Wirtschaftsminister von Rheinland-Pfalz wurde eingeschaltet und der Kultusminister schloss einen „Kompromiss" (über dessen „Wert" sich der „Landschaftsplan Vulkaneifel" eindeutig äußerte).

Die ganze Angelegenheit hatte für mich aber noch ein ganz anderes Nachspiel. In einem Gespräch hatte mir der Bürgermeister von Steffeln gesagt, er könne auch noch die SPD (Abgeordneter Hans König, Trier) einschalten, wenn es für mich nicht aus-

---

31 Vgl. Landschaftsplan Vulkaneifel a.a.O.; S. 33 und 34.

reiche, dass sich der Abgeordnete Johann Wirtz (CDU) für den Abbau einsetze. Ich war unvorsichtig genug, etwas missverständlich zu sagen, man solle erst einmal das Ergebnis der Landtagswahl (1967) abwarten, und ob der Abgeordnete Wirtz wiedergewählt werde, sei nicht sicher, da er auf der CDU-Liste für den Regierungsbezirk Trier auf der letzten Stelle stünde. Diese Äußerung wurde dann vom Bürgermeister und vom Abgeordneten Wirtz in der Weise kolportiert, der „böse Zwanzig" habe gesagt, der Abgeordnete Wirtz hätte ohnehin keinen Wert mehr, der käme nicht wieder in den Landtag, da ihn seine Partei auf den letzten Listenplatz gesetzt habe. Durch Presseberichte wurde noch alles aufgeheizt und tatsächlich zog der Abgeordnete Wirtz wieder in den Landtag ein. Eine seiner ersten Handlungen war, beim damaligen Ministerpräsidenten Peter Altmeier gegen mich ein Disziplinarverfahren anzustrengen. Nur durch die äußerst noble Art meines Staatssekretärs Dr. Friedrich Buchheim wurde alles als unbegründet niedergeschlagen. Ich musste nämlich eine Vorlage erarbeiten, sie gefiel Dr. Buchheim aber nicht, und er sagte: „Lassen Sie das mal da. Das kann ich besser machen!"

Politische Verflechtungen lassen sich aber auch zugunsten des Naturschutzes einsetzen. Als sich abzeichnete, dass Helmut Kohl seinen Vorgänger Peter Altmeier ablösen würde, brachte der „Spiegel" einen hämischen Artikel über den damaligen Ministerpräsidenten und behauptete u.a., sein „Beichtvater" sei der Abt von Maria Laach. Zu dieser Zeit hatte die Abtei viel Kummer (zahlreiche Eingriffe in das Naturschutzgebiet Laacher See, selbst durch staatliche Behörden, wie z.B. der Betrieb eines Lagerplatzes des Straßenbauamtes u.a.m.). Da für den 19. 5.1969 die Amtsübernahme durch Helmut Kohl anstand und die Zeit drängte, regte ich bei den mir bekannten Patres (P. Desiderius Schmitz, Celerar; P. Valerius Heinzen und P. Willibald Knabe) an, ihr Abt möge doch den Ministerpräsidenten (Altmeier) bitten, unter meiner Führung einen Rundgang um den Laacher See anzuberaumen und dabei alle Mängel und Schäden aufzulisten. Tatsächlich schrieb der Abt einen entsprechenden Brief an den Ministerpräsidenten, der mit der Kennzeichnung „Grün-Kreuz" und „dringend" an den Kultusminister weitergeleitet wurde und dann mich erreichte.

So fuhr ich am Himmelfahrtstage (14. 5.1969) nach Maria Laach. Zusammen mit den Patres Heinzen und Knabe sowie dem Naturschutzbeauftragten des Landkreises Mayen, Berlin, wanderten wir rund um den Laacher See. Wir listeten alle Mängel und Schäden auf. Es war verheerend. Vor allem hatten zahlreiche Urlauber die Sperre durchbrochen und lagerten sich im Naturschutzgebiet, grillten und nahmen auch sonst keine Rücksicht auf die Natur. Als wir ihnen sagten, das sei doch alles verboten und wir müssten sie anzeigen, fragten sie uns, ob sie nicht eine Spende für den Naturschutz geben könnten, damit wir von einer Anzeige absähen. Wir sammelten darauf hin einen größeren Geldbetrag ein. Als am Tag darauf der Naturschutzbeauftragte Berlin das Geld beim Landrat von Mayen, Dr. Boden, ablieferte, rief dieser aus: „Ich habe doch gar keinen Einnahmetitel im Haushalt dafür! Was hat der verrückte Zwanzig wieder angerichtet!"

Ich denke, die Sache hat einen ernsteren Hintergrund. Eine Naturschutzwacht (o.ä.) müsste – wie es in Österreich in mehreren Bundesländern gesetzlich geregelt ist – gewisse Befugnisse zur Verhängung von Geldbußen haben; ein „zahnloser" Betreuungsdienst ist nutzlos.[32]

Im Rahmen meiner Tätigkeit durfte ich auch Bescheinigungen für Tiergehege und Wildparks ausstellen, sofern sie für den Naturschutzgedanken wirkten. Eines Tages rief mich der persönliche Referent des Innenministers, der spätere Staatssekretär Dr. Stollenwerk an, und bat mich, für einen Tierpark in Boppard eine (steuerbegünstigende) Bescheinigung auszustellen. Der Inhaber, Herr Köster, sei Geschäftsführer der Firma Haribo, wohne in Boppard und der Innenminister sei an einer positiven Bearbeitung sehr interessiert. Ich brauchte mich in dieser Hinsicht nicht anzustrengen, da der Tierpark tatsächlich den Vorschriften für steuerliche Begünstigung entsprach. In Schwierigkeiten geriet ich erst, als mir ein großer Karton Lakritze überreicht wurde (ich verteilte ihn an alle Sekretärinnen in der Abteilung) und mir sogar angeboten wurde, ich könne im Gästehaus der Firma Haribo in Bonn kostenlos übernachten, wenn ich einmal dienstlich dorthin käme (von diesem Angebot habe ich selbstverständlich keinen Gebrauch gemacht). Eine enge Zusammenarbeit ergab sich beim Aufbau der Hochwildschutzparke (Schulte-Wrede).

5.3 Schwerpunkte der Naturschutzarbeit in Rheinland-Pfalz

5.3.1 Ausbau der Landesstelle, Wissenschaftlicher Beirat, Naturschutzstellen
Im Rückblick auf die Jahre 1964 bis 1972 erscheint mir zunächst als wichtiger Schwerpunkt meiner Arbeit der Ausbau des haupt- und ehrenamtlichen Naturschutzes. Als ich im März 1964 meinen Dienst antrat, gab es im gesamten Lande keinen hauptamtlichen Naturschützer. Die in der Abteilung Wasserwirtschaft des Landwirtschaftsministeriums Tätigen sollten nur landschaftspflegerische Begleitmaßnahmen durchführen. Es waren dies drei sehr engagierte Kollegen: Wolfram Pflug (Dipl.-Forstwirt, von großem Engagement, voller Energie und für die Sache aufgehend; später Professor in Aachen), Dipl.-Ing. Richter (Fachrichtung Landespflege, ein ausgezeichneter Praktiker) und Dipl.-Ing. Glandien (Fachrichtung Landespflege; mehr der

---

32 Die österreichischen Landesgesetze über die Natur- und Bergwacht haben sich seit Jahrzehnten bewährt. Ein negatives Beispiel für die deutsche Regelung habe ich im Mai 2001 erlebt, als ich Park Sanssouci in Potsdam mit den dortigen Parkwächtern sprach. Sie sagten mir, sie könnten bei Übertretungen nur freundliche Ermahnungen aussprechen. Sie dürften keine Personalien feststellen, und es wäre zwecklos, eigens die Polizei zu verständigen und hinzuzuholen. – Die Regelung in Österreich dürfte zudem beweisen, dass irgendwelche Ängste vor deutscher Obrigkeitsüberheblichkeit bei einem solchen Überwachungsdienst unangebracht sind. Schließlich kann man auch einem eventuellen Missbrauch durch Namensschilder einen Riegel vorschieben.

Philosoph, tief getragen von seinem katholischen Glauben). Vor allem Wolfram Pflug versuchte immer wieder, eine Zusammenfassung der Landschaftspflege in der Staatskanzlei zu erreichen, was aber nicht gelang.

Es war deshalb um so wichtiger, die dem Kultusministerium unterstehende Organisation zu stärken. Ein erster Durchbruch gelang, als der bisherige Landesbeauftragte für Naturschutz und Landschaftspflege (NuL), Oberlandforstmeister i.R. Hauck, in den endgültigen Ruhestand trat. Als neuer Landesbeauftragter für NuL wurde Prof. Dr. Günter W. K. Preuss bestellt. Er hatte sich bereits als Vorsitzender des einflussreichen pfälzischen Vereins für Naturkunde und Naturschutz „Pollichia" hervorgetan. Günter Preuss war Professor für Biologie an der Pädagogischen Hochschule Kaiserslautern, dadurch fachkompetent, einsatzfreudig und verhältnismäßig unabhängig. Seine Berufung war ein echter Glücksfall. Er verstand es, mit Augenmaß und Beharrlichkeit seine Ziele zu verfolgen, besaß aber auch den für eine solche Tätigkeit notwendigen Humor, um Niederlagen verkraften zu können. Wir konnten immer offen und ehrlich über alles sprechen, haben auch um Lösungen miteinander gerungen, haben stets unsere Strategie miteinander abgestimmt.

Nach einiger Zeit gelang es denn auch, durch Verstärkung der Mittel für Naturschutz bei der Landesstelle die Vergütungen für die notwendigen Schreibarbeiten sowie für die Stelle eines „Assistenten" (Dr. Alfons Grünwald) zu bewirken. Eines Tages wurde ich gefragt, ob ich nicht für die Naturschutzarbeit einen Juristen gebrauchen könnte, was ich natürlich sofort bejahte. Ich war damals – 1968 – gerade zum Oberregierungsrat ernannt worden und ahnte gar nicht, was ich mit meiner Äußerung angerichtet hatte. Es dauerte nicht lange, und es wurde mir der ehemalige Landrat von Bingen, Anderhub, zugeteilt. Damals wurden die Landräte noch vom Ministerpräsidenten berufen. Als nun in der ersten Phase der Gebietsreform die Landkreise Mainz und Bingen zusammengelegt wurden und damit ein Landrat „überflüssig" wurde, war dies für Anderhub nicht ohne gesundheitliche Folgen geblieben. Mir war sofort klar, dass ich ihn keineswegs mir direkt unterstellen dürfte, was schon rein rangmäßig ein Unding gewesen wäre. So sprach ich mich mit Günter Preuss ab und teilte ihn der Landesstelle für NuL in Kaiserslautern zu, wo er für uns alle zu einer wertvollen Stütze wurde. Er war übrigens ein begeisterter Flieger und bereicherte uns auch von daher bei der Naturschutzarbeit.

Die wichtigste Weichenstellung im Bereich des ehrenamtlichen Naturschutzes war Ende 1964 die Schaffung des Wissenschaftlichen Beirates der Landesstelle für Naturschutz und Landschaftspflege. Hier wurde zum ersten Mal in Deutschland im Bereich des Naturschutzes ein unabhängiger Beirat geschaffen! Vorausgegangen war die Bildung des Denkmalrates für Rheinland-Pfalz.[33] Bei den Beratungen über

---

33 Grundlage war das Hessische Denkmalschutzgesetz aus dem Jahre 1902, das für Rheinhessen weiter galt. Der Denkmalrat wurde für das gesamte Land eingerichtet.

die Satzung des Denkmalrates hatte sich der designierte Vorsitzende Dr. Franz Xaver Michels[34] ausbedungen, dass der Denkmalrat aus seinen Reihen einen unabhängigen Vorsitzenden wählen müsse. Dieses Modell wurde dann auch auf den Wissenschaftlichen Beirat übertragen. In seiner konstituierenden Sitzung bildete der Wissenschaftliche Beirat einen Vorstand, bestehend aus dem Vorsitzenden Prof. Dr. Helmut Risler (Lehrstuhl für Zoologie an der Universität Mainz), dem stellvertretenden Vorsitzenden Prof. Dr. Horst Falke (Lehrstuhl für Geologie an der Universität Mainz) und dem Landesbeauftragten Prof. Dr. Günter W. K. Preuss. Im Übrigen deckte der Wissenschaftliche Beirat alle Fachdisziplinen ab, die für die Arbeit des Naturschutzes im Sinne der Landespflege in Betracht kamen, von der Universität Mainz die Lehrstühle für Geographie, Botanik, Vor- und Frühgeschichte, Meteorologie sowie alle Lehrstühle für Biologie und Geographie an den Pädagogischen Hochschulen des Landes.

Durch den Wissenschaftlichen Beirat wurde eine verstärkte Zusammenarbeit auf dem Gebiet der Grundlagenforschung und der angewandten Forschung erreicht.[35] Es wurde klar herausgestellt, dass Naturschutz-Beiräte gegenüber den Behörden, die sie zu beraten haben, unabhängig sein müssen, auch wenn es zu Konflikten kommen kann.[36] Es soll gar nicht verschwiegen werden, dass sich sowohl der amtliche Natur- als auch der Denkmalschutz bei Problemen der Öffentlichkeitswirkung dieser Beiräte bedient haben. Es ist dies aber m.E. ein unverzichtbarer Beitrag zur demokratischen Kultur, zumal die Kräfte, die in die historische und landschaftliche Substanz eingreifen, ohnehin besser organisiert sind.

Die Schaffung des Wissenschaftlichen Beirates hatte eine weitere positive Wirkung. Wegen seiner hochrangigen Besetzung konnte der Vorstand regelmäßig in wichtigen Fragen beim Minister vorstellig werden.

34 Dr. Franz Xaver Michels stammte aus Niedermendig in der Nähe des Laacher Sees. Er war Eigentümer eines großen Unternehmens der Industrie Steine und Erden. Kulturell war er vielseitig engagiert, hatte in seinem Haus ein kleines geologisches Museum eingerichtet. Er war lange Zeit Vorsitzender des Rheinischen Vereins für Denkmalpflege und Heimatschutz. Wie es der Zufall wollte, war er mit meinem Patenonkel Dr. Hans Breyer (Chefgeologe der Deutschen Reichsbahn, später Bundesbahn) befreundet.

35 Vgl. Günter W. Zwanzig: Die Förderung von Forschungsvorhaben auf dem Gebiet der Landespflege, in: Mainzer Naturw. Archiv Jg. 9 (1970), S. 64–65.

36 So setzte sich der Wissenschaftliche Beirat vergeblich für die Erhaltung des Steffelner Kopfes ein. Auch drang er nicht mit seiner Auffassung durch, den Naturschutz keinesfalls im Landwirtschaftsministerium zu ressortieren. Auch der Denkmalrat bekam Probleme mit der Landesregierung, als es um die Verteilung der Zuschüsse für bedeutsame Kulturdenkmäler ging. Der damalige Ministerpräsident, Dr. Helmut Kohl, setzte sich durch und es wurde die neugotische Ludwigskirche in seinem Wahlkreis Ludwigshafen mit 100.000 DM gefördert, obwohl nach Meinung des Denkmalrates und des Landeskonservators die Denkmäler der Romanik und Gotik, von denen es gerade in Rheinland-Pfalz zahlreiche Beispiele gab, vorrangig gewesen wären.

Vom Modell des Wissenschaftlichen Beirates ausgehend, wurden die Höheren und Unteren Naturschutzbehörden gebeten, ebenfalls – sofern nicht schon geschehen – auf ihrer Ebene die Naturschutzstellen zu Fachbeiräten auszubauen. Damit wurde die vom Reichsnaturschutzgesetz ermögliche Variante, in den Naturschutzstellen auf Grund ihrer Zusammensetzung einen gewissen Interessenausgleich herbeizuführen, konsequent und richtungweisend aufgezeigt.

5.3.2 Systematische Erfassung und Unterschutzstellung aller schutzwürdigen Objekte

Die Grundsätze der Raumordnung und Landesplanung sowie die Erfahrungen beim Vollzug des Naturschutzes hatten mich bald zu der Überzeugung geführt, dass eine systematische Erfassung aller schutzwürdigen Objekte notwendig sei. An diese müsse sich dann, wo das noch nicht der Fall war, die Unterschutzstellung anschließen.

Besonders bei den Naturdenkmälern beinhaltete dies eine sehr aufwändige Arbeit.[37] Immerhin gelang es, Kriterien für die schutzwürdigen Objekte aufzustellen. Da in bestimmten Gegenden von Rheinland-Pfalz auf Grund der besonderen klimatischen Verhältnisse (ähnlich wie in Meran/Südtirol) exotische Bäume gut gediehen waren, galt es, auch diese in den Schutz einzubeziehen.

Um die Bereitschaft der zuständigen Behörden für die Ausweisung von Landschaftsschutzgebieten zu erhöhen, wurden diese – über die Naturparke hinaus – Gegenstand von Sonderprogrammen. Für das Gebiet der Mosel kam nach dem Ausbau der Mosel auf Anregung des Deutschen Rates für Landespflege[38] das Sonderprogramm „Ausbau der Mosel-Ufer-Wanderwege" hinzu.[39]

---

37 Dazu Günter W. Zwanzig: Ein Landespflege-Rahmenplan, in: Staats-Zeitung Rheinland-Pfalz Nr.20 vom 28. Mai 1967, S. 6; ders.: Die systematische Erfassung der Naturdenkmäler als Grundlage des Landespflege- Rahmenplanes, in: Natur und Landschaft 1968, S. 250–253. Weitere Aufsätze des Verfassers speziell bezogen auf die Verhältnisse in Rheinhessen vgl. Mainzer Naturwiss. Archiv Jg. 7 (1968), S. 20–34; bezogen auf die Verhältnisse in der Pfalz vgl. Mitt. der Pollichia 1968, S. 88–109.

38 Im Rahmen des Ausbaus der Mosel war vor allem Alwin Seifert hinzugezogen worden.

39 Hier erinnere ich mich an eine heitere Begebenheit, die zugleich widerspiegelt, in welcher Freiheit damals noch gestaltet werden konnte. Eines Tages kamen zu mir Amtsbürgermeister Breitbach (Kröv) und Bürgermeister Kees (Kienheim) und baten mich, im Hinblick auf die doch recht arme Gemeinde Kienheim bei der Gewährung des Zuschusses großzügig zu sein. Als ich fragte, ob sie mit einer Förderung von 50 % zufrieden seien, war die Freude übergroß (ich wurde zum Weinfest eingeladen, hatte aber nie Zeit, diese Einladung anzunehmen). Überhaupt habe ich mich bemüht, den Antragstellern entgegenzukommen und ggf. die Anträge neu zu fassen und zwar so, dass sie den Vorschriften entsprachen. Ich denke da an die Bewertung der Eigenleistungen in einem Schutzgebiet des „Rosendorfes" Schmidthausen bei Zweibrücken (die Antragsteller hatten vergessen, die

Schwieriger gestaltete es sich schon bei der Ausweisung von Naturschutzgebieten. So weit es die Vulkaneifel anging, hatte der Landschaftsplan Vulkaneifel eindeutige Vorgaben geliefert. In den anderen Landesteilen bedurfte es jedoch gründlicher Untersuchungen und der politischen Unterstützung. So war ich recht froh, als mich eines Tages der Landrat von Simmern, Rumetsch (er war später Abteilungsleiter im Innenministerium), einlud, zusammen mit ihm an einem Sonnabend das Baybachtal zu durchwandern. Wir fuhren mit seinem Dienstwagen nach Emmelshausen (Hunsrückhöhenstraße) und stiegen ins Baybachtal hinab, sahen die über 100 Meter hohen Felswände mit schützenswerter Vegetation, die Burg Waldeck (Nerother Wandervögel) und erreichten schließlich am späten Nachmittag die Einmündung des Baybachs in die Mosel. Unterwegs hatten wir uns in einer alten Mühle an gebratenen Forellen gelabt. Zusammen konnten wir mit voller Überzeugung die Ausweisung des herrlichen Baybachtales als Naturschutzgebiet erreichen.

Im Rahmen der systematischen Ausweisung der Naturparke konnte ich zwischen 1964 und 1972 die Voraussetzungen für die Schaffung des Deutsch-Belgischen Naturparks (ich bereiste dazu die in Betracht kommenden Teile der Region Eupen-Malmedy, der Nordeifel in Nordrhein-Westfalen sowie des Landes Rheinland-Pfalz) sowie des Naturparks Saar-Hunsrück erarbeiten. Ebenso förderte ich die Zusammenarbeit mit Luxemburg (hier war Konrad Schubach als Regierungspräsident von Trier und Vorsitzender des Naturparkvereins Südeifel unermüdlich tätig – es kam denn auch zur Bildung des Deutsch-Luxemburgischen Naturparks), setzte ich mich für eine grenzüberschreitende Zusammenarbeit zwischen dem Naturpark Pfälzerwald und dem Naturpark Nordvogesen ein und erreichte, dass im Vorfeld der Bienwald zum Landschaftsschutzgebiet erklärt wurde.

Hingegen gelang es mir nicht, nach dem Vorbild der USA (und mit meinen 1970 dort gesammelten Erfahrungen) in den Naturparken Informationszentren einzurichten (ich vertrat die Auffassung, dass die Einrichtung von Wanderwegen, der Bau von Schutzhütten u.a.m. nicht ausreiche). Als Standorte für solche Informationszentren hatte ich die Burg Nassau (im Naturpark Nassau), die „Pfalz" bei Kaub am Rhein (für das LSG Rheintal) und die Burg Trifels bei Annweiler (im Naturpark Pfälzerwald) ausersehen, alle drei Objekte unterstanden der Staatlichen Schlösserverwaltung. Ich bin nach wie vor der Auffassung, dass – in ganz Deutschland – die dafür geeigneten

> Leistungen des THW entsprechend zu bewerten, was erst die erbetene Bezuschussung zu 80 % ermöglichte) oder an die Bezuschussung eines Heimes für die Waldjugend in der Eifel (dort war eine „Doppelförderung" beabsichtigt, die gegen den damals gültigen § 68 der Reichshaushaltsordnung verstieß. Wir fanden aber dann heraus, dass bei verschiedener Zielsetzung – Holzwerbung, Naturschutz – eine Förderung des gleichen Heimes durch das Kultusministerium und durch das Landwirtschaftsministerium statthaft sei). Diese Beispiele werden erwähnt, weil es nach wie vor unerlässlich ist, schnell und unbürokratisch zu helfen.

Objekte der Schlösserverwaltungen herangezogen werden sollten (allerdings wird es dazu erforderlich sein, wieder engere Beziehungen zwischen Naturschutz und Denkmalpflege herzustellen. Hier ließe sich durchaus von den USA etwas lernen, wo die „National Monuments" ebenfalls dem „National Park Service" unterstehen).

Immerhin konnte ich doch einiges „Unheil" anrichten, als ich im Anschluss an eine Dienstreise in Sachen „allgemeine Kulturpflege" (Slevogthof bei Neukastel, Villa Ludwigshöhe) die Burg Trifels aufsuchte. Als ich mich, von Besuchern danach gefragt, nach den Reichsinsignien (Nachbildungen) erkundigte, erfuhr ich, dass diese in einem Turm im Rathaus zu Annweiler aufbewahrt wurden, wobei die Öffnungszeiten mit denen der Burg Trifels nicht abgestimmt waren. Zusammen mit dem Bürgermeister trat ich an die örtlich zuständigen Landtagsabgeordneten heran, welche entsprechende Initiativen starteten. Der Landeskonservator (Dr. Bornheim gen. Schilling) war alles andere als begeistert, er fürchtete eine Steigerung der Besucherzahlen, und außerdem seien die Reichsinsignien doch nur bei Wallfahrten ausgestellt worden. Ich entgegnete, dass meiner Auffassung nach Naturschutz und Denkmalpflege politisch auch etwas „bringen" müssen, wozu – selbstverständlich im Rahmen des Verträglichen – auch eine Steigerung der Besucherzahlen und eine größere Öffentlichkeitswirkung gehören.

Ebenso bin ich nach wie vor der Überzeugung, dass alle schutzwürdigen Objekte tatsächlich auch unter Schutz gestellt werden müssen. Vollends in der Zeit des Internet dürften Überlegungen überholt sein, Standorte von seltenen Pflanzen und Tieren ließen sich verheimlichen. Schon aus Gründen der Raumordnung und Landesplanung muss das unter Schutz gestellt werden, was schützenswert ist!

5.3.3 Ressortierung des Naturschutzes
Rheinland-Pfalz hatte sich nach 1945 wieder an dem alten preußischen Vorbild (Ressortierung des Naturschutzes im Kultusministerium) orientiert. Den gleichen Weg hatten Baden-Württemberg, Hamburg, Niedersachsen, Nordrhein-Westfalen und das Saarland beschritten.[40]

Da jedoch in Rheinland-Pfalz bis 1964 der Naturschutz auf keiner Ebene hauptamtlich wahrgenommen wurde, hatte sich ein gewisses Vakuum gebildet, in welches andere Ressorts „eingedrungen" waren. Am einfachsten war es noch, sich mit den Kollegen in der Staatskanzlei – Abteilung Landesplanung – abzustimmen. Hier waren in erster Linie Juristen tätig, so der Abteilungsleiter Dr. Brenken und sein Stellvertreter Dr. Anton Schefer, des Weiteren Volkswirte (Dr. Finke, Dr. Baron).

---

40 Eine eingehende Zusammenstellung findet sich bei Günter W. Zwanzig: Naturschutzbehörden und Fachstellen für Naturschutz und Landschaftspflege, in: Informationsbrief Nr.16/17 für Naturschutz und Landschaftspflege (Hg. Deutscher Naturschutzring). München, Januar 1965, S. 74–77.

Wie gut das menschliche Verhältnis war, beweist die Tatsache, dass Dr. Brenken meinen ehemaligen Kollegen aus Stade, Dr. Kretzmer, in seine Abteilung holte. Es gelang mir zudem, für längere Zeit das Kultusministerium im Landesplanungsbeirat zu vertreten. Es kamen mir hier mein Studium der Geographie und die Berufserfahrung in Stade sehr zugute.

Schwieriger gestaltete sich das Verhältnis zum Landwirtschaftsministerium, wobei es von Abteilung zu Abteilung verschieden war. In der Grundsatzabteilung waren zwei Bundesbrüder tätig, Dr. Günter Brack und Dr. Behnke, die ich zudem vom Landesplanungsbeirat her gut kannte. Wir hatten in den meisten Fragen die gleiche Ansicht. Auch mit der Forstabteilung bestand eine gute Zusammenarbeit. Die Abteilungsleiter (Dr. Heuell und nach ihm Dr. Loschky) waren für Fragen des Naturschutzes sehr aufgeschlossen, ebenso die Referenten für Forstpolitik (von Braunmühl, nach ihm Friedrich Hachenberg, der lange Zeit den Arbeitskreis „Landespflege" der Schutzgemeinschaft Deutscher Wald leitete). Wir waren uns einig in der Bewertung des Waldes (Wohlfahrtswirkungen) und erkannten klar, dass große Teile der Schutzgebiete aus Waldflächen bestanden. Auch waren zahlreiche Forstleute als engagierte Naturschutzbeauftragte tätig, ebenso der Landesbeauftragte für Vogelschutz, Oberforstmeister Johannes Staude. Das Verhältnis zur Abteilung Flurbereinigung war von sachlichen Gegensätzen geprägt. Immerhin konnte durch Hinweis auf das Zyklopenmauerwerk in Hessen (bei Lorch) die Betonierung der Weinbergshänge in der Gegend von Oberwesel erfolgreich verhindert werden. Andererseits wurden damals noch viele kleinere Bäche „begradigt" und zubetoniert, selbst im Wahlkreis des späteren Landwirtschaftsministers Otto Meyer.

Den eigentlichen „Unruheherd" bildeten die Kollegen in der Abteilung Wasserwirtschaft (Pflug, Richter und Glandien). Sie wollten sich mit Recht nicht darauf beschränken, bloße „Kosmetik" in Form von Ausgleichsmaßnahmen zu betreiben. Sie forderten eine vorausschauende Landespflege und Landschaftsplanung. Dies entsprach allerdings keineswegs den Vorstellungen ihres Abteilungsleiters Lillinger. Er war sicher ein tüchtiger Diplom-Ingenieur, hat viel beim Bau von Kläranlagen bewirkt, ansonsten war er aber ein ausgesprochener Machtmensch. Er war der Auffassung, der ganze Bereich könne am ehesten „ruhiggestellt" werden, wenn auch der Naturschutz unter seine Fittiche käme, auf keinen Fall wollte er eine Zusammenfassung „seiner" Landschaftspflege mit dem Naturschutz bei der Staatskanzlei. Letzteres war nun wieder die Vorstellung von Wolfram Pflug, der sich auf jede denkbare Weise (Gespräche mit Abgeordneten, Ausarbeitung von Denkschriften, Presseartikel über Dr. Edmund Nacken, Geschäftsführer der Schutzgemeinschaft Deutscher Wald, Landesverband Rheinland-Pfalz) dafür einsetzte. So blieb es nicht aus, dass der Landtag sich mehrfach mit der Frage der Ressortierung befassen musste. So lange die beiden pfälzischen Freunde Oskar Stübinger und Eduard Orth an der Spitze ihrer Ressorts standen, war die Grundtendenz, nichts zu verändern. Vor diesem Hintergrund fand im Frühjahr 1965 eine Sitzung des Hauptausschusses in Bad Neuenahr statt. Beide Minister hatten ein entsprechendes „Einigungspapier" verfasst. Ich war schon am Abend zuvor angereist, was insofern von Vorteil war, als ich mich mit den Mitgliedern des Hauptausschusses nach dem (kurzen) Besuch des Spielcasinos ausführlich unterhalten konnte. Am nächsten Morgen früh erschien Herr Lillinger und erzählte – vollkommen abweichend von dem „Einigungspapier" –, welche Leistungen auf dem Gebiet der Landespflege unter seiner Leitung vollbracht worden seien. Ich konnte nun doch nicht umhin, mich zu melden, und sagte: „Was Herr Lillinger vorgetragen hat, entspricht in dieser Form nicht der Einigung zwischen den beiden Ministern!" Der Vorsitzende, Abg. Julius Saxler, fragte mich daraufhin, inwiefern dies zuträfe, und in meiner direkten Art antwortete ich: „Herr Lillinger hat nur sich selber herausgestrichen!" Alle Abgeordneten bogen sich vor Lachen und waren damit einverstanden, dass das „Einigungspapier" zu Protokoll gegeben wurde.

Auch in den folgenden Jahren wurde immer wieder die Frage der Ressortierung aufgeworfen, ohne dass etwas geschah. In den ersten Jahren der Leitung der Landesregierung durch Dr. Helmut Kohl als Ministerpräsident (ab dem 19. 5.1969) stand die Modernisierung des Landes im Vordergrund (zweite Phase der Gebietsreform, „Harzburger Modell", Delegation von Verantwortung in allen Behörden, Einsatz von EDV u.a.m.). Helmut Kohl hatte sich dazu mit einem ausgezeichneten Stab von Mitarbeitern umgeben. Ich möchte hier vor allem Prof. Dr. Waldemar Schreckenberger (Chef der Staatskanzlei), Arthur Schütt (Kulturpolitik) und Johannes Neukirchen (Kulturpolitik, später tätig in der Vertretung des Landes beim Bund) nennen. Waldemar Schreckenberger kannte ich aus meiner Anfangszeit im Kultusministerium (wir trafen uns regelmäßig zum Mittagstisch im Kurfürstlichen Schloss). Er war damals die eigentliche Stütze der Rechtsabteilung, nachdem sein Abteilungsleiter (Dr. Krosing) als Schwerkriegsversehrter nur noch beschränkt seinen Aufgaben nachkommen konnte. Waldemar Schreckenberger war nicht nur äußerst fleißig und akkurat, sondern vor allem eine beeindruckende Mischung aus Rechtsphilosoph und praktischem Juristen. Man hat ihn später als Chef des Bundeskanzleramtes in Bonn für Dinge verantwortlich gemacht, für die er überhaupt nichts konnte, und ihm damit Unrecht getan. Auf jeden Fall konnte man mit diesem Führungsstab alles offen und engagiert besprechen, sofern die Loyalität gegenüber der Landesregierung gewahrt blieb.

In diesem Zusammenhang ist auch ab dem 18. 5.1971 die neue Staatssekretärin im Kultusministerium, Dr. Hanna-Renate Laurien, zu nennen. In ihrer schnellen Auffassungsgabe und Intelligenz stellte sie an die Mitarbeiter und Mitarbeiterinnen hohe Erwartungen; ich empfand dies alles jedoch als eine wohltuende Herausforderung.

Die gesamte Situation änderte sich erst, als Helmut Kohl begann, sich nach Bonn zu orientieren. Nachdem es ihm auf einem vorangegangenen Parteitag der CDU in Saarbrücken nicht gelungen war, zum Bundesvorsitzenden der CDU gewählt zu werden (dies geschah erst 1973), musste alles gründlicher vorbereitet werden.

In dieses Konzept passte als eine besondere „Spezialität" auch der Aufkauf des Jugendstil-Bahnhofs in Rolandseck durch das Land Rheinland-Pfalz, um dort (mit Hilfe des Kulturmanagers Wasmuth) eine Art kulturelles „Aushängeschild" für die Bonner Gesellschaft zu schaffen. Ich befand mich bereits in Weißenburg im Wahlkampf, als ich am Spätnachmittag des 23.4.1972 erfuhr, der Bundespräsident (Dr. Gustav Heinemann) wolle am 25.4. nach Rolandseck kommen und an dem Tage wolle der Ministerpräsident ihm die Urkunde über den Kauf des Bahnhofs zeigen. Der Termin für die notarielle Beurkundung in Mainz war auf den frühen Morgen des 25.4. angesetzt worden. Bis dahin war an sich noch keine Einigung zwischen den verschiedenen Ministerien (vor allem mit dem Wirtschaftsministerium wegen des Geländetauschs bei Jockgrim zum Zwecke der Ansiedlung eines Werkes von Mercedes-Benz) und der Bundesbahn erzielt worden. Zu allem Überfluss war auch noch mein Abteilungsleiter (Dr. Günter Sofsky) unterwegs. Auch der zuständige Abteilungsleiter im Wirtschaftsministerium (Dr. von Esch) befand sich am 24.4. auf Dienstreise. Die Federführung der gesamten Angelegenheit lag beim Kultusministerium, und ich hatte als zuständiger Referent die Zuarbeit zu leisten. Ich wusste mir nicht anders zu helfen, als dass ich auf meinen Kollegen im Wirtschaftsministerium (Dr. Rautenberg) Druck ausübte, ihm mitteilte, wo ich auch abends erreichbar sei, und hinzufügte, ich könne es als Mitglied der SPD keinesfalls auf mich nehmen, dass der Termin beim Notar nicht zustande käme. Tatsächlich wurde rechtzeitig zum Termin beim Notar die nötige Einigung erzielt.

Viel einschneidender war die Überlegung, dass Helmut Kohl als Ministerpräsident einen Vertreter brauchte, der in seiner Abwesenheit loyal das Kabinett leitete, ohne selber Ambitionen zu haben, die ihm hätten gefährlich werden können. Die Wahl fiel auf den Landwirtschaftsminister Otto Meyer, einen grundehrlichen und ruhigen (evangelischen) Landwirt aus dem Westerwald. Ihm wurde nun der Naturschutz zum „Opfer" gebracht, wobei man eine neue Abteilung „Umweltschutz" im Landwirtschaftsministerium schuf. Zum Abteilungsleiter wurde der ehemalige Vizepräsident der (aufgelösten) Regierung von Rheinhessen (er war zunächst im Innenministerium tätig), D. Weber, bestellt. Er war Gründungsmitglied der CDU Rheinhessen und Vorsitzender des Landesverbandes Rheinland-Pfalz des Roten Kreuzes. Da es mehrere Träger des gleichen Namens in der Landesregierung gab, hatte er in eingeweihten Kreisen einen besonderen Beinamen. Er wurde von manchen als „Bramarbas" empfunden. Nachdem ich jahrelang eine Ressortierung im Landwirtschaftsministerium als falsch bezeichnet hatte, wehrte ich mich mit allen Kräften gegen die geplante „Zwangsversetzung" ins Landwirtschaftsministerium. In allen Gesprächen – z.B. mit Hanna-Renate Laurien, zuvor mit Klaus-Berto von Doemming –, die von großem Verständnis und Wohlwollen mir gegenüber getragen waren, wurde immer wieder betont, es ginge ohne mich nicht, ich müsse in die neue Abteilung Umweltschutz.

Mit mir war mein Sachbearbeiter Wieland versetzt worden, der mir in den folgenden Monaten eine äußerst loyale Stütze war. Ich hatte mich in meinen Befürchtungen nicht getäuscht.

Zunächst fiel mir auf, dass D. Weber sich vorbehielt, alle Briefe, selbst belanglose Mitteilungen selbst zu unterschreiben. Als ich ihn auf die großen diesbezüglichen Freiheiten im Kultusministerium hinwies, brüllte er mich an: „Sie haben hier zu gehorchen!" Ein weiteres Zerwürfnis entstand, als ich von anderer Seite erfuhr, dass er einen Mitarbeiter der Abteilung (einen Forstwirt) zur Besprechung der Länder-Referenten für Naturschutz nach Hannover entsandt hatte, obwohl dort vorwiegend juristische Fragen behandelt wurden, für die ich zuständig war. Schließlich begann der Staatssekretär, Dr. Hans Friedrichs (der spätere Bundeswirtschaftsminister), mich direkt mit Aufgaben zu betrauen, ohne D. Weber einzuschalten, was auf Dauer nicht gutgehen konnte. Übrigens waren der Staatssekretär und ich der gleichen Meinung über die notwendige Modernisierung des Landwirtschaftsministeriums, das im Vergleich zum Kultusministerium äußerst schwerfällig war.[41] Schließlich spitzten sich die Konflikte mit D. Weber derartig zu, dass ich darum bitten musste, wieder zurück ins Kultusministerium versetzt zu werden, wobei ich bereit war, den Naturschutz aufzugeben. Tatsächlich erfolgte ein entsprechender Kabinettsbeschluss „ad personam Dr. Zwanzig" und ich war froh, der bedrückendsten Zeit in meinem gesamten Berufsleben entronnen zu sein.

6 Naturschutz auf Bundesebene

Bei der Verteilung der Zuständigkeiten innerhalb der Bundesregierung schloss man sich an die 1935 getroffene Regelung an. Während manche Bundesländer zu der früheren Ressortierung im Kultusministerium zurückkehrten, ging man im Bund nicht diesen Weg, zumal Kulturpolitik in erster Linie Ländersache war. Die Beschränkung des Bundes auf die Rahmengesetzgebung führte dazu, dass sich der Bund – ähnlich wie in der Kulturpolitik bei Denkmälern von nationaler Bedeutung – vor allem mittels Gewährung von Zuschüssen für Naturparke den entsprechenden Einfluss verschaffte. Als Referent im Bundeslandwirtschaftsministerium (BML) wirkte damals

---

41 So gab es im gesamten Landwirtschaftsministerium keine zentrale Posteingangs- und Postausgangsstelle. Eine Kontrolle der Vorgänge war mithin unmöglich. Auch wurde im Bereich der Registratur „gemauert". Während im Kultusministerium die Registratur vorbildlich geführt wurde und in Fällen von Urlaub oder Krankheit die gegenseitige Vertretung sichergestellt war, wurden im Landwirtschaftsministerium in einem Zimmer mit zwei Fenstern und zwei Türen eigens die Akten quer in die Mitte des Raumes gestellt, um so eine gegenseitige Vertretung zu „erschweren". Als ich dies Hans Friedrichs erzählte, wollte er es mir zunächst kaum glauben, war dann aber dankbar für meine Offenheit und sagte: „Ich kämpfe bislang auch gegen das alles hier vergeblich an!"

Dr. Herbert Offner, ein Forstmann aus dem Badischen, tief religiös, humorvoll, vielseitig (er schrieb zwei Bände mit Gedichten zu den verschiedenen Situationen seines Lebens), zugleich ein sehr fachkompetenter und geselliger Mensch, dessen integrative Fähigkeiten sich besonders bei der Planung und Durchführung des Europäischen Naturschutzjahres 1970 bewährten. Ich hatte mit Herbert Offner bis zu seinem Tode enge Kontakte, durfte auch anlässlich des Empfanges zu seinem 85. Geburtstag in der Stadthalle Bad Godesberg die Laudatio für den Naturschutz halten.[42]

Dem BML war seit der von Dr. Alfred Toepfer gestarteten Initiative zur Schaffung von Naturparken ein „Kuratorium zur Förderung von Naturparken" beigegeben. Mitglieder waren u.a. Staatssekretär a.D. Sonnemann, Edmund Rehwinkel (ehem. Präsident des Deutschen Bauernverbandes) sowie der Kultusminister von Rheinland-Pfalz. Während meiner Tätigkeit in Mainz wurde jahrelang lediglich vom Staatssekretär im BML oder vom Abteilungsleiter (Forsten) zu den Sitzungen des Kuratoriums eingeladen. Eine Änderung trat erst mit der Amtszeit von Bundesminister Josef Ertl ein, der nicht nur persönlich einlud, sondern auch als Vorsitzender des Kuratoriums bei den Sitzungen selbst anwesend war. Ich erinnere mich noch, wie ich einmal – in Vertretung meines Ministers Bernhard Vogel – nach Bonn fuhr. Josef Ertl leitete die Sitzung mit viel Sachverstand und Engagement. Als nach einer Stunde ein Beamter erschien und ihn an einen weiteren Termin erinnerte, meinte Josef Ertl ganz ruhig: „Jetzt führen wir erst einmal unsere Sitzung richtig zu Ende. Der andere Termin ist nicht so wichtig. Und damit Sie sehen, dass wir noch Zeit haben, rauchen Sie erst mal eine Zigarre!" Ich hatte Josef Ertl schon von meiner Arbeit für Südtirol her gekannt (er war jahrelang Vorsitzender des Kulturwerks für Südtirol). Wir trafen uns auch in meiner Amtszeit in Weißenburg. Er war immer ein sehr warmherziger, humorvoller Unterhalter, und ich habe es sehr bedauert, unter welch tragischen Umständen er ums Leben kam.

Durch meine Mitarbeit bei der Zeitschrift „Der Kleine Tierfreund" war die Herausgeberin, Theodora Rosenberg, auf die Idee gekommen, mich dem „neuen", von der SPD/FDP-geführten Bundesregierung ernannten „Bundesbeauftragten für Angelegenheiten des Naturschutzes", Prof. Dr. Dr. Bernhard Grzimek, als Mitarbeiter zu empfehlen. Ich war daraufhin einige Male im Zoologischen Garten in Frankfurt/Main und hatte ein sehr gutes Verhältnis zu Bernhard Grzimek. Allerdings erinnere ich mich, dass man sehr angestrengt zuhören musste, da Bernhard Grzimek äußerst leise sprach. Eines Tages wurde ich aufgefordert, zu Ministerialdirigent Olsen ins Bundeskanzleramt zu kommen, der mich gleich an das BML zum Abteilungsleiter (Klose) weiterschickte. Glücklicherweise hatte mir Herbert Offner wenige Zeit zuvor auf dem Naturschutztag in Trier den Rat gegeben: „Bleiben Sie hart. Stellen Sie klare Bedingungen." Herbert Offner wusste,

---

42 Vgl. auch Günter W. Zwanzig: Herbert Offner zum 65. Geburtstag, Natur und Landschaft 1970, S. 197, sowie zu seinem 85. Geburtstag, Natur und Landschaft 1990, S. 198–199.

dass ein Nachfolger für ihn gesucht wurde, wollte jedoch einen weiteren Aufbau des Referates. Ich war damals in Trier verständlicherweise zunächst verunsichert, habe mich dann aber an den freundschaftlichen Rat von Herbert Offner gehalten. Bei meinen Besprechungen im BML merkte ich denn auch, dass hinsichtlich der Zukunft des Naturschutzes die verschiedensten Vorstellungen herrschten (von der Eingliederung in die Grundsatzabteilung bis zum Verbleib in der Forstabteilung). Schließlich hatte ich ein Gespräch mit dem Staatssekretär (Griesbach), der mir bedeutete, ich könnte höchstens zunächst als „vom Land abgeordneter Beamter" eingestellt werden. Ich sagte ihm, dass ich dies dem Kultusminister (ich hatte Bernhard Vogel vorher über meine Reise nach Bonn und deren Hintergrund informiert) nicht antun könne. Ich könnte nicht das Naturschutzreferat des Landes monatelang verwaist lassen. Ich stellte sodann die Gegenfrage, wo denn nun der Naturschutz überhaupt im BML verankert werden solle, da ich dazu verschiedene Versionen gehört habe. Dies war dem Staatssekretär sehr unangenehm und er sagte recht ärgerlich, auf solche Fragen sei er nicht vorbereitet und er müsse deshalb das Gespräch abbrechen. Später erhielt ich den Bescheid, man könne mich nicht beim BML einstellen, da man meinen „Vorstellungen" nicht entsprechen könne. Beim BML wollte man mir ohnehin nicht mehr als den Posten eines Regierungsdirektors anbieten. Diese Beförderung wurde 1970 sowieso – mit sehr lobenden Worten für meine Arbeit (durch Bernhard Vogel) – in Mainz ausgesprochen.

7 Internationaler Naturschutz

Bereits durch meinen Vater war ich auf die Notwendigkeit internationaler Kontakte im Naturschutz hingewiesen worden. Auch hatte ich in meiner Dissertation die nach 1945 erlassenen wegweisenden Naturschutzgesetze wie das polnische Naturschutzgesetz 1949 behandelt (ich denke in diesem Zusammenhang dankbar an die Kontakte mit Prof. Dr. Walery Goetel in Krakau zurück).

In besonderem Maße bemühte ich mich um Kontakte im deutschen Sprachraum. Bereits 1963 bat mich der zuständige Assessor (Minister) für Raumordnung und Städtebau in Südtirol, Dr. Alfons Benedikter, ein Gutachten für den Erlass eines Landschaftsschutzgesetzes für die Provinz Bozen zu erstellen.[43]

Im Herbst 1963 nahm ich auch erste Kontakte mit den Naturschutz-Kollegen in Salzburg sowie mit Prof. Dr. Hans-Helmut Stoiber (Naturschutzbüro Dr. Stoiber, Linz) auf. Mit Hans-Helmut Stoiber treffe ich mich seitdem regelmäßig. Wir haben miteinander so manchen Berg erstiegen, Naturschutzgebiete besichtigt, vor allem aber immer wieder unsere Erfahrungen und Ansichten miteinander ausgetauscht. Jahrelang waren wir beide die Einzigen, die den Kursus über Nationalparks in den

---

43 Rechtsgutachten über den Erlass eines Landschaftsschutzgesetzes für die Provinz Bozen. Bozen: Amt für Landschaftsschutz, 1963.

USA (er 1969, ich 1970) besucht und die Meinung vertreten hatten, dass durchaus vieles von dort auf Europa übertragen werden könne. Hans-Helmut Stoiber war immer ein sehr liebenswürdiger, äußerst engagierter und kundiger Jurist mit einer Fülle von praktikablen Vorschlägen (u.a. bei der Errichtung des Nationalparks Hohe Tauern). 1964 besuchte ich dann – mit Ausnahme von Vorarlberg – alle Kollegen in den österreichischen Bundesländern. Enge Beziehungen entstanden daraufhin mit den Naturschützern in Kärnten (Dr. Hugo Hansely, Dr. Kölbl, Dr. Unkart, Dr. Glanzer) sowie mit dem hervorragenden Naturschutzreferenten der Steiermark, Dr. Carl Fossel, mit dem mich schließlich auch privat Vieles verband. Carl Fossel war für mich ein Musterbeispiel eines Naturschutz-Juristen, aufgeschlossen, kompetent, engagiert, heimatverbunden. Ich habe mich oft und gern seines Rates bedient.

In der Schweiz suchte ich vor allem den Schweizerischen Naturschutzbund in Basel (Sekretär Dr. Dieter Burkhard) auf. Darüber hinaus hatte ich als Mitglied der Schweizerischen Vereinigung für Landesplanung enge Kontakte mit deren Sekretär Dr. Stüdeli und zahlreichen anderen Planern, Denkmalpflegern und Naturschützern.

Da ich auch der Vereinigung der Freunde der Internationalen Naturschutzunion (IUCN) beigetreten war, nachdem ich die IUCN in Morges besucht hatte, erhielt ich eine Einladung für die Internationale Tagung der IUCN in Luzern. Zuvor wurde Gelegenheit geboten, mit einer Gruppe von Naturschützern – unter Führung von Dr. Schloeth – den Schweizer Nationalpark aufzusuchen. Dort lernte ich u.a. Abram Yoffe aus Israel kennen (wir trafen uns dann noch einmal 1967 in Amsterdam). Abram Yoffe war der oberste Naturschützer Israels. Stolz erzählte er, dass er im Sechs-Tage-Krieg als Panzergeneral reaktiviert worden sei. Er habe damals seinen Soldaten gesagt: „Moses brauchte 40 Jahre, um die Wüste Sinai zu durchqueren. Wir müssen in 40 Stunden die Südspitze erreichen!" Dies geschah auch. Abram Yoffe war deshalb in ganz Israel eine legendäre Figur, selbst nach seinem Tode, wie ich 1984 bei meinem Besuch in Israel feststellen konnte. Sicher ist solch eine Popularität eines Naturschützers atypisch, sollte jedoch hier nicht unerwähnt bleiben.

Im Zusammenhang mit der Tagung der IUCN lernte ich auch Prof. Dr. Otto Jaag, den großen Pionier des Gewässerschutzes in der Schweiz, persönlich kennen. Wir hatten mit ihm eine sehr interessante gewässerkundliche Exkursion auf dem Vierwaldstätter See.

Im Frühjahr 1967 fuhr ich zur Tagung des World Wildlife Fund (WWF) nach Amsterdam. Hier lernte ich Russell E. Train, den Umweltberater von Präsident Richard Nixon, kennen. Russell E. Train war Leiter des „Council on Environmental Quality". Eines Tages erhielt ich durch seine Vermittlung eine Einladung zur Teilnahme am „International Short Course on the Conservation of National Parks and Equivalent Reserves". Mein Minister, Bernhard Vogel, war äußerst großzügig und gewährte mir Sonderurlaub unter Fortzahlung der Bezüge. Ich legte meine Route über New York und Niagara, wo ich mir – betreut durch die jeweiligen Naturschutzorganisationen – verschiedene National Monuments und vor allem die Niagarafälle ansah. In Seattle, wo unser Kursus stattfand, war ich zunächst mit Shai Brot, einem Israeli, in einem Zimmer untergebracht. Zum Glück hatte ich ihn, als er das Zimmer betrat, gleich nach Abram Yoffe gefragt. Dennoch sagte er mir, er wäre nicht in die USA gefahren, wenn er gewusst hätte, dass er mit einem Deutschen in ein Zimmer käme. Ich müsste dies verstehen, da alle Angehörigen seiner Frau im KZ ermordet worden seien. Später kam ein zweiter Israeli zum Kursus dazu, und ich hatte fortan als Zimmerkameraden einen Naturschützer aus Südafrika, Jim Verwey, einen typischen Buren, der zu einem meiner besten Freunde wurde (ich besuchte ihn 1975 in Pretoria, von wo aus wir in den Krueger National Park und zu zahlreichen anderen Schutzgebieten fuhren; umgekehrt kam er auch mehrmals zu mir nach Europa). Leider verstarb er viel zu früh.

Neben den zahlreichen herrlichen Nationalparks in den USA und in Kanada lernte ich auch eine einmalige Freundschaft von Gleichgesinnten aus aller Welt kennen.[44] Auf dem Abschiedsabend im Nationalpark Mesa Verde entstand für mich noch eine heikle Situation, als unser Betreuer, Professor Dr. Ross Tocher (University of Michigan, Ann Arbor), sagte, er sei mit den Flugzeugen dabei gewesen, die am 14. April 1945 meine Heimatstadt Potsdam bombardiert hätten. Ich fasste Mut und entgegnete, zum Glück sei ich ja am Leben geblieben und nun in diesem Kreise dabei. Und was wir von unserem Kursus gelernt hätten, sei das Gemeinsame, die Schönheiten der Natur als Erbe der gesamten Menschheit zu schützen, für uns und für die kommenden Generationen. Das sei der Kampf, für den wir künftig uns alle einsetzen wollten.

8 Privater Naturschutz

In meiner Dissertation habe ich sämtliche nichtstaatlichen Organisationen im Bereich des Naturschutzes unter dem Begriff des „privaten Naturschutzes" zusammengefasst. In erster Linie handelt es sich hier um die Naturschutzvereine und -verbände; ohne sie wäre der Naturschutz in seiner bisherigen Entwicklung undenkbar.

Ich erkannte ziemlich bald, dass für eine bessere Durchdringung des Naturschutzrechtes die Kenntnis der Anliegen der Naturschutzverbände unerlässlich war. So trat ich bereits 1957 dem Bund Naturschutz in Bayern (damaliger Geschäftsführer Ruess) und wenig später dem Bund für Vogelschutz (damaliger Vorsitzender Hermann

---

44 Einen Teil meiner Eindrücke habe ich wiedergegeben unter dem Titel „Jugend und Naturschutz in Nordamerika", in: Der kleine Tierfreund 1971, H. 1, S. 20–23.
  1971 besuchte ich den ersten deutschen Nationalpark, den Nationalpark Bayerischer Wald, wo mir von Dr. Hans Bibelriether und Dr. Sperber wichtige Einblicke in die Aufbauarbeit gewährt wurden. Es war dies die erste umfassende Planung für einen Nationalpark in Deutschland. Ich konnte auch Dr. Ziemen bei seinen Versuchen mit der Einbürgerung der Wölfe beobachten.

Hähnle) sowie dem Verein Naturschutzpark[45] (Vors. Dr. Alfred Toepfer) bei. Inzwischen sind zahlreiche weitere Vereine im Bereich Naturschutz, Denkmalpflege und Landesplanung hinzugekommen; bei vielen konnte ich inzwischen die lebenslängliche Mitgliedschaft erwerben.

Vor dem Hintergrund dieser Erfahrungen war es selbstverständlich, dass ich mich in Rheinland-Pfalz von Anfang an um ein gutes Verhältnis zu den Naturschutzverbänden bemühte, sollte ich doch für sie auch eine Art Vertrauensperson darstellen. Besonders enge Kontakte bestanden mit dem Rheinischen Verein für Denkmalpflege und Heimatschutz, der Schutzgemeinschaft Deutscher Wald (Landesverband Rheinland-Pfalz), den im Lande wirkenden Wandervereinen (Eifelverein, Westerwaldverein, Hunsrückverein), dem Pfälzischen Verein für Naturkunde und Naturschutz „Pollichia", dem Landesverband für Vogelschutz (als Landesgruppe des Bundes für Vogelschutz) und dem Deutschen Jugendherbergswerk (Landesverband Rheinland-Pfalz).

Im Kontakt mit diesen Vereinen nahm ich gerne die Gelegenheit wahr, das Land besser kennen zu lernen. Damals war das Jugendherbergswerk (Landesgeschäftsführer Franzreb) sehr aktiv, um durch Wanderungen für Interessierte den Naturschutzgedanken zu vertiefen (die Wanderungen wurden von einem sehr engagierten Mitarbeiter des DJH, Günther Schmidt, geleitet). Meine erste Wanderung führte mich von der Jugendherberge Bingerbrück auf dem Rheinhöhenweg über das Schweizerhaus durch das Morgenbachtal bis nach Bacharach. Dort wurde mir auf der Burg Stahleck als Zimmer ein kleines Türmchen gegeben, und am frühen Morgen hörte ich zum ersten Mal in meinem Leben eine Nachtigall. Andere Wanderungen führten in die Eifel und in den Hunsrück.

Eine weitere Möglichkeit, das Land kennen zu lernen, ermöglichte mir das Studium der Naturwissenschaften. So nahm ich gerne an den Exkursionen der Geographen, Biologen und Geologen teil. Ich denke da besonders an einen Besuch des Naturschutzgebietes Lemberg, wo uns die reichhaltigen Vorkommen des Diptam (diptamnus albus) gezeigt wurden. Angeblich soll der brennende Dornbusch auf dem Sinai ein Diptam-Gebüsch gewesen sein. Von den Geologen ist mir u.a. eine Exkursion mit Prof. Dr. Illies (Karlsruhe) in den südlichen Pfälzerwald und in die Nordvogesen in Erinnerung geblieben.

---

45 Meine Dissertation erhielt 1962 einen Preis des Vereins Naturschutzpark. Sodann durfte ich 1964 für den VNP ein Rechtsgutachten anfertigen: „Der Gemeingebrauch an Wanderwegen. Der Gemeingebrauch an Wegen, das Zutrittsrecht an Privatgrundstücken und die Freihaltung von Wegen im Interesse des Wanderns". Ich habe Alfred Toepfer sehr geschätzt, und es war für mich eine besondere Ehre und Freude, ihn als Oberbürgermeister von Weißenburg anlässlich einer Tagung des VNP im Altmühltal begrüßen zu dürfen. Ich konnte ihm dann auch voller Stolz einiges von der Naturparkarbeit in Weißenburg zeigen und er ließ es sich nicht nehmen, den Turm der Andreaskirche zu besteigen, um von oben eine herrliche Sicht auf die Altstadt und auf den Weißenburger Stadtwald zu genießen.

Es kamen auf mich aber auch am Naturschutz interessierte Privatleute zu (Dr. Lorenz – er schrieb auch eine juristische Abhandlung über die Naturschutzstellen in Rheinland-Pfalz – mit seiner Lebensgefährtin Frau Rosenau). Wir waren oft im Lande unterwegs und ich lernte dadurch zahlreiche herrliche Standorte seltener Pflanzen kennen.

Um 1963/1964 wurde auch die Satzung des Deutschen Bundes für Vogelschutz neu gefasst. Ich fuhr öfter nach Stuttgart, wo eine Arbeitsgruppe unter Vorsitz von Hermann Hähnle die Beratungen durchführte. Hermann Hähnle war noch ganz vom Geist seiner Mutter Lina Hähnle, der Gründerin des Bundes für Vogelschutz (1899), durchdrungen. Mir war dies alles sehr sympathisch, weil ich ja von meinen Vogelstimmen-Wanderungen an der Erlanger Volkshochschule wusste, wie sehr man über die Naturbeobachtung Menschen emotional für den Naturschutz gewinnen kann. Ich habe Hermann Hähnle als gemütvollen Schwaben in Erinnerung, der nach den Besprechungen gemütlich ein Glas Wein trank. Hermann Hähnle war aber auch sofort hilfsbereit, wenn es um die Sache ging. Als ich ihm schilderte, dass in den Kuranlagen von Meran Nistkästen fehlten, spendierte er sofort mehrere, was in der dortigen Presse („Dolomiten") einen positiven Widerhall fand.

Im Hunsrück hatte ich im Vorsitzenden des Hunsrückvereins (Landrat Gestrich) und im Amtsbürgermeister von Monzingen (Hugo Dämgen) eine starke Stütze. Dies war besonders wichtig, da der Hunsrück zunächst nicht ins Naturparkprogramm aufgenommen worden war. Zwar bereiste im Auftrage von Alfred Toepfer sein Mitarbeiter Oberlandforstmeister i.R. Selchow ständig die in Betracht kommenden Gebiete und warb mit Zuschüssen seitens des Vereins Naturschutzpark für eine Ausweisung als Naturparke. Die Begrenzung der staatlichen Mittel verhinderte jedoch zumeist eine weitere Ausweisung von Naturparken. In der Rezession des Jahres 1966 mussten wir sogar 10 % der Fördermittel einsparen. Als sich die Haushaltslage wieder konsolidiert hatte, mussten wir mit 90 % der bisherigen Mittel zurechtkommen (wir hätten ja durch die Einsparung von 10 % gezeigt, dass wir auch mit weniger auskämen).

Natürlich hat eine solche Erfahrung nicht dazu geführt, das „Dezemberfieber" zu vermeiden. Da wir aber Haushaltsreste nicht auf das nächste Jahr übertragen konnten, haben wir rechtzeitig versucht, die noch vorhandenen Mittel sinnvoll unterzubringen. In diesen Situationen erwies sich der Verein Naturpark Südeifel (mit seinem Vorsitzenden Regierungspräsident Konrad Schubach und dem Geschäftsführer Verbandsbürgermeister Meyer) stets als zuverlässiger Partner. Wir konnten sichergehen, dass dort die Mittel sinnvoll und den Haushaltsvorschriften entsprechend eingesetzt wurden.

Mit dem Rheinischen Verein für Denkmalpflege und Heimatschutz habe ich vielfältig zusammengearbeitet, u.a. bei den Veranstaltungen aus Anlass des Europäischen Naturschutzjahres 1970 (Wanderungen im Bereich des Laacher Sees). Eine heitere Begebenheit soll auch nicht verschwiegen werden. Als ich zu einer Veranstaltung auf der Burg Stahleck zu spät kam und mich in die hintere Reihe setzte (ich hatte zuvor einige Ortstermine), entdeckte mich der Vorsitzende Dr. Franz Xaver Michels, unterbrach seine Rede und begrüßte mich. Nach dem Ende der Veranstaltung bat er mich zu sich und sagte: „Junger Freund, auch wenn Sie ‚nur' Regierungsdirektor sind, vertreten Sie hier den Minister und gehören in die erste Reihe – selbst wenn Sie zu spät kommen. Wenn Sie das nicht beherzigen, werden Sie es nie zu etwas bringen!" Ich habe mir das später so zurechtgelegt, dass ich die Auffassung vertrat, die Oberbürgermeister von München und von Weißenburg (wo ich zwölf Jahre tätig war) unterscheiden sich nur in der Gehaltsgruppe! Für Weißenburg, dass seit den Kelten und Römern als ehemals Freie Reichsstadt eine ununterbrochene Siedlungskontinuität nachweisen kann, war dies sicher nicht der falsche Standpunkt. Man muss von der Sache, die man vertritt, auch überzeugt sein und dies in Form eines gesunden Selbstbewusstseins zeigen.

Auf der anderen Seite sollte man auch Fehlschläge nicht verschweigen. Aufgrund meiner Tätigkeit im Naturschutz und den zahlreichen Kontakten zu Förstern und Jägern hatte ich gedacht, es wäre sinnvoll, die Jägerprüfung abzulegen. Ich nahm an einem Kursus des Revierförsters im Lennebergwald teil. Ich erfuhr dort sehr viel Wertvolles über Tierpsychologie, jagdliches Brauchtum u.a.m. Bei der Schießprüfung lief noch alles gut, als es aber in die mündliche Prüfung ging, bekam ich einen echten Blackout und konnte mich überhaupt nicht mehr konzentrieren. Obwohl ich durchgefallen war, besuchte ich anschließend die Feier der „jungen" Jäger, was man mir hoch anrechnete. Es hatte sogar noch einige positive Wirkungen. Mit meinem „Mitprüfling" Dr. May, Gesetzgebungsreferent im Justizministerium, konnte ich später bei der Ausarbeitung des Landespflegegesetzes Rheinland-Pfalz eng und vertrauensvoll zusammenarbeiten. Und im Europäischen Naturschutzjahr 1970 ließ mich der Präsident des Landesjagdverbandes Rheinland-Pfalz (Anheuser, Weingutsbesitzer aus Bad Kreuznach) in der Rheingoldhalle zu Mainz die Festrede halten.[46]

Auf den Deutschen Naturschutztagen und Versammlungen der Naturschutzvereine lernte ich wohl so ziemlich alle Persönlichkeiten kennen, die seinerzeit führend im Naturschutz tätig waren. Mit vielen von ihnen hatte ich bereits bei der Sammlung von Material für meine Dissertation korrespondiert. Ich nenne hier die Präsidenten

---

46 Vgl. Günter W. Zwanzig: Der natürliche Lebensraum unserer heimischen Tierwelt – seine Pflege durch Naturschützer und Jäger, in: Jagd und Jäger in Rheinland-Pfalz 1970, H. 8, S. 3–6; etwas gekürzt veröffentlicht unter dem Titel „Jäger und Naturschützer – Jagd und Naturschutz", in: Deutsche Jäger-Zeitung 1970, S. 408–411. Erleichtert über meine nicht bestandene Jägerprüfung war meine Mutter, die mich zu zahlreichen Tagungen und Reisen in Sachen Naturschutz begleitet hatte. Sie meinte, es sei für meine Psyche besser, wenn ich davon abgehalten worden bin, bewusst Tiere zu töten.

des Deutschen Naturschutzringes, Prof. Dr. Hans Krieg und Prof. Dr. Wolfgang Engelhardt.[47]

Besonders umfangreich gestaltete sich dank der Initiative von Dr. Erhard Mäding[48] die Zusammenarbeit mit der Schutzgemeinschaft Deutscher Wald, dem Arbeitskreis Landespflege sowie mit dem Deutschen Rat für Landespflege. Als Erstes gaben wir im Auftrag der Schutzgemeinschaft Deutscher Wald das Buch „Baum, Strauch und Wald im Recht" heraus.[49] Wir hatten alle einschlägigen Vorschriften des Bundes und der Länder zusammengestellt. Sodann wurde ich regelmäßig zu den Tagungen des Arbeitskreises Landespflege eingeladen, die dieser zusammen mit der Evangelischen Akademie Arnoldshain veranstaltete. Dort traf ich mich u.a. mit den Geschäftsführern der Schutzgemeinschaft (Kochskämper und Räuker). So manchen Abend haben wir alle bei gutem Wein in Arnoldshain verbracht. Besonders eindrucksvoll war für mich die Begegnung mit Ulrich von Pufendorf, dem Begründer der „Wirtschaftspolitischen Gesellschaft Frankfurt/Main 1947" und Präsident des „Collegium Vini". Ulrich von Pufendorf stammte aus der Familie des berühmten Staatsrechtlers Samuel von Pufendorf. Er war Agrarwissenschaftler, aber weit darüber hinaus allseitig gebildet. Die von ihm herausgegebenen Hefte „Offene Welt" haben Fragen der Partizipation, der direkten Demokratie oder des Aufbaus von Stiftungen angesprochen. In seiner „Langzeitorientierung in einer offenen Welt" hat er Visionen entwickelt, die heute noch bedenkenswert sind.

Über Erhard Mäding wurden auch Beziehungen zum Deutschen Rat für Landespflege aufgebaut, dessen Geschäftsführer, Prof. Dr. Gerhard Olschowy, ich schon seit längerem gut kannte. Nachdem Erhard Mäding und ich für den Deutschen Rat für Landespflege 1964 eine „Tabellarische Übersicht der gesetzlichen Grundlagen der Landespflege, einschl. aller für sie wesentlichen Gesetze zur Landes-, Gemeinde- und Fachplanung (Stand vom 1.10.1964)" erstellt hatten, folgten 1967 und 1971 größere Beiträge für Heft 8 bzw. Heft 17 der Schriftenreihe des Deutschen Rates für Landespflege.[50] So begegnete ich auch dem Sprecher des Deutschen Rates für Landespflege, Graf Lennart Bernadotte, sowie zahlreichen Mitgliedern des DRL.

---

47 Wolfgang Engelhardt zog mich bei der Bearbeitung des von ihm und Konrad Buchwald herausgegebenen „Handbuches für Landschaftspflege und Naturschutz" (München/Basel/Wien: BLV, 1968) heran, was ich als besonderen Vertrauensbeweis ansah. Ich brachte Beiträge zu Bd. 1 („Recht der Landschaft im deutschsprachigen Gebiet", S. 172–203) und zu Bd. 3, 1969 („Der Schutz der Landschaft", S. 216–250).

48 Zu Erhard Mäding meine Würdigung zu seinem 80. Geburtstag, in: Natur und Landschaft 1989, S. 238.

49 Erschienen 1963 beim Kommissionsverlag Buchhandlung Merkel, Erlangen.

50 H. 8, S. 41–72, und H. 17, S. 31–74. Für heutige Verhältnisse sollte nicht unerwähnt bleiben, dass ich für beide Beiträge ein Anerkennungshonorar von 300 DM erhielt. Damals war es noch eine Ehre, sich für die Sache einbringen zu dürfen.

9 Naturschutz und Politik

Bei meinem beruflichen Werdegang konnte es nicht ausbleiben, dass ich mich eines Tages doch wieder verstärkt der Politik zuwandte. Solange ich Beamter in Rheinland-Pfalz war, galt für mich allerdings der Grundsatz strikter Loyalität.

Ich habe mir in diesem Zusammenhang des „Biographische Handbuch, Abgeordnete in Rheinland-Pfalz 1946–1987" durchgesehen.[51] Es finden sich darin eine Menge von Namen, die in mir Erinnerungen an meine Tätigkeit im Naturschutz und in der Denkmalpflege wachrufen. Ich will diejenigen hier erwähnen, die m. E. Interesse für unser Anliegen bekundeten.[52]

Ich bin stolz darauf, dass ich den Mitgliedern der SPD niemals dienstliche Angelegenheiten mitgeteilt habe, was meinen Dienstpflichten zuwider gelaufen wäre. Vielleicht ist von daher die große Freiheit erklärbar, der ich mich im Kultusministerium erfreuen durfte.

Eine besondere politische Aufgabe wurde mir im Rahmen der Gebietsreform zuteil. Wir waren gefragt worden, für welche Städte, die den Sitz des Landratsamtes verloren hatten, wir aus unserem Bereich Förderungsvorschläge unterbreiten könn-

---

51 Herausgegeben vom Landtag Rheinland-Pfalz, Mainz 1991.
52 Sofern nicht schon in der Abhandlung einzelne Abgeordnete namentlich positiv gewürdigt wurden, sind dies in alphabetischer Reihenfolge: Helmut Adamzyk (SPD); Oskar Böhm (SPD); Heinrich von Bünau (FDP) – er war vor seinem Ruhestand noch in der Staatskanzlei tätig, und wir haben in Fragen der Landesplanung sehr gut zusammengearbeitet –; Wilhelm Dröscher (SPD); Johann Wilhelm Gaddum (CDU); Willi Hörter (CDU); Heinz Korbach (CDU); Julius Lehlbach (SPD); Albrecht Martin (CDU); Kurt Rocker (CDU) – er war als engagierter Naturschützer und „Spitzenfunktionär" bei der Schutzgemeinschaft Deutscher Wald sowie der Landesaktionsgemeinschaft Natur und Umwelt für uns alle ein besonderer Hoffnungsträger –; Dr. Johannes Baptist Rösler (CDU); Julius Saxler (CDU); Dr. Walter Schmitt (CDU) – als Regierungspräsident von Koblenz hatte er sehr engagiert den Naturschutz gefördert -; Heinz Schwarz (CDU); Dr. jur. h.c. Otto Theisen (CDU); Karl Thorwirth (SPD); Theo Vondano (CDU) – als Vorsitzender des Deutschen Jugendherbergswerkes, LV Rheinland-Pfalz –; Paul Wingendorf (CDU); Dieter Ziegler (CDU) – er kam zu mir als junger Abgeordneter wegen der Starenplage. Wir hatten von Anfang an ein offenes und inzwischen freundschaftliches Verhältnis. Er war später eine Zeit lang Minister für Landwirtschaft, Weinbau und Forsten. Zu seinem 60. Geburtstag (2.5.1937) richtete er in seinem Heimatort Maikammer eine Stiftung zur Förderung der Heimatpflege ein. – Übrigens musste ich die Erfahrung machen, dass auch Angehörige der Opposition großen Einfluss hatten. Als ich in einer Angelegenheit des Denkmalschutzes (Erhaltung der Sicht auf die Kirche St. Stephan in Mainz) gegen die Stadt Mainz recht scharf vorging, was das Hessische Denkmalschutzgesetz ermöglichte, wurde mir bedeutet, ich müsse künftig darauf Rücksicht nehmen, dass der Oberbürgermeister von Mainz, Jockel Fuchs, auch Vorsitzender des für das Ministerium wichtigen Kulturpolitischen Ausschusses sei.

ten. Auf Grund meiner Ausarbeitungen wurde mir die Stadt St. Goar „zugeteilt", wo ich im damaligen Bürgermeister Baldus einen äußerst aufgeschlossenen und kooperativen Kommunalpolitiker vorfand. Auf der Grundlage unserer gemeinsam erarbeiteten Vorschläge wurde der Rheinuferwanderweg bis zur Loreley (d.h. gegenüber der Loreley) ausgebaut. Es wurde ein größeres Gelände zur Schaffung eines Naturlehrparks aufgekauft, und schließlich wurden beträchtliche Summen in die Burg Rheinfels investiert. Ich durfte in St. Goar auch eines Tages den „Rhein in Flammen" (auf einem Boot) erleben.

Mit der Zeit hatte ich erkannt, dass sich im Naturschutzrecht nichts bewegt, von der Politik gleichsam alles blockiert wird. In dieser Situation erinnerte ich mich an meine Mitarbeit in Erlangen im Arbeitskreis sozialdemokratischer Akademiker und suchte den dortigen, mir gut bekannten Landtagsabgeordneten Peter Zink auf. Ich fragte ihn ganz offen: „Peter, wenn ich der SPD beitrete, kann dann etwas im Naturschutzrecht bewegt werden und wie?" Er erwiderte, ich käme gerade richtig. Sein Landtags- und Fraktionskollege, Dr. Reinhold Kaub, damals bekannt als „Seen-Doktor" (der sich für die Freihaltung der Seeufer einsetzte), wolle endlich etwas unternehmen. So ging ich zum Parteisekretär Hansi Erman (zugleich Stadtrat in Erlangen) und ließ mich in die SPD aufnehmen. Peter Zink vermittelte auch umgehend einen Termin mit Reinhold Kaub. Wir kamen beide überein, den Entwurf eines „Bayerischen Naturschutzgesetzes" zu erstellen. Die Zeit war dafür im Zeichen des Europäischen Naturschutzjahres 1970 besonders günstig.

Nach Mainz zurückgekehrt, setzte ich mich mit dem Arbeitskreis sozialdemokratischer Juristen in Verbindung, von wo aus mir wertvolle Hilfe bei der Formulierung der einzelnen Bestimmungen zuteil wurde. Mit Reinhold Kaub vollendete ich dann in einigen Nachtsitzungen die Vorlage. Zunächst wurde sie vom ehemaligen Ministerpräsidenten Prof. Dr. Wilhelm Hoegner kritisch durchgesehen. Danach wurde sie den Mitunterzeichnern (Georg Kronawitter, späterer Oberbürgermeister von München, und Peter Zink) zugeleitet und schließlich als Landtagsdrucksache[53] eingebracht. Wir hatten alles aufgenommen, was für ein modernes Naturschutzgesetz notwendig war, angefangen von der Verbandsklage bis zu den Naturschutzbeiräten. Dieser Entwurf fand allgemeine Beachtung. Es dauerte gar nicht lange, bis ich zur Staatssekretärin Dr. Hanna-Renate Laurien „zitiert" wurde. Sie sagte mir, der Ministerpräsident (Helmut Kohl) sei ungehalten gewesen, dass ein Beamter aus Rheinland-Pfalz für die SPD sich so engagiert habe. Ich konnte nur antworten, ich hätte das Prinzip „getrennt marschieren und geeint schlagen" beachtet. Erstaunt fragte mich Hanna-Renate Laurien, was ich damit meine. Ich sagte: „Nun, ganz einfach. Ich bin der *bayerischen* SPD beigetreten und nicht hier in Rheinland-Pfalz. Die bayerische SPD ist gegen

---

53 Entwurf Bayerisches Naturschutzgesetz (BayNSchG) vom 17. März 1970; Bayerischer Landtag, 6. Wahlperiode, Beilage 3104.

Franz Josef Strauß. Und das sind Sie doch auch, wenn ich mich richtig an den letzten Parteitag der CDU in Saarbrücken erinnere!" Damals hatte sie sich vergeblich für Helmut Kohl als Parteivorsitzenden der CDU und Kanzlerkandidaten und damit gegen Franz Josef Strauß eingesetzt. Sie musste dann doch lachen.

Ich habe schon geschildert, wie die Verlagerung des Naturschutzes ins Landwirtschaftsministerium meine „Karriere" im Naturschutz beendete. Ich erstellte mit Reinhold Kaub noch 1971/1972 den Entwurf eines Bayerischen Umweltschutzgesetzes.[54] Mir war klar geworden, dass ich nicht länger in Rheinland-Pfalz bleiben könne. Zwar war mein neues Arbeitsgebiet – Denkmalpflege und allgemeine Kulturpflege – äußerst reizvoll, es fehlte aber der geliebte Naturschutz. Ich wurde sogar zu den Beratungen des Entwurfes des Landespflegegesetzes von der Staatskanzlei (privat von MinRat Knichel) hinzugezogen. Es war jedoch abzusehen, dass dies alles zu neuen Konflikten führen könnte und würde.

So war ich froh, als sich im Rahmen der Kommunalwahlen in Bayern 1972 ein Ausweg aufzeigte. Wider Erwarten wurde ich – gegen einen stark favorisierten Einheimischen – in einer Stichwahl im Juni 1972 zum Oberbürgermeister von Weißenburg gewählt. Ich verabschiedete mich im Juli von meiner bisherigen Abteilung im Kultusministerium, von Bernhard Vogel und von Hanna-Renate Laurien. Später erfuhr ich, Helmut Kohl habe sich köstlich amüsiert, dass ausgerechnet im Wahlkreis von Richard Stücklen ein Mann aus seiner Beamtenschaft die Wahl gegen die CSU (Strauß) gewonnen hätte. Ich muss noch anfügen, dass – auf Betreiben von Waldemar SChreckenberger – von Helmut Kohl für die Zeit meiner Tätigkeit als Oberbürgermeister meine Beurlaubung aus dem Dienst des Landes Rheinland-Pfalz äußerst fair und großzügig gehandhabt wurde.

Anhang

Naturschutzbeauftragte

Bei der Entwicklung des haupt- und ehrenamtlichen Naturschutzes in Deutschland muss man sich vergegenwärtigen, dass sich die staatliche Natur*denkmalpflege* aus der staatlichen Denkmalpflege entwickelt hat. Als nach 1800 eine Fülle von Denkmälern (Stadtmauern, Kirchen wie der Kaiserdom in Goslar u.a.) gefährdet waren, wurde zunächst die staatliche Organisation der Denkmalpflege aufgebaut. Selbst Karl Friedrich Schinkel blieb der große Erfolg versagt. Dies änderte sich erst 1873, als in Preußen mit dem so genannten Dotationsgesetz ein Teil der Zuständigkeiten einschließlich der notwendigen Geldmittel auf die Provinzen verlagert wurde. Nun begann die systematische Erfassung der Baudenkmäler. Bedeutende Naturerschei-

---

54 Entwurf Bayerisches Umweltschutzgesetz (BayUSchG) vom 19. Juni 1972; Bayerischer Landtag, 7. Wahlperiode, Drucksache 7/2723.

nungen wie der Drachenfels (1836) oder die Teufelsmauer bei Weddensleben im Harz (1852) wurden nur bei unmittelbarer Gefahr unter Schutz gestellt. Juristisch war der Naturschutz in den großen Flächenstaaten (Preußen, Bayern) Teil der Gefahrenabwehr (Polizeirecht). Erstmalig wurde 1902 in Hessen-Darmstadt dank des großen Einsatzes des Frh. von Biegelben mit dem Hessischen Denkmalschutzgesetz eine auch den heutigen strengen rechtsstaatlichen Erfordernissen genügende Grundlage für Denkmal- und Naturschutz geschaffen.

Während bei der Baudenkmalpflege der Aufbau der Fachbehörden konkrete Formen annahm, meinte man im Naturschutz lediglich mit ehrenamtlichen Fachberatern auskommen zu können. Dies war insofern richtig, als für Natur- und Umweltschutz so viele Fachdisziplinen zu Rate gezogen werden müssen, dass diese vom Personalaufwand her schwer auf allen Verwaltungsebenen mit hauptamtlichen Mitarbeitern in Form von Naturschutzstellen eingerichtet werden können. Mit der Errichtung der Staatlichen Stelle für Naturdenkmalpflege 1906 in Danzig, die aus dem dortigen Naturkundlichen Museum hervorgegangen war (Prof. Dr. Hugo Conwentz), hätte man an sich die m. E. richtige Weichenstellung vornehmen können, d.h. es wäre zu überlegen gewesen, die Naturkundlichen Museen mit bestimmten Aufgaben zu betrauen (z.B. Geschäftsführung für die Naturschutzstellen, Dokumentation der Schutzobjekte u.a.m.). Ich habe viele engagierte Museumsleiter kennen gelernt, die viel für den Naturschutz getan haben (z.B. Prof. Dr. Eberhard Stüber vom Haus der Natur in Salzburg, Prof. Dr. Schäfer vom Senckenberg-Musuem in Frankfurt/Main, Prof. Dr. Brüning vom Naturhistorischen Museum Mainz). Es hätte sich mithin durchaus ein flächendeckendes Netz von Naturschutzstellen schaffen lassen. Man ging jedoch leider andere Wege.

Auf dem Deutschen Naturschutztag in Bamberg (Juni 2000) wurde im Arbeitskreis Naturschutzgeschichte des Bundesverbandes Beruflicher Naturschutz BBN von Henry Makowski die Frage nach der Effektivität des ehrenamtlichen Naturschutzes aufgeworfen. Als ich mit den Arbeiten an meiner Dissertation begann, waren nur wenige Landesbeauftragte für Naturschutz und Landschaftspflege hauptamtlich tätig. Bezirks- und Kreisbeauftragte nahmen ihre Aufgaben ehrenamtlich wahr.

Bei Durchsicht meiner Korrespondenz wurde mir erneut deutlich, in welchem Umfange mich die Naturschutzbeauftragten bei der Sammlung des Materials und bei allen damit zusammenhängenden Fragen der Praxis und des Rechts informiert und unterstützt haben. Nach Ländern geordnet danke ich da vor allem in *Baden-Württemberg* Prof. Dr. Konrad Buchwald, seinem Nachfolger Roensch sowie dem Kreisbeauftragten Nikolaus Frh. von und zu Bodman (Schloß Möggingen bei Radolfzell, er gründete den Bund Naturschutz Bodensee-Hegau und hatte u.a. einen ausgezeichneten Informationsdienst herausgegeben, den ich vielfach in meiner Dissertation zitieren konnte); in *Bayern* Prof. Dr. Otto Kraus (er gab mir auch wertvolle Ratschläge für meinen Berufsweg; er war ein faszinierender Redner mit großem Engagement), die

Bezirksbeauftragten A. C. George (Mittelfranken), K. Kronberger (Oberfranken) und Hubert Weinzierl[55] (Niederbayern), die Kreisbeauftragten Dr. Franz Lautner (Erlangen), Georg Türck (Nürnberg), Ferdinand von Wissel und nach ihm Ludwig Pflaumer (Weißenburg); in *Berlin* Otto Ketelhut; in *Hessen* Hildmar Poenicke sowie Dr. Ackermann (Institut für Naturschutz, Darmstadt); in *Niedersachsen* Prof. Dr. Ernst Preising; in *Nordrhein-Westfalen* Dr. J. Sigmond und Wilhelm Lienenkämper (Kreisbeauftragter Lüdenscheid, schrieb 1956 ein beachtliches Buch „Schützt die Natur – pflegt die Landschaft"); im *Saarland* W. Kremp und in *Schleswig-Holstein* Prof. Dr. Walter Emeis.

Durch meine berufliche Tätigkeit in Rheinland-Pfalz hatte ich naturgemäß die engsten Kontakte mit allen dortigen Naturschutzbeauftragten. Es war für mich ein großes Glück, in der Person von Prof. Dr. Günter W. K. Preuß einen hervorragenden Landesbeauftragten zu haben. Von den Bezirksbeauftragten beeindruckte mich mit seinem großen Wissen vor allem Gregor Seyfried[56] aus Trier. Ebenso denke ich gerne an die Zusammenarbeit mit den Bezirksbeauftragten Dr. Eichele (Koblenz), Apotheker Heilmann (Mainz) und Dr. Norbert Hailer (Annweiler; Pfalz). Bei den Kreisbeauftragten war es vor allem Oskar Sommer (Landkreis Frankenthal), der durch zahlreiche Publikationen hervorgetreten ist. Von allen Kreisbeauftragten kann ich sagen, dass ohne ihre treue und unermüdliche, sachkundige Mitarbeit die in Rheinland-Pfalz erzielten Erfolge in der Naturschutzarbeit undenkbar gewesen wären.

Naturschutz-Juristen
Unter die Naturschutz-Juristen möchte ich diejenigen einreihen, die sich positiv für die Weiterentwicklung des Naturschutzrechtes eingesetzt und darüber hinaus – vor allem durch Erfahrungsaustausch – mich in vielfältiger Weise unterstützt haben. Ich habe in der vorstehenden Abhandlung bereits erwähnt Dr. Carl Fossel, Dr. Albert Lorz, Dr. Erhard Mäding, Prof. Dr. Hans Helmut Stoiber.

Mit manchen habe ich erst nach 1972 nähere Kontakte erhalten (z.B. Dr. Karl Hofmann als Leiter des Arbeitskreises Recht beim Bund Naturschutz in Bayern; Dr. Christoph Sening; Prof. Dr. Eckhart Rehbinder).

Am Beginn meiner Naturschutztätigkeit steht unter den Naturschutz-Juristen der langjährige Leiter des Arbeitskreises Rechtsfragen bei der Arbeitsgemeinschaft der Beauftragten für NuL, Prof. Dr. Karl Asal.[57] Er war nach 1945 Ministerialrat im Badischen Kultusministerium. Das Land Südbaden war damals geprägt von den Vor-

---

55 Mit Hubert Weinzierl bin ich nun schon seit über 45 Jahren durch die gemeinsame Arbeit für den Naturschutz eng verbunden.
56 Dazu mein Nachruf „Gregor Seyfried zu Gedenken", in: Natur und Landschaft 1976, S. 176.
57 Vgl. meine Würdigung zu seinem 80. Geburtstag. In: Natur und Landschaft 1969, S. 124.

stellungen der BCSV (Badische Christlich-Soziale Volkspartei) unter Dr. Leo Wohlleb. In der BCSV mit ihrem starken Rückhalt in der römisch-katholischen Kirche waren naturrechtliche Gedankengänge durchaus Allgemeingut, so dass hier wertkonservative Vorstellungen verhältnismäßig leicht umzusetzen waren. Vor diesem Hintergrund sind die von Karl Asal initiierten Gesetze, das Badische Denkmalschutzgesetz und das Änderungs- und Ergänzungsgesetz zum Reichsnaturschutzgesetz, zu sehen. Das Land Baden-Württemberg hat diese Gesetze nur teilweise übernommen. Ich denke in diesem Zusammenhang dankbar an Dr. Eberhard Bopp, den zuständigen Referenten im Kultusministerium Baden-Württemberg (später Leiter der Länder-Naturschutzreferenten-Konferenzen[58]). Er hat mit mir bereits im Gesetzgebungsverfahren zusammengearbeitet und mir auch sonst in seiner menschlich feinen Art persönlich und fachlich viel Unterstützung angedeihen lassen.

Prof. Dr. Wilhelm Hoegner war mit mir auf vielfältige Weise verbunden. Es war für Bayern ein ausgesprochener Glücksfall, dass er und Prof. Dr. Hans Nawiasky in gemeinsamer Erfahrung der schweizerischen Demokratie die Bayerische Verfassung entworfen haben. Für 1946 war ein „Grundrecht auf Naturgenuss" wegweisend. Wilhelm Hoegner war ein glühend überzeugter Demokrat, ein begeisterter Naturliebhaber, zudem ein profunder Kenner der Geschichte und ein engagierter Förderer der Heimatpflege.

Dr. Johann Mang war lange Zeit Regierungspräsident von Oberbayern und hat mehrfach das Naturschutzrecht kommentiert. Er war dabei nicht nur sachlicher Jurist, sondern durchaus ein Verfechter der Naturschutzidee. Dies belegt auch die Tatsache, dass er lange Zeit Vorsitzender des Bundes Naturschutz in Bayern war. Damals war noch, wie mir Hubert Weinzierl im Herbst 2001 in Wiesenfelden sagte, eine enge Verzahnung zwischen privatem und staatlichem Naturschutz gegeben.

Prof. Dr. Rudolf Stich hatte sich beim Verwaltungsgericht Neustadt/Weinstraße als Spezialist für Baurecht und dessen Bezüge zum Naturschutzrecht hervorgetan. Als er in die Staatskanzlei berufen wurde, hatten wir alle gehofft, er würde damit beauftragt werden, die Abteilung Umweltschutz aufzubauen. Stattdessen erhielt er eine Professur an der Universität Kaiserslautern. Dort hat er sehr viel für die wissenschaftliche Bearbeitung des Planungs- und Umweltrechts bewirkt.

Schließlich möchte ich Dr. h.c. Wolfgang Burhenne nicht unerwähnt lassen. Er besaß nicht nur ein gewisses Charisma, sondern verstand es auch, zu koordinieren

---

58 Diese Konferenzen führten uns alle nicht nur fachlich zusammen. Wir kamen uns auf den Exkursionen auch menschlich näher. Ich denke da u.a. an die gemeinsame Fahrt von Bremen nach Helgoland, an welcher auch Prof. Dr. Gerhard Olschowy teilnahm. Als wir uns das NSG Lummenfelsen ansahen, konnten wir uns kaum noch der wissbegierigen Touristen erwehren, nachdem wir ihnen erklärt hatten, was es mit dem „Lummensprung" auf sich habe und dass die Lummen keine Pinguine seien!

und zu organisieren. Als Geschäftsführer der Interparlamentarischen Arbeitsgemeinschaft in Bonn hatte er weitreichende politische Beziehungen. So gelang es ihm, im Rahmen der Internationalen Naturschutzunion ein Dokumentations-Zentrum für Natur- und Umweltschutzrecht aufzubauen. Ergebnis seiner umfangreichen Initiativen war auch die Loseblattsammlung deutscher Natur- und Umweltschutzgesetze – „Raum und Natur" –, an der ich lange Zeit mitarbeiten durfte. Ebenso haben wir zusammen mit Gert Kragh jahrelang bei der Herausgabe unserer gemeinsamen Schriftenreihe „Rechtsfragen zur Erhaltung der Natur und der natürlichen Hilfsquellen" engagiert zusammengearbeitet.

Petra Clemens

Der eigenen Geschichte nachgehen

Ein Praxisfeld von Oral History in Ostdeutschland?!
Die bisher getroffenen Aussagen über „Nutzen" und „Fallen" von Oral History, also über die Möglichkeiten und Grenzen des Einsatzes dieser Methode, hatten vor allem die Anwendungen, Ziele und Standards *akademischer* historischer Forschung, die Erkenntnisinteressen der historischen *Wissenschaften* im Blick. Das Verfahren wurde wesentlich von daher und für diesen Bereich vorgestellt und reflektiert.

Als historisch arbeitende Kulturwissenschaftlerin handhabe ich seit 15 Jahren die Methode der Oral History, speziell zur Erfassung von Ausschnitten der DDR-Alltags- und Erfahrungsgeschichte. Bis 1995 habe ich das im Rahmen wissenschaftlicher Institutionen getan. In den letzten Jahren – als Freiberuflerin – habe ich Oral-History-Projekte in angewandten Bereichen der Gewinnung und Vermittlung historischer Erkenntnisse realisiert, das heißt in der Arbeit mit Laienforschern und im Museum.

Ich dachte, dass es in einer „Anstoßveranstaltung für ein Programm zu einer bundesweiten Zeitzeugenbefragung im Naturschutz" von Interesse sein könnte, gerade auch auf solche *Praxisfelder* von Oral History anhand eigener Projekte konkret einzugehen, über meine Arbeitserfahrungen zu berichten. Zudem bietet sich darüber die Möglichkeit, gleichermaßen auf spezifische Konstellationen wie auf die Bedeutung von Oral History im Osten Deutschlands nach 1990 hinzuweisen. Es sind Beobachtungen, die ich in meinem Arbeitsumfeld gemacht habe. Sie hängen sicher nicht unwesentlich mit den thematischen Feldern zusammen, in denen ich bisher die Methode der Oral History eingesetzt habe: nämlich Frauen, Industriearbeit, Industriearbeiterinnen und Industriearbeiter. Unsere thematischen Felder mögen sich nicht berühren oder könnten gar als konträre angesehen werden. Wie auch immer Sie das sehen: Der besondere Bedarf und das besondere Umfeld für Oral History in Ostdeutschland nach der politischen Wende bei der Aufarbeitung von DDR-Geschichte sollten durchaus ein Punkt unserer Diskussion sein.

Als Diskussionsvorlage möchte ich Ihnen meine letzten zwei Projekte vorstellen. Wenngleich in unterschiedlichem Maße ging es bei beiden darum, dass das, was als Geschichte aufgespürt, benannt und präsentiert wird, wesentlich auch eine Angelegenheit und Auseinandersetzung derjenigen ist, die sie erlebt und getragen haben – und nicht nur eine Sache von Historikern. Die haben zwar das Monopol des *wissenschaftlichen* Umgangs mit Vergangenheit und Geschichte, beides wird aber auch und spezifisch reflektiert in der Lebenspraxis der Menschen (und ihrer Gruppen).

Der *eigenen* Geschichte auf die Spur zu kommen und sie zu besprechen – das war in den „bewegten" Jahren von Oral History im Westen, als es galt, in der Geschichtswissenschaft sozial- und alltagsgeschichtliche Sichten zu etablieren und darüber auch ein demokratisches Grundverständnis beim Umgang mit Vergangenheit und Geschichte einzubürgern, ein wesentliches Moment in der Praxis von Oral History. Und Erträge brachte es vor allem für die Geschichte von Arbeit, Arbeitern und Frauen.

Gemeinsam mit Frauen aus den einstigen Braunkohlekraftwerken Lübbenau und Vetschau sowie dem Braunkohlewerk Cottbus habe ich zwischen 1996 und 1998 ein Projekt realisiert, in dem Arbeitserfahrungen, betrieblicher Alltag, Wege von Frauen ins Kraftwerk oder in die Kohle festgehalten, besprochen und dokumentiert wurden.

Hintergrund wie Motiv für das Projekt war die Stillegung beider Kraftwerke und vieler Tagebaue, das „Außer-Betrieb-Setzen" Tausender von Menschen sowie die Tatsache, dass in den DDR-Energie- und Kohlebetrieben sehr viele Frauen gearbeitet hatten (ein Drittel der Belegschaften), vor allem auch in den Produktionsbereichen.

1961, mit der Fertigstellung des Kraftwerkes Lübbenau, dem Prototyp aller folgenden Braunkohlegroßkraftwerke in der DDR, war die Bedienung und Kontrolle der Maschinerie und Anlagen als Lehrberuf installiert worden. 1990, mit der Überstülpung des Westsystems, wurde diese Tätigkeit als Beruf gestrichen bzw. wieder als Anlerntätigkeit eingestuft. Das aber war genau jenes Berufsfeld innerhalb der Produktionsbereiche eines Kraft- wie Braunkohlewerkes, das in der DDR feminisiert worden war, weil es sich um unattraktive, periphere, nicht etablierte Tätigkeiten handelte.

Das Gewicht der Geschlechterhierarchie, unter den sozialen Bedingungen in der DDR gemindert und zugleich in der Öffentlichkeit und im Alltagsbewusstsein auf Grund des politischen und ideologischen Korsetts wenig problematisiert, fiel Frauen plötzlich mit Wucht auf die Füße.

Auf der subjektiven Ebene, für die betroffenen Frauen, bedeutete die kalte Streichung der Facharbeiterqualifikation eine schlagartige Entwertung ihrer beruflichen Leistungen, besonders vor dem Hintergrund der Mühen, die es gekostet hatte, in einer Männerdomäne Fuß zu fassen.

Die Projektidee kam von der damaligen Leiterin der Lübbenauer Regionalstelle für Ausländerangelegenheiten, die in ihrem sozialen Engagement wie in ihrer Westprägung ebenso berührt wie befremdet war von dem Frauen-Arbeitsleben, das sie vorfand. Materialisiert wurde die Idee von der Gleichstellungsbeauftragten und dem Frauenverein der Stadt Lübbenau, die das Projekt durchgesetzt und getragen haben. Inhaltlich und methodisch profiliert wurde es in mehreren Gesprächen zwischen den Initiatorinnen und mir.

Statt arbeitsloser Frauen aus dem Bildungs- und Kulturbereich sollten Frauen, die im Kraftwerk und in der Kohle gearbeitet hatten, die Sache in die Hand bekommen, ihrer Geschichte eben *selbst* nachspüren.

Statt einer Befragung zu vergangener Arbeit und aktueller Situation sollten *freie Erinnerungsinterviews* geführt, auf Band aufgenommen und transkribiert werden. Dabei sollte die *Verschiedenheit* der Erfahrungen erfassbar werden. Wichtig war dabei, Frauen aus unterschiedlichen Generationen, aus den verschiedensten Werksbereichen wie Etagen der betrieblichen Hierarchie, mit unterschiedlichen politischen oder weltanschaulichen Orientierungen und Bindungen für solche Interviews zu gewinnen. Das so entstandene Material von Lebens- und Arbeitsgeschichten sollte nicht vom Tonband direkt in nach außen gerichtete Ergebnisse, wie Ausstellung und/ oder Buch, gesteckt werden, sondern auch den Stoff für Gespräche in der Projektgruppe geben, um auf diese Weise die hinter allen liegende Zeit überdenken zu können. Das bedeutete eine Korrektur der Vorstellungen über das Zeitmaß von Arbeitsschritten und die Abfolge von Ergebnissen.

Ebenso wichtig wie die im Vorfeld mit den Initiatorinnen und Trägern des Projektes erfolgte Profilierung inhaltlicher Ziele und Verfahrensweisen war die Klärung der Frage, wo das entstandene Material nach Abschluss des Projektes verbleibt, wie und durch wen eine Langzeitbewahrung gesichert und zugleich eine weitere Nutzung gewährleistet werden kann. Gerade in Projekten mit freien Trägern ist das oft ein kaum vorbedachter Punkt. Beim Lübbenauer Projekt erwies sich das Museum in der Stadt als passender Ort und interessierter Partner. Die Dokumentation des Materials, für die im Projekt auch Zeit sein musste, konnte also von Beginn an auch im Hinblick auf den endgültigen Verbleib der Sammlung abgestimmt werden. Sie erfolgte in diesem Fall „museumsgerecht".

Im Projekt übernahm ich weniger die Rolle der Forscherin als die der fachlichmethodischen Beraterin und Moderatorin, welche die Sichtweise der beteiligten Frauen aufgreift, aber auch andere Bezugsrahmen in die Diskussion bringt. In der Projektgruppe arbeiteten in beiden Jahren jeweils acht Frauen auf ABM-Basis.

Natürlich konnte es nicht darum gehen, aus einstigen Expertinnen der Energieerzeugung und Kohlegewinnung Oral-History-Expertinnen zu machen. Aber wie man ein Interview führt, das nicht auf ein Befragen oder Abfragen hinausläuft, das zum *Erzählen* Raum und Stimulanz bietet, das auf die Erfassung *des ganzen Lebens* zielt – das wurde vorher schon angesprochen, auch durch gegenseitige Interviews in der Gruppe angegangen und dann vor allem im Verlaufe der Arbeit, bei der Betrachtung einzelner Interviews, der Lebens- und Arbeitserfahrungen, die darüber transparent wurden, immer wieder besprochen.

Im Aufnehmen und Nachziehen von generationell wie individuell verschiedenen Lebenswegen und Arbeitserfahrungen haben wir die Geschichte von Frauen und Frauenarbeit im Kraft- und Braunkohlewerk reflektiert, den Anteil von Frauen an der Entwicklung und Aufrechterhaltung der Betriebe ermessen und die im historischen Prozess von Frauen gewonnenen und verlorenen Positionen *neu* vermessen.

Mit der Methode der Oral History wird Geschichte als Geschichte von Menschen verhandelt, wird sie aufgespürt in der alltäglichen Lebensbewältigung der Vielen. Und die Spezifik des Materials, das sie erzeugt, seine Subjektivität, seine Konkretheit, seine Assoziationskraft, legt es nahe, ermöglicht es, dass man nicht alles sagt, dass man nicht „vorschreibt", was ein Sachverhalt bedeutet, sondern das man es zeigt. (Das ist im Übrigen ein Vorgehen, das sich nicht nur bei schriftlicher Interpretation und Darstellung als adäquater Umgang mit dem Material erweist. Es ist auch der schwere, aber einzig sichere Weg, eine Kommunikationssituation, in der Menschen mit unterschiedlichen Sprach- und Reflexionsgewohnheiten zueinanderkommen [sollen], von größeren Blockierungen frei und lebendig zu halten.)

So waren Geschlechterhierarchien in den Berufsfeldern, im Betrieb für die Frauen im Projekt zunächst und dezidiert kein Thema. Aber es kam der Zeitpunkt, wo der Blick bei den Frauen für Problematisierungen frei wurde. Sie haben es nicht gesagt, und erst recht nicht *so* (in solcher Begrifflichkeit) gesagt. Sie haben es *gezeigt*, mit den Erlebnissen und Geschichten, die sie nun von sich erzählten, sowie durch eine andere Auswahl bei den Interviewpassagen.

Oder ein anderes Thema: Krieg, Flucht, Vertreibung, langer Nachkrieg – als Alltag und Erfahrung von Frauen, als die eigentlichen Beweggründe, die viele ins Kraftwerk oder in die Kohle geführt hatten. Was gesellschaftlich verdrängt und individuell verblasst hinter der auf den Anlass verkürzten, gängigen Formulierung steckte, „wegen des Geldes und wegen der Wohnung" sei man damals nach Lübbenau oder Vetschau gekommen, und was in den lebensgeschichtlichen Interviews mit älteren Frauen, verstärkt durch die Bitte, von ihrem Weg ins Kraftwerk oder in die Kohle zu erzählen, auf einmal zu Tage trat, war für die Älteren in der Projektgruppe etwas kaum Besprochenes und für die Jüngeren eine „Entdeckung". Gerade sie trug dazu bei, den Blick aus der Fixierung auf das eigene Schicksal zu lösen und eigene Lebensvorstellungen nicht abgrenzend hochzuhalten, also z.B. die Selbstverständlichkeit beruflicher Orientierung, Zielstrebigkeit und Entwicklung nicht als *den* Maßstab anzulegen, in dieser Normalität (für die Jüngeren) auch ein Stück Normierung durch die Gesellschaft zu erkennen.

Was hat das Projekt über seine unmittelbare „innere" Funktion als nachhaltige Verständigung zwischen den Beteiligten hinaus hinterlassen, im Hinblick auf das Sichtbarmachen und Überliefern eines Stücks Alltags- und Erfahrungsgeschichte von DDR-Frauen und die Möglichkeit, darüber zu kommunizieren?

Eine Sammlung von 45 lebensgeschichtlichen Interviews mit Frauen aus drei Generationen, erweitert durch mehrere 100 historische und aktuelle Fotos sowie Arbeits- und Gebrauchsgegenstände aus den Betrieben.

Die Ausstellung „*Zwischenbelegung*. Frauen im Kraftwerk und in der Kohle", die in Ost und West zu sehen war, zuletzt im Rahmen der „Politeia"-Ausstellung des Bonner Frauenmuseums, die 50 Jahre deutsche Geschichte aus Frauensicht zur Diskussion stellte.

Und schließlich das *Rapportbuch*.¹ Entsprechend den Konstellationen und Prioritäten im Projekt wurde es als Protokollband von Lebensgeschichten und Interviews mit einem umfangreichen Bildteil angelegt und geschrieben.

Dass DDR-Vergangenheit *vor Ort*, durch kommunalpolitisch Verantwortliche, Vereine oder Institutionen, zum Thema der *öffentlichen* Kommunikation und Erinnerungspolitik gemacht wird (so wie in Lübbenau), ist keine Selbstverständlichkeit. Ein Blick in die nach 1990 zahlreich eröffneten Industriemuseen, die alle in Vereins- und städtischer Trägerschaft sind, genügt. Bei der in stillgelegten Betrieben geborgenen und nun museal ein- und aufgestellten Technik geht es um Produktionstechnologien, manchmal um Produktdesign. Das an Maschinen und Gerät hängende Stück jüngster Vergangenheit wird selten mitpräsentiert, mitdokumentiert und diskutiert, erst recht nicht als Geschichte von Arbeit, Alltag und Politik.

In Forst wurde 1995 das Brandenburgische Textilmuseum eröffnet, an einem historischen Konzentrationspunkt tuchindustrieller Produktion im Osten Deutschlands mit allezeit überregionaler Bedeutung. Betrieben wird es nicht von Museums- oder Geschichtsprofis, sondern von einer „gemischten", häufig wechselnden Belegschaft, unter ihnen einstige Experten der ausgestellten Technik und Industrie.²

1999 übernahm das Museum den fotografischen Nachlass des VEB Forster Tuchfabriken, ein Konvolut von über 5.000 Fotos, dessen Erschließung ich inhaltlich geleitet und betreut habe.

Ziel der Erschließungs- und Dokumentationsarbeit war es, das Museum auf sozial- und alltagsgeschichtliche Fragestellungen aufmerksam zu machen und ein entsprechend aufgeschlossenes Material zu übergeben, mit dem es seine Sammlungs- und Ausstellungsarbeit zur Tuchindustrie und ihrer Technik auch in lebensweltliche und gesellschaftliche Bezugsrahmen bringen kann. Methodisch-konzeptioneller Dreh- und Angelpunkt der Erschließung war die Einbeziehung ehemaliger Beschäftigter der „Forster Tuchfabriken" als Experten des auf den Fotos festgehaltenen Arbeits- und Betriebsgeschehens. Gefragt war ihr Wissen, auch Hintergrundwissen, zu Arbeits- und Produktionsabläufen. Es ging aber auch um *Erinnerungen* oder *Reflexionen*, die an einzelne Bilder geknüpft oder während der Bildbetrachtungen ausgelöst wurden. Vor allem diese Art Aussagen wurden mit dem Tonband aufgenommen und transkribiert. So wie die Fotos gingen die Bänder in den Bestand der Sammlung ein – ein erster Schritt, das Museum zu füllen mit Erfahrungen und Erin-

---

1 Petra Clemens/Simone Rauhut: Rapportbuch. Frauen im Kraftwerk und in der Kohle 1957 bis 1996, Berlin 1999.
2 Die Deindustrialisierung war eine Gründerzeit für Technik- und Industriemuseen. Zählte das Land Brandenburg 1991 zwei Museen dieser Sparte, so waren es 1995 bereits 35 technik- und industriegeschichtliche Museen und Museumsprojekte. Die Betriebsbedingungen vieler dieser Museen ähneln denen für Forst genannten.

nerungen von Menschen, deren Arbeit sich einmal mit den gesammelten und gezeigten Objekten verband.

„Ich habe wirklich nicht gedacht, wirklich nicht, dass diese Geschichte noch einmal aufgegriffen wird", bilanzierte eine der insgesamt 60 ehemaligen Betriebsangehörigen, die an der Erschließung beteiligt waren, am Schluss Bildbetrachtung und Gespräch. So wie sie haben viele gedacht und es mit anderen Worten gesagt. Es war das erste öffentliche Angebot vor Ort, sich mit „dieser Geschichte", das meinte DDR- und VEB-Geschichte, zu beschäftigen – also mit der eigenen.

Die dem Erschließungsprojekt folgende Ausstellung im Museum und an Fabrikfassaden in der Stadt wurde bewusst als Reaktion auf die vorgefundene Situation vor Ort konzipiert. Sie versammelte nicht nur eine, in dem Fall meine, Auswahl von Bildern aus der Tuchfabrik. Vielmehr setzte sie ein Stück DDR-Industriegeschichte und daran geknüpfte Arbeitsgeschichte von Menschen aus mehreren Blickwinkeln ins Bild: Auswahl und Kommentierung von Bildern erfolgte aus der Außensicht von historisch und fotografisch arbeitenden Fachleuten sowie aus der Innensicht einstiger Beschäftigter der Forster Tuchfabriken. Mit der Versammlung verschiedener Perspektiven und dem Zu(Rück)griff auf Fabrikfassaden sollte das Gespräch, das in der Erschließung begonnen hatte, und das bis dahin als öffentliches gemieden, auch verweigert worden war, weitergetrieben werden. Deutlich werden sollte, dass das Gespräch über Vergangenheit nicht im „Saft" von Erinnerungsgemeinschaften oder im Zirkel von Fachkreisen verbleiben muss, dass es viele und unterschiedliche Gedächtnisse gibt, für die Aufmerksamkeit und Respekt geboten sind. Das kann Erkenntnis bringen, eine (neue) Rangordnung von Erinnerungen nicht.

Seit 1990 sind die Menschen in Ostdeutschland im Übergang in eine andere Welt. An deren allmähliche oder gar distanzierte Aneignung war nicht gedacht worden (vielleicht auch nicht zu denken gewesen). Das bedeutete, dass Einordnung und Unterordnung als von außen gesetzte Angebote galten und als Handlungsmuster bevorzugt wurden. Sozio-kulturelle Prozesse aber besitzen ein Potenzial an Eigensinnigkeit und brauchen vor allem demokratische Selbstbestimmung, beides gerade auch im Hinblick auf das, was im Zurückschauen als Geschichte zu benennen ist, was als Erinnerung wachgehalten werden soll und in die neuen Lebensverhältnisse wirksam eingebracht werden und Gestalt erhalten kann.

Die professionelle, medial wirksame Aufarbeitung von DDR-Geschichte, die seit 1990 stattfindet, verfährt noch wenig differenzierend und nicht selten auch stigmatisierend. Vor allem knüpft sie kaum an die Alltagserfahrungen der Leute an. Historische Studien zur DDR zeigen, dass wieder eine Geschichtsschreibung in Schwung gekommen ist, die sich auf Herrschaftsapparate, Führungsfiguren und deren Ideologien konzentriert. Sozial-, alltags- und erfahrungsgeschichtliche Studien wurden an den Rand gedrängt.

Auch vor diesem Hintergrund sind Ermunterungen und Möglichkeiten, der eigenen Geschichte nachzugehen, wichtig.

Dorothee Wierling

Oral History – Geschichte, Nutzen, Fallen

Oral History – mündliche Geschichte – ist die Bezeichnung für den Versuch, über die erzählten Erinnerungen von so genannten Zeitzeugen deren historische Erfahrung in die Geschichtsschreibung zu integrieren. Dabei hat der Begriff selbst eine doppelte Bedeutung: Einerseits steht er für die Quelle selbst, also das Erinnerungsinterview, andererseits bezeichnet er in weiterem Sinne die Methode, also die wissenschaftliche Auswertung der mündlichen Quelle für historische Erkenntnis.

Erzählte Erinnerungen sind in der konventionellen Geschichtswissenschaft eine mit Misstrauen bedachte Quelle, was nicht zuletzt mit ihrer Mündlichkeit zusammenhängt. Anders als die schriftlichen Quellen, mit denen Historiker es normalerweise zu tun haben, erscheint ihnen die mündliche Überlieferung ungenau, ständig wandelbar und deshalb unzuverlässig. Sie vergessen dabei, dass die meisten schriftlichen Quellen im Kern auf mündlicher Überlieferung beruhen, also erst eine nachträgliche Verschriftlichung darstellen. Weniger Scheu haben andere Humanwissenschaften im Umgang mit mündlichen Quellen gezeigt: Die Ethnologen und die Soziologen haben schon früh, mit der Herausbildung als Wissenschaft, auf die Aussagen von Mitlebenden und Untersuchungsobjekten zurückgegriffen und sie als Erkenntnisquelle genutzt. In diesem Zusammenhang haben sie auch Standards entwickelt, wie man quellenkritisch mit den daraus entstehenden Texten umgehen kann.

Im Folgenden möchte ich mich auf drei Punkte konzentrieren: auf die Geschichte der Oral History, auf den Nutzen, den Oral History für die Geschichtswissenschaft erbringt, und schließlich auf die Probleme und Gefahren, die mit einer Überschätzung der Oral History verbunden sind.

1. Die Geschichte der Oral History

Begriff und Methode der Oral History sind in den USA entstanden, und zwar in den dreißiger Jahren des 20. Jahrhunderts. Dabei wurden die Interviews auf Tonträgern gespeichert und archiviert. Drei Gründe können zur Erklärung für die US-amerikanischen Ursprünge der Oral History angeführt werden:

Anders als in Europa ist das staatliche Archivwesen weniger entwickelt und weniger zentral geregelt. Insbesondere nehmen amerikanische Präsidenten nach Ablauf ihrer Amtszeit ihre Akten und Papiere mit und stiften sie später in der Regel einer Universitätsbibliothek, wo sie erst nach geraumer Zeit zugänglich werden. Mit Elite- und Experteninterviews wollten Historiker sich von diesen Beständen auch unabhängig machen. Dies wurde um so notwendiger, als in den USA – früher als in europäischen Staaten – das Telefon den schriftlichen Briefwechsel ersetzte. Wo die eigentlichen Motive der Akteure und ihre Konflikte nicht mehr verschriftlicht wurden, waren Historiker mehr denn je auf die Erinnerungen der damaligen Experten und Zeugen angewiesen.

Zwei Bevölkerungsgruppen im Vielvölkerstaat USA kamen aus schriftlosen Kulturen: die indianischen Ureinwohner und die aus Afrika verschleppten Sklaven, die zwangsweise im Zustand des Analphabetismus gehalten worden waren. Erinnerungsinterviews sollten über die Erfahrungen dieser Menschen einen Einblick in eine vergangene Kultur geben.

Und schließlich waren die USA ein Einwanderungsland für Immigranten verschiedenster ethnischer, nationaler und kultureller Herkunft. Oral History erwies sich als Mittel zu erforschen, wie über Generationen hinweg aus diesen Menschen so etwas wie Amerikaner wurden. Damit wurde auch ein Beitrag zur Herstellung von nationaler Kohärenz und Identität erhofft.

Auch in Europa haben Historiker frühzeitig gelegentlich Eliten und Experten befragt, wenn auch weniger systematisch und forschungstechnisch weniger professionell als ihre amerikanischen Kollegen. Als Methode eingeführt und bekannt wurde Oral History im Zusammenhang mit generationellen und politischen Veränderungen der Historikerzunft: Die Jüngeren wandten sich seit den 1970er Jahren verstärkt der Geschichte der Arbeiterklasse und anderer sozialer Unterschichten und marginalisierter Gruppen zu. Es war ein linkes politisches Projekt, deren Geschichte in die allgemeine, noch stark aus Herrschaftsperspektive geschriebene Geschichte zu integrieren. Die europäische Oral History entwickelte sich also im Rahmen einer an Demokratisierung der Wissenschaft interessierten Bewegung. Solche Impulse bereicherten zeitgleich auch die USA, wo die Civil-Rights-Bewegung zu neuen Fragen an die Erfahrung diskriminierter Gruppen führte.

In Europa war der Bewegungscharakter verbunden mit der bewussten Überschreitung disziplinärer, akademischer und nationaler Grenzen. Mit europäischen Ethnologen, Soziologen und Literaturwissenschaftlern teilte man das Interesse an den mündlichen Selbstzeugnissen, wenn auch die an solche Texte gestellten Fragen sich je nach Disziplin unterschieden; Oral History wurde zum Forschungsinstrument auch außeruniversitärer Forschung, wie sie sich im Rahmen von Geschichtswerkstätten in Stadtteilen, Betrieben und Organisationen entfaltete, wo es um die Erforschung der eigenen Geschichte ging; und schließlich handelte es sich von Beginn an um eine international und vergleichend angelegte Forschungsrichtung, die sich auf jährlichen Konferenzen über empirische Ergebnisse und methodische Probleme verständigte.

Zwar trifft das bisher Gesagte vor allem auf Westeuropa, in Grenzen aber auch auf Osteuropa zu, wo sich die Bedingungen für freie Forschung je nach nationaler Tradition und Liberalität der Wissenschaftspolitik stark unterschieden. Erst 1989 war aber ein freier Austausch innerhalb Europas möglich.

Was auf Europa zutrifft, beschreibt auch die Situation in Deutschland. Doch muss hier auf zwei Besonderheiten verwiesen werden: Die in den 1970er und 1980 Jahren befragten Zeitzeugen waren in aller Regel im nationalsozialistischen Deutschland aufgewachsen oder hatten in dieser Zeit schon als Erwachsene agiert. Ihrem Bedürfnis, sich für die Vergangenheit zu rechtfertigen, stand das Misstrauen der Interviewer gegenüber, die eben dies erwarteten und die Glaubwürdigkeit ihrer Zeitzeugen skeptisch einschätzten. Auch wenn es im Interview nicht um den Nationalsozialismus ging, entwickelte sich in Deutschland die zum Teil naive und gläubige Identifikation mit den älteren Zeitzeugen nicht so ungebrochen wie in anderen europäischen Ländern. Die enormen Brüche der deutschen Zeitgeschichte haben von daher auch methodologische und theoretische Überlegungen angeregt, die der Oral History als Ganzem zugute gekommen sind. Schließlich wurde das inhaltliche Interesse der Historiker auf Felder von Herrschaft, Widerstand, Resistenz und Eigen-Sinn gelenkt, die in der deutschen Geschichte eine prominente Rolle spielten.

In der DDR wurden historische Zeitzeugen äußerst selektiv ausgewählt und zu politischen Zwecken eingesetzt. Nicht in der Historiographie, sondern in der Literatur findet man jene Protokolle, die auf informellen Gesprächen mit Menschen in der DDR, ihren Erfahrungen und ihren Wünschen, beruhen. Im Zentrum standen die Arbeiter, doch blieb solche Forschung misstrauisch beobachtet und konnte nur unter Zensurbedingungen veröffentlicht werden. Dennoch kam es gegen Ende der 1980er Jahre auch zu Kooperationen und grenzüberschreitender Forschung. Vor allem aber seit 1989 ist die ehemalige DDR zum beliebtesten Oral-History-Feld geworden. Wegen der Einseitigkeit der Beforschung von West nach Ost lässt sich von einer gesamtdeutschen Oral History aber noch nicht sprechen.

2. Vom Nutzen der Oral History für die Geschichtswissenschaft

Die Geschichtswissenschaft ist nicht die einzige Zunft, die mit mündlichen Texten und Erinnerungen als wissenschaftlichem Material arbeitet. Soziologen, Ethnologen und Volkskundler haben ebenfalls mündliche Aussagen benutzt. Aber nur Historiker werten solche Erinnerungen als Quellen über Vergangenheit aus und sind deshalb darauf angewiesen, Methoden zu entwickeln, die sicherstellen, dass diese Quellen tatsächlich Auskunft geben können über in der Geschichte Erlebtes und Erfahrenes.

Vor allem in Deutschland ist die Oral History noch immer unter starkem Rechtfertigungszwang. Konventionelle Historiker halten mündlich erzählte Erinnerungen, dazu von Menschen ohne herausgehobene politische und soziale Stellung, für unzuverlässig, subjektivistisch, manipulierbar und bestenfalls trivial. Oral Historians dagegen argumentieren, dass die von ihnen benutzte Methode der Geschichtswissenschaft neue Dimensionen und Zugangsweisen zur Vergangenheit eröffnet, die sonst verschlossen blieben.

Neue Felder

Dazu gehört die Geschichte sozialer Gruppen, die keine oder wenige schriftliche Quellen hinterlassen haben, oder die in solchen Quellen nur aus der distanzierten oder gar feindseligen Perspektive kontrollierender Politik betrachtet werden können. Dazu gehört die Geschichte kleiner und „unbedeutender" Gemeinschaften, wie Nachbarschaften und Dörfer, also der Alltag und die Politik des Lokalen und Regionalen, Lebenswelten, die nicht verwaltungsmäßig oder politisch erfasst waren und überliefert sind. Dazu gehört die Geschichte des so genannten Privatlebens: Geschlechterbeziehungen, Generationenbeziehungen, fundamentale soziale Vorgänge und Prozesse wie Geburt und Sterben, Liebe und Konflikte, Hausarbeit, Spiel und informelle Gruppen. Schließlich geht es um Geschichte, die geheim bleiben sollte: abweichendes Verhalten, Kriminalität und Widerstand.

Zwar existieren über all diese Phänomene auch schriftliche Quellen, zumal seit im modernen Nationalstaat auch das private Verhalten der Bürger Gegenstand politischen Interesses und Reglementierung wird. Aber über die Perspektive und die Handlungslogik der privaten Akteure sagen diese Quellen nicht viel und eher Irreführendes aus.

Neue Perspektiven

Tatsächlich ist von den genannten Gruppen und Vorgängen als Objekten von Politik in den traditionellen Quellen sogar häufig die Rede. Die Menschen werden gezählt, beschrieben, verhört und gelegentlich sogar zitiert. Aber es ist das Interesse an der Beherrschung der Menschen und der Steuerung ihres Verhaltens, das in diesen Quellen zur Sprache kommt. Wem es dagegen auf die Perspektive der Alltagsakteure selbst ankommt, der stößt in diesen Quellen bald auf Grenzen. Oral History ist nun ein Instrument für Zeithistoriker, diese Grenze zwar nicht aufzuheben, aber doch zu erweitern, indem sie die Objekte der Geschichte als Subjekte ihrer eigenen Geschichte sprechen lässt, über ihre Erfahrungen, Leiden und biographischen Strategien.

Oral History steht also im Dienst einer Erfahrungsgeschichte. Deshalb ist es für sie kein Nachteil, sondern ein Vorteil, dass ihre Quellen Ausdruck von Subjektivität sind. Nicht um deren Ausschaltung geht es dabei, sondern um Integration einer spezifischen Subjektivität, die in anderen Quellen ausgeblendet bleibt. Dabei ist Oral History nicht eine bloße Geschichte „von unten", sondern eher „von innen", denn auch die Subjektivität mächtiger und einflussreicher Akteure ist ihr interessant. Gerade weil die Produktion der mündlichen Quelle nur begrenzt steuerbar ist, enthält sie immer einen Überschuss an Sinn und Subjektivität über das sachlich Erfragte hinaus, und macht die Oral History dadurch zu einer der komplexesten, aber auch problematischsten Quellen, mit denen Historiker umgehen.

3. Fallen

Die größte Gefahr, in der Oral Historians stehen, ist der naive Glaube, in den Erinnerungen ihrer Interviewpartner spiegele sich unmittelbar und authentisch Vergangenheit wider. Die Wahrheitssuche muss sich von daher auf die subjektive Wahrhaftigkeit der Befragten richten und darauf, den Sinn, den sie vermitteln wollen, angemessen zu verstehen. Auf die Problematik des menschlichen Gedächtnisses kann hier nicht eingegangen werden, doch reicht es zu sagen, dass persönliche Erinnerungen immer sozial konstruierte Deutungen von Erlebtem sind, und dass sie uns deshalb mit der Geschichte von Erlebtem auch deren Verarbeitung als Erfahrung mitteilen.

Nicht nur in dieser Hinsicht sehen sich Oral Historians bis heute immer wieder unter dem Druck, ihre Methode zu rechtfertigen und zu explizieren – was der Professionalität ihrer Arbeit sicher gut getan hat. Ein häufiger Einwand ist etwa der Mangel an Repräsentativität, wenn eine kleine Zahl von mehr oder weniger zufällig zusammengekommenen Interviewpartnern für eine ganze Großgruppe, eine Organisation, eine Generation, ein Geschlecht, einstehen sollen. Tatsächlich ist mit dieser wie auch mit anderen qualitativen Methoden statistische Repräsentativität nie zu erreichen. Dazu ist die Zahl der Variablen zu groß, sind die Texte selbst zu komplex. Oral Historians sprechen deshalb von qualitativer Repräsentativität. Danach kann schon eine Lebensgeschichte einen tiefen Einblick in eine bestimmte, größere Einheit, eine Bewegung, ein soziales Milieu geben, eben weil sie etwas abbildet, was unter den historisch spezifischen Bedingungen eben dieser sozialen Einheit möglich war. „In jedem Löffel spiegelt sich die ganze Sonne": nicht die Breite des samples, sondern die Tiefe der Analyse bedingt dann den Gehalt der Forschung.

In der Regel werden aber durchaus mehrere Menschen interviewt, um Einblick in die Teile der Erfahrung zu gewinnen, die über das Individuum hinaus typisch für die untersuchte Gruppe sind. Dabei können zwei verschiedene Wege eingeschlagen werden: Die Wahl einer homogenen Gruppe führt zur Herausbildung bestimmter Erfahrungs- und Erzählmuster, die dann als gruppenspezifisch gelten können und sich meist ab dem zehnten Interview schon klar abzeichnen. Man kann aber auch umgekehrt vorgehen und gerade den kontrastierenden Vergleich suchen, zwischen Männern und Frauen, Alten und Jungen, um auf das Spezifische einer Gruppe gegenüber einer anderen zu stoßen. So lange man sich aber über die Grenzen der Aussagefähigkeit im Klaren ist, bleibt man auch bei der Arbeit mit Interviews in derselben Situation wie alle Historiker, die sich ja auch nicht aussuchen können, wie viele schriftliche Quellen sie zur Bearbeitung ihrer Frage finden werden.

Am Ende möchte ich noch auf ein Problem eingehen, das sich insbesondere bei der Erforschung politischer und sozialer Bewegungen stellt. Skeptiker unterstellen in der Regel, Oral- History-Interviews seien deshalb weitgehend wertlos, weil der Historiker sich dabei seine, die eigenen Thesen stützenden, Quellen selbst schaffe. Der

Interviewpartner versuche, die Erwartungen des Interviewers zu erfüllen, und dieser glaube ihm jedes Wort oder schiebe es ihm sogar unter. So absurd diese Vorstellung auch ist, so sehr liegt aber in der wechselseitigen Identifizierung eine wirkliche Gefahr. Im Interview ist die Nähe wichtig und nützlich, weil dadurch Vertrauen geschaffen wird, gefährlich und kontraproduktiv hingegen, wenn es um Manipulation geht. Gerade bei der Erforschung politischer und sozialer Bewegungen liegt diese Gefahr aber näher als sonst, insbesondere, wenn Interviewer und Interviewte derselben Bewegung angehören bzw. sich mit ihren Zielen identifizieren. Dann liegt die Gefahr nahe, dass Widersprüche nicht erkannt, nicht produktiv aufgenommen und Konflikte vermieden werden.

Der Interviewte freilich braucht sich um analytische Distanz zu sich selbst nicht zu bemühen, im Gegenteil: Er soll sich ja in seiner ganzen Subjektivität ausbreiten und auslassen können, schließlich geht es ihm und dem Forscher um seine Geschichte und Identität. Es ist der Historiker, der um solche Distanz bemüht und zu ihr befähigt bleiben muss und der sie dringend braucht, um überhaupt als Historiker zu agieren.

So ist es nicht etwa einfacher, sondern im Gegenteil schwieriger, unter den Bedingungen des Einverständnisses ein solches Projekt durchzuführen als unter Bedingungen der Fremdheit. Weil aber Bewegungen in sich heterogener sind, als sie selbst es oft wissen oder wahrhaben wollen, liegen gerade hier Chancen, die sich entfalten lassen, wo sie mit Neugier und Respekt vor der Erfahrung des Gegenübers wahrgenommen werden.

Adressen

Prof. Dr. Ludwig Bauer
Helmut-Just-Straße 44a
06118 Halle (Saale)

Martin Becker
Historiker M.A.
Lüstringer Straße 35a
49143 Bissendorf

Dr. Petra Clemens
Dorfstraße 57
17111 Schönfeld

Dr. Hans-Joachim Dietz
Vorsitzender des Fördervereins Museum
zur Geschichte des Naturschutzes
in Deutschland e.V.
MUNLV-NRW
Schwannstraße 3
40476 Düsseldorf

Sandra Schulze Hannöver
Kulturwissenschaftlerin M.A.
Aquinostraße 17
50670 Köln

Dr. Berndt Heydemann
Nieklitzer Ökologie-
und Ökotechnologie-
Stiftung (NICOL) Kiel
Dorfstraße 17
19258 Nieklitz/Kreis Ludwigslust

Prof. Dr. Edda Müller
Markgrafenstraße 66
10969 Berlin

Dr. Hermann Josef Roth
Postfach 42 06 06
50900 Köln

Dr. Georg Sperber
Wustvieler Weg 9
Neudorf
96157 Ebrach/Oberfranken

Dr. Dorothee Wierling
Wrangelstraße 49
10997 Berlin

Dr. Günter W. Zwanzig
Eichenweg 12
91054 Erlangen